معین احسن جذبی : فکر و فن

ڈاکٹر اقبال محی الدین

© Taemeer Publications
Moin Ahsan Jazbi : Fikr-o-Fan
by: Iqbal Mohiuddin
Edition: January '2024
Publisher :
Taemeer Publications, Hyderabad.

ISBN 978-93-5872-257-4

مصنف یا ناشر کی پیشگی اجازت کے بغیر اس کتاب کا کوئی بھی حصہ کسی بھی شکل میں بشمول ویب سائٹ پر اَپ لوڈنگ کے لیے استعمال نہ کیا جائے۔ نیز اس کتاب پر کسی بھی قسم کے تنازع کو نمٹانے کا اختیار صرف حیدرآباد (تلنگانہ) کی عدلیہ کو ہو گا۔

© تعمیر پبلی کیشنز

کتاب	:	معین احسن جذبی : فکر و فن
مصنف	:	ڈاکٹر اقبال محی الدین
صنف	:	تحقیق و تنقید
ناشر	:	تعمیر پبلی کیشنز (حیدرآباد، انڈیا)
سالِ اشاعت	:	۲۰۲۴ء
صفحات	:	۲۶۴
کمپوزنگ	:	محمد وقار
سرورق	:	تعمیر ویب ڈیزائن

انتساب

والد مرحوم جعفر محی الدین صاحب

کے نام!

جن کے فیض تربیت نے مجھے

ادب کو زندگی میں اور زندگی کو ادب میں برتنے کا سلیقہ سکھایا

ان کی دعائیں اور نیک تربیت زندگی کی کٹھن راہوں میں

مجھے حوصلہ دیتی ہیں۔

اقبال محی الدین

فہرست مشمولات

☆	پیش لفظ	7
☆	اپنی بات	10
☆	معین احسن جذبی حالات زندگی، شخصیت، علمی و ادبی کارنامے	
☆	جذبی کی نظم نگاری	
☆	جذبی کی غزل گوئی	
☆	جذبی بہ حیثیت محقق اور نقاد	
☆	جذبی اور ترقی پسند تحریک	
☆	جذبی مشاہیر کی نظر میں	
☆	اردو ادب میں جذبی کا مقام	
☆	جذبی کے کلام کا انتخاب	
☆	حواشی	
☆	کتابیات	

بسم اللہ الرحمٰن الرحیم

پہلی بات

معین احسن جذبیؔ (1912-2005) ترقی پسند تحریک سے وابستہ اُردو شاعروں میں ایک اہم نام ہے۔ اُردو شاعری کی تاریخ میں جذبیؔ کی شناخت اس وجہ سے بھی اہم ہے کہ انہوں نے ترقی پسندی سے نظریاتی عقلی وعملی وابستگی کے باجود شاعری کے معاملے میں اپنی الگ پہچان بنائی۔ ترقی پسند شاعری کی نمایاں خصوصیات نعرہ بازی، روایت سے بغاوت اور خارجیت سے ہٹ کر جذبیؔ نے اپنی شاعری میں کلاسیکی روایات کو برقرار رکھا۔ اور جب تک وہ کسی شعری تجربے سے خود کو مکمل طور پر ہم آہنگ نہیں کر لیتے تھے اس وقت تک اسے شعر کے قالب میں نہیں ڈھالتے تھے۔ یہی وجہ ہے کہ جذبیؔ کا شعری سفر کم وبیش چھ سات دہائیوں پر مشتمل ہے لیکن ان کا کلام مقدار میں کم اور معیار میں زیادہ ہے۔ جذبیؔ کے بہت سے اشعار ضرب المثل بن گئے۔ جذبیؔ نے شاعری کے علاوہ نثر میں بھی ''حالیؔ کا سیاسی شعور'' کے عنوان سے ایک تحقیقی وتنقیدی کتاب لکھی۔ جذبیؔ کی اردو شعر وادب میں اسی ہمہ گیری کے پیش نظر یہ تحقیقی کتاب ''معین احسن جذبیؔ فکر وفن'' کے عنوان سے پیش خدمت ہے۔

یہ کتاب میرے پی ایچ ڈی کے مقالہ ''معین احسن جذبیؔ فن اور شخصیت'' کی تلخیص ہے۔ جسے بعد ترمیم واضافہ پیش کیا جارہا ہے۔ میں نے اپنا یہ تحقیقی کام استاذ محترم ڈاکٹر اے ایم سید فضل اللہ سینیر لکچرر اورینٹل اردو کالج حمایت نگر حیدرآباد کے زیر نگرانی تکمیل کیا۔ اس موضوع پر تحقیقی کام کے سلسلے میں مارچ 2012ء میں عثمانیہ یونیورسٹی نے مجھے اردو میں ڈاکٹریٹ کی ڈگری عطا کی۔ مجھے اساتذہ نے مشورہ دیا کہ اُردو کے ایک جذباتی شاعر معین احسن جذبیؔ پر یہ ایک اچھا تحقیقی کام ہے۔ جسے کتابی شکل میں ضرور شائع کرنا چاہیئے۔ چنانچہ اساتذہ کرام کی

حوصلہ افزائی اور مشوروں کے پیش نظر میں اپنی اس کاوش کو اردو کے ادبی حلقوں سے متعارف کرار ہاہوں۔

تحقیقی کتاب ''معین احسن جذبیؔ فکر وفن''میں مختلف عنوانات معین احسن جذبیؔ حالات زندگی، شخصیت، علمی وادبی کارنامے، جذبیؔ کی نظم نگاری، جذبیؔ کی غزل گوئی، جذبیؔ بہ حیثیت محقق اور نقاد، جذبیؔ اور ترقی پسند تحریک، جذبیؔ مشاہیر کی نظر میں، اردو ادب میں جذبیؔ کا مقام، جذبیؔ کے کلام کا انتخاب وغیرہ کے ذریعے مواد پیش کیا گیا ہے۔امید ہے کہ قارئین کو میری یہ پہلی کاوش پسند آئے گی اور کتاب کی کوتاہیوں سے قطع نظر اس کی خوبیوں پر نظر ڈالی جائے گی۔کتاب کے مطالعے کے بعد قارئین کی آرا کا انتظار رہے گا۔

جہاں تک احقر کا معاملہ ہے میرا تعلق محبوب نگر کے تعلقہ کلواکرتی سے ہے۔اللہ نے کرم فرمایا کہ ایک مذہبی اور علمی گھرانے میں میں نے آنکھ کھولی۔ساری دنیا کی رہبر کتاب قران مجید کو حفظ کرنے کا مجھے شرف حاصل ہوا۔اور میں سمجھتا ہوں کہ میرے دنیاوی علمی سفر میں بھی قران کی تعلیم میری رہبر و رہنمارہی۔میں نے ابتدائی تعلیم کلواکرتی میں حاصل کی۔خانگی طور پر ایس ایس سی کامیاب کیا۔حیدرآباد میں انٹرنس اور اردو فاضل امتحانات کامیاب کرنے کے بعد اورینٹل کالج حمایت نگر سے بی اے اور عثمانیہ یونیورسٹی سے ایم اے اردو کیا۔جامعہ عثمانیہ کے اساتذہ پروفیسر اشرف رفیع، ڈاکٹر بیگ احساس، ڈاکٹر عقیل ہاشمی سے فیض تربیت حاصل کرنے کا موقع ملا۔میں نے اُردو پنڈت کی ٹریننگ بھی کی جس کی بنیاد پر مجھے ۱۹۹۱ء ٹرینڈ گرائجویٹ ٹیچر کی سرکاری ملازمت مل گئی۔ ۲۰۰۶ء تک میری ملازمت حیدرآباد کے قلیقطب شاہ بارکس ریزیڈنشیل اسکول میں رہی۔اس کے بعد مجھے اسپیشل آفیسر اور پرنسپل کے عہدے پر ترقی ملی۔اوران دنوں میں آندھراپردیش ریزیڈینشیل گرلز اسکول ابراہیم پٹنم پر برسرکار ہوں۔میں اپنی

اس پہلی ادبی کاوش کے زیور طباعت سے آراستہ ہو کر شائع ہونے کے پر مسرت موقع پر اللہ رب العزت کا شکر گذار ہوں کہ اس نے میرے حق میں علم کی راہیں ہموار کیں اور مجھے دین و دنیا کے علوم حاصل کرنے کا موقع عطا فرمایا اور یہ کتاب لکھنے کی توفیق عطا فرمائی۔ میں اپنے نگران اور استاذ ڈاکٹر اے ایم سید فضل اللہ کا بے حد مشکور ہوں کہ انہوں نے اس تحقیقی سفر میں میری بھرپور رہنمائی فرمائی اور ہمیشہ اپنے مفید مشوروں سے نوازتے رہے۔ میں استاذ محترم ڈاکٹر عقیل ہاشمی سابق صدر شعبہ اردو عثمانیہ یونیورسٹی حیدرآباد کا تہہ دل سے شکریہ ادا کرتا ہوں کہ انہوں نے اس کتاب پر ایک عالمانہ پیش لفظ لکھا اور اپنے شاگرد کی کاوش کا بھرپور انداز میں تعارف پیش کیا۔ میں اپنے دوست ڈاکٹر محمد اسلم فاروقی کا بھی مشکور ہوں کہ انہوں نے اس کتاب کی طباعت اور اشاعت کے ہر مرحلے پر میرا ساتھ دیا اور ان کی کوشش سے یہ کتاب منظر عام پر آسکی۔ اس کے علاوہ میں اپنے دیگر اساتذہ' عزیز و اقارب' دوست احباب' شاگردوں اور بہی خواہوں کا بھی مشکور ہوں جنہوں نے میری حوصلہ افزائی کی اور میرے لئے نیک خواہشات کا اظہار کیا۔ میں امید کرتا ہوں کہ میری اس کاوش کو اردو کے ادبی حلقوں میں پسند کیا جائے گا۔

ڈاکٹر اقبال محی الدین حیدرآباد

25 مارچ 2012ء

معین احسن جذبی حالات زندگی، شخصیت اور فن

بیسویں صدی کی ابتدائی دہائیوں میں ہندوستان اور دنیا کے بیشتر ممالک میں انقلابی تبدیلیاں رونما ہوتی رہیں۔ پہلی جنگ عظیم نے سیاسی، سماجی اور ادبی اعتبار سے ساری دنیا کو متاثر کیا۔ روس کے اکتوبر انقلاب نے ساری دنیا میں مارکسی نظریات کو فروغ دیا۔ محنت کش طبقہ اپنے جائز حقوق کے لئے سرمایہ داروں کے مقابل اُٹھ کھڑا ہوا۔ ادب میں زندگی کے مسائل اُجاگر کئے جانے لگے۔ جرمنی میں ہٹلر نے ادیبوں کی طاقت محسوس کرتے ہوئے شاعروں اور ادیبوں پر اظہار خیال کی پابندی عائد کردی۔ اس پابندی کے خلاف دنیا بھر کے ادیبوں نے پیرس میں جمع ہوکر احتجاج کیا اور ایسا ادب تخلیق کرنے پر زور دیا جس میں حقیقی زندگی کے مسائل کا اظہار ہو۔ لندن میں ہندوستانی نوجوانوں سجاد ظہیر، ملک راج آنند، جیوتی گھوش نے ترقی پسند تحریک کا منشور تیار کیا۔ ہندوستان میں پریم چند اور دیگر ادیبوں نے ادب میں لائی جانے والی نئی تبدیلیوں کا استقبال کیا اور ہندوستان میں ترقی پسند تحریک کا آغاز ہوا۔ اس تحریک کے ذریعے ادب برائے زندگی کے فلسفے پر عمل پیرا ہوتے ہوئے مقصدی ادب کی تخلیق کی راہیں ہموار ہوئیں۔ شعر و ادب کی اصناف شاعری، افسانہ نگاری اور تنقید میں انقلابی تبدیلیاں رونما ہوئیں۔ ترقی پسند شاعری میں نعرہ بازی، روایت سے بغاوت اور خارجیت کے عناصر تھے۔ ترقی پسند تحریک کا ساتھ دیتے ہوئے اردو شاعری کی کلاسیکی روایات کی برقراری کے ساتھ جس شاعر نے شہرت حاصل کی وہ معین احسن جذبی ہیں۔ ذیل میں جذبی کے حالات زندگی پیش ہیں۔

آباء واجداد

معین احسن جذبی کے آباء واجداد کا تعلق میرٹھ کے ایک علمی وادبی گھرانے سے تھا۔ اُن کے پردادا مولوی حمزہ علی اپنے زمانے کے جید عالم تھے۔ میرٹھ میں رہتے تھے اور دور دور تک اُن کا چرچا تھا۔ اُن کی علمی قابلیت کو دیکھتے ہوئے مارچ ۱۸۴۲ء میں تقریباً ۱۰۰ علماء نے اپنی دستخط اور مہر کے ساتھ انھیں اعتراف خدمات کی سند دی۔ مولوی حمزہ علی اعلیٰ اوصاف و کردار کے حامل شخص تھے۔ اُن کی سخاوت اور انسان دوستی مشہور تھی، انسان دوست تھے۔ لوگوں سے ہمدردی وملنساری سے پیش آتے تھے۔ نرم مزاج تھے۔ مشرقی اقدار کا پاس ولحاظ رکھتے تھے۔ مولوی حمزہ علی کے والد مولوی صادق علی بھی اپنے زمانے کے غیر معمولی شخص تھے۔ فوج میں صوبیدار کے عہدے پر فائز تھے۔ اُس زمانے میں اکثر شرفاء فوجی خدمات انجام دیتے تھے یا درویشی اختیار کرتے تھے۔ اس پہلو کی وضاحت کرتے ہوئے معین احسن جذبی اپنے ایک انٹرویو میں کہتے ہیں:

> ”ہمارے پردادا عالم تھے، ہم لوگ تھے دراصل میرٹھ کے رہنے والے، غدر میں ہمارے پردادا نے مائیگریٹ کیا۔ مولویوں کا دوسرا اڈہ تھا داناپور۔ وہاں پہنچے وہاں پراپرٹی وغیرہ خریدی۔ یوں سمجھئے کہ دادا کی ابتدائی تعلیم وغیرہ وہاں ہوئی۔ وہ پانچ سال کے تھے جب وہاں پہنچے۔ کلکتہ سے ڈاکٹری پاس کی۔ اس زمانے کے شرفاء کے لئے دو ہی پیشے تھے، درویشی یا فوج۔ ہمارے پردادا کے جو باپ تھے یعنی ہمارے لکڑ دادا وہ ملٹری میں تھے، صوبہ دار وغیرہ......(۱)

مولوی حمزہ علی نے ۱۸۵۷ء کی جنگ آزادی کے موقع پر میرٹھ سے ہجرت کی اور

داناپور (پٹنہ) چلے گئے۔ میرٹھ سے جنگ کا آغاز ہوا تھا اور وہاں حالات انتہائی نامساعد تھے۔ یہ جذبی کے خاندان کی پہلی ہجرت تھی۔ اس زمانے میں داناپور، مذہبی، تعلیمی و تہذیبی مرکز تھا۔ وہاں زندگی گزارنے کے لئے حالات سازگار تھے۔ مولوی حمزہ علی کو داناپور پسند آیا اور انھوں نے وہاں مستقل قیام کا ارادہ کرلیا اور کافی زمین اور جائیدادیں خریدیں۔ جذبی کے دادا ڈاکٹر عبدالغفور کی عمر اُس وقت پانچ برس تھی۔ انھوں نے ابتدائی تعلیم داناپور میں حاصل کی اور اعلیٰ تعلیم کے لئے کلکتہ روانہ ہوئے۔ وہاں انھوں نے ڈاکٹری کی سند حاصل کی۔ وقت گزرنے کے ساتھ حالات بدلے اور جذبی کا خاندان معاشی تنگی کا شکار ہوگیا۔ جذبی کے دادا نے داناپور میں زمین و جائیداد چھوڑ دی اور لکھنو منتقل ہوگئے۔ یہ اس خاندان کی دوسری ہجرت تھی۔ دادا عبدالغفور ایک مشہور طبیب تھے۔ انھیں لکھنو میں سرکاری ملازمت مل گئی۔ اپنے دادا کی زندگی کا ایک واقعہ بیان کرتے ہوئے جذبی کہتے ہیں:

> ''میرے دادا ڈاکٹر تھے اور پرانے زمانے کے ڈاکٹر تھے۔ کبھی انھوں نے کسی سے رشوت نہیں لی۔ ایک دن کچھ لوگ آئے۔ ایک فوج داری کا مقدمہ تھا۔ ان لوگوں نے کہا کہ یہ شخص زخمی ہوا ہے۔ آپ ضرب خفیف کی جگہ ضرب شدید لکھ دیجئے۔ ہم آپ کو پانچ سو روپیہ دیتے ہیں۔ اس زمانے میں پانچ سو روپیہ بہت ہوتا تھا۔ اس پر وہ اتنا بگڑے اتنا خفا ہوئے جس کی انتہا نہیں''۔(۲)

اس واقعہ سے معین حسن جذبی کے آباء واجداد کی بلند کرداری کا پتہ چلتا ہے۔

ڈاکٹر عبدالغفور پیشے سے طبیب تھے۔ لیکن انھیں شعر و شاعری کا ذوق تھا۔ اُن کا تخلص مطیر تھا۔ انھوں نے احسان شاہجہاں پوری سے باضابطہ اصلاح لی۔ اس زمانے میں لکھنوء شعر و ادب کا مرکز تھا اور خود جذبی کے خاندان میں شعر و ادب کا ماحول تھا۔ ڈاکٹر عبدالغفور کو شعر و

شاعری کے علاوہ اردو کے مترادف الفاظ جمع کرنے کا شوق تھا۔ انھوں نے چودہ برس کی محنت کے بعد مترادف الفاظ کی ایک لغت تیار کرلی تھی۔ لیکن یہ لغت اُن کی زندگی میں شائع نہیں ہوسکی۔ یہ لغت خاندانی وراثت کے طور پر معین احسن جذبی کو بھی ملی تھی۔ لیکن جذبی کی لاکھ کوشش کے باوجود یہ نادر لغت شائع نہیں ہوسکی۔ اس لغت کی عدم اشاعت کی تفصیلات بیان کرتے ہوئے مشتاق صدف لکھتے ہیں:

> ’’جذبی نے اپنے دادا کی مرتب کردہ لغت کو زیورطبع سے آراستہ کرنے کی کوشش کی۔ انھوں نے پروفیسر آل احمد سرور کے مشورے پر یہ مسودہ انجمن ترقی اُردو (ہند) کو اشاعت کے لئے دے دیا۔ سرور صاحب اس وقت انجمن کے جنرل سکریٹری تھے۔ انھوں نے یہ مسودہ پروفیسر ضیاء الدین بدایونی کے حوالے کردیا لیکن یہ مسودہ یہاں سات آٹھ برس تک یوں ہی پڑا رہا اور چھپ نہیں سکا۔ اس کی دو وجوہات ہوسکتی ہیں یا تو اس کی اشاعت انجمن کی مالی دشواریوں کے سبب ممکن نہ ہوسکی۔ یا پھر انجمن نے اس لغت کی اشاعت کے لئے خصوصی دلچسپی ہی نہ لی ہو۔ بہر حال انجمن نے طویل عرصے کے بعد خستہ حالت میں یہ مسودہ جذبی کو لوٹا دیا۔ جذبی نے بعد میں اسے ڈاکٹر ابن فرید کو یہ کہتے ہوئے دے دیا کہ شائد کبھی یہ تم لوگوں کو کام آئے۔ یہ مسودہ انھیں کے پاس تھا۔ اب ابن فرید بھی زندہ نہیں رہے۔ نہ جانے اب یہ لغت کہاں ہے اور کس حالت میں ہے۔ اسے ناقدریٔ زمانہ کہئے کہ تیرہ چودہ برسوں کی محنت و مشقت سے تیار کردہ ایک لغت جس سے اردو والے استفادہ کرسکتے تھے آج ہماری نظروں سے اوجھل ہے‘‘۔ (۳)

اردو کی قدیم و نادر کتابوں کی اشاعت ہر زمانے میں ایک مسئلہ ہی رہی ہے۔ آج بھی کتب

خانوں میں کئی قیمتی و نادر مخطوطات اس انتظار میں پڑے ہوئے ہیں کہ کوئی انھیں ڈھونڈ نکالے اور انھیں زیور طباعت سے آراستہ کرے۔ اگر یہ ممکن ہو سکا تو اردو کے دامن میں مزید کئی قیمتی کتابوں کا اضافہ ہو سکتا ہے۔
ڈاکٹر عبدالغفور جذبیؔ کی پیدائش کے وقت بھی زندہ تھے اور شاعری اور دیگر ادبی سرگرمیوں میں مصروف رہا کرتے تھے۔ گھر میں بچوں کی تربیت بھی علم و ادب کے ماحول میں کی۔

والدین

ڈاکٹر عبدالغفور مطیرؔ کے فرزند احسن الغفور جذبیؔ کے والد تھے۔ انھوں نے علی گڑھ سے گرائجویشن کی تکمیل کی تھی۔ اس زمانے میں گرائجویٹ ہونا اعلیٰ تعلیمی قابلیت سمجھی جاتی تھی۔ احسن الغفور کا تقرر بلیا میں سب ڈپٹی انسپکٹر آف اسکول محمڈن اسکول پر ہوا۔ کچھ دنوں بعد اُن کا تبادلہ جھانسی ہوا۔ وہاں وہ ڈپٹی انسپکٹر آف محمڈن اسکولس رہے یہ اُس زمانے کا اہم عہدہ تھا۔ اُن کے دائرہ اختیار میں کئی اضلاع تھے۔ اُن کا تبادلہ جھانسی سے آگرہ اور بنارس ہوا۔ وہ بنارس میں وظیفہ پر سبکدوش ہوئے۔ بعد میں مستقل طور پر لکھنو منتقل ہو گئے۔ جذبیؔ کے خاندان کے باقی افراد بھی لکھنوء منتقل ہو گئے۔ احسن الغفور کی شادی بیگم آمنہ سے ہوئی۔ جذبیؔ کی ماں آمنہ بیگم امداد بخش کی صاحبزادی تھیں جو لکھنوء اور گرد و نواح کے ایک معروف ڈاکٹر سمجھے جاتے تھے۔ جذبیؔ کی پیدائش کے چار سال بعد آمنہ بیگم کا انتقال ہو گیا۔ جذبیؔ کے والد نے رابعہ بیگم نامی خاتون سے دوسری شادی کر لی۔ جذبی کی زندگی پر سوتیلی ماں کے اثرات پڑے۔

پیدائش

احسن الغفور اور بیگم آمنہ کے گھر ۲۱/ اگست ۱۹۱۲ء کو معین احسن نے آنکھ کھولی۔ اس لڑکے نے آگے چل کر ابتداء میں ملالؔ اور پھر جذبیؔ تخلص اختیار کیا اور شعر و ادب کی تاریخ میں

معین احسن جذبی فکر و فن ﴿ 15 ﴾

معین احسن جذبی کے نام سے شہرت حاصل کی۔ جذبی کا جائے پیدائش قصہ مبارک پور اعظم گڑھ یوپی ہے۔(۴)

بچپن کے حالات

جذبی کا بچپن نامساعد حالات میں گزرا۔ جب وہ چار برس کے تھے تو اُن کی والدہ بیگم آمنہ کا انتقال ہوگیا۔کم عمر جذبی ماں کی تربیت سے محروم ہو گئے۔ والدہ کے انتقال کے بعد اُن کی پرورش اُن کے دادا ڈاکٹر عبدالغفور مطیر، دادی اور پھوپی خاتون اکرم نے کی۔ جذبی کی پھوپی خاتون اکرم مشہور ادیبہ تھیں۔اُن کی شادی نامور ناول نگار راشد الخیری کے بیٹے رازق الخیری سے ہوئی تھی۔ رازق الخیری رسالہ ''عصمت'' کے مدیر تھے۔خاتون اکرم کے افسانے اور مضامین رسالہ عصمت، تہذیب نسواں اور اُس وقت کے دیگر معیاری رسائل میں شائع ہوا کرتے تھے۔انھیں انعامات بھی ملے۔ وہ ایک سنجیدہ خاتون تھیں۔ اکثر پڑھنے لکھنے میں اپنا وقت گزارتیں۔ جذبی پر اُن کی علمی و ادبی صلاحیتوں کا اثر ہوا۔اپنی پھوپھی کی ادبی مصروفیات اور اُن سے ملنے والے ادبی ورثے کے بارے میں اظہار خیال کرتے ہوئے جذبی کہتے ہیں:

> ''ہماری ایک پھوپھی تھیں مرحومہ خاتون اکرم۔ وہ بہت ہی خموش اور بہت ہی سنجیدہ قسم کی خاتون تھیں۔مضامین لکھتی تھیں۔سن ۲۴۔۱۹۲۳ء کی بات ہے ایک افسانہ تو مجھے یاد ہے کہ وہ لکھ رہی تھیں تو میں کہیں سے کھیلتے کھاتے آیا۔ میں نے کہا لائیے پھوپھی جان میں لکھتا ہوں۔آپ بولتی جائیے تو پورا افسانہ انھوں نے Dictate کرا دیا۔چار سال میں میری ماں کا انتقال ہوگیا تھا تو انھوں نے میری پرورش کی۔انھیں کے پاس میں سوتا تھا اور دیکھتا تھا کہ یہ پڑھ

رہی ہیں وہ پڑھ رہی ہیں، یہ لکھ رہی ہیں وہ لکھ رہی ہیں۔ گھر کا پورا ماحول ادبی تھا۔ گھر میں اور کوئی لڑکا تھا نہیں ایک میں ہی تھا۔ دادا کا یہ حال تھا کہ اگر کسی سے کوئی غلط لفظ نکل گیا تو وہیں اپنے تخت سے بیٹھے بیٹھے کہتے بھئی یہ کون سا غلط ہے۔ ان تمام باتوں کا بہت اثر پڑا۔ پرانے زمانے کی تہذیب میں اس زمانے کی ایک معاشرت تھی۔ اس زمانے میں سمجھئے آپ اگر کسی شریف گھرانے میں ادب سے کوئی تعلق نہیں ہوتا تو معیوب سمجھا جاتا تھا۔ یہ چیزیں شرافت کا حصہ تھیں۔(۵)

گھر کے دیگر افراد بھی جذبی کی تربیت میں حصہ لیتے تھے۔ جذبی کی عمر جب آٹھ یا نو برس کی تھی تبھی اُن کے والد احسن الغفور اُن سے حالی، غالب، اسمٰعیل میرٹھی، انیس اور اقبال جیسے نامور شعراء کی نظمیں اور غزلیں یاد کراتے اور پھر اُن سے سنا کرتے۔ جذبی کے بچپن اور انھیں ملنے والے ادبی ماحول کی تصویر کشی کرتے ہوئے انور عظیم لکھتے ہیں:

''یہاں معین احسن کی عمر تقریباً سات آٹھ یا نو سال کی تھی کہ اُن پر شاعری کا حق ادا کرنا واجب ہو گیا تھا۔ اُن کو روزانہ غزلیں و نظمیں یاد کرنے کے لئے کہا جاتا۔ یہاں معین احسن جن کے حلیے کا اندازہ اگر آج کے حلیے سے لگایا جائے تو وہ دیکھنے میں ایک بے حد مسکین، خاموش اور سست لڑکا دکھائی دیں گے۔ یہی لڑکا پرانی تہذیب کا بار سر پر اُٹھائے، سر پر ٹوپی چپکائے، آنکھیں نیچی کئے نہایت ادب سے غالب، اسمٰعیل میرٹھی، حالی اور اقبال کی چیزیں زبانی یاد کرتا اور اپنے بزرگوں کو سنایا کرتا۔ دادا اور پھوپھی وغیرہ کی ادبی دلچسپیوں کے سبب غزل اور نظمیں یاد کرنے کا اس خاموش لڑکے کے ذہن پر یہ اثر ہوا کہ ۹ سال کی عمر میں ہی جناب نے تُک بندی شروع کر دی''۔(٦)

ابتدائی تعلیم و شعری تربیت

معین احسن جذبی کی ابتدائی تعلیم اینگلو عربک اسکول دہلی میں ہوئی۔ پھر وہ جھانسی چلے گئے۔ جذبی کے بچپن کے زیادہ دن جھانسی میں گزرے۔ انھوں نے جھانسی سے ۱۹۲۹ء میں ہائی اسکول کامیاب کیا۔ جذبی کو گھر اور جھانسی میں شعر و ادب سے لگاؤ کے لئے سازگار ماحول ملا تھا۔ انھوں نے آٹھ یا نو برس کی عمر سے شعر موزوں کرنے شروع کر دیئے تھے۔ جب وہ چوتھے درجے میں تھے تو انھوں نے پہلی مرتبہ شعر کہا اور جب پانچویں درجہ میں پہونچے تو انھوں نے رسم و سہراب کی داستان کو نظم کرنے کی کوشش شروع کر دی تھی۔ جذبی کی ابتدائی عمر میں شعری تربیت کرنے میں جھانسی کے بزرگ شاعر اور اُن کے ہم محلّہ حامد شاہجہاں پوری نے اہم کردار ادا کیا۔ خود جذبی نے اُن کی صحبت میں رہتے ہوئے شاعری کے رموز سیکھے۔ حامد شاہجہاں پوری کی مقبولیت کا ذکر کرتے ہوئے مشتاق صدف یوں رقم طراز ہیں:

> ''اس وقت حامد شاہجہاں پوری کی شخصیت اور شاعری کا خوب چرچا تھا۔ مقامی شعراء کا ان کے گرد ایک ہالہ بنا رہتا تھا۔ ان کی مقبولیت کا اندازہ اس بات سے لگایا جاسکتا ہے کہ اُن کے گھر پر کثرت سے شعری محفلیں آراستہ ہوتیں اور ہمیشہ بھیڑ لگی رہتی تھی۔ جذبی کو شعر و ادب کی ان محفلوں سے تحریک ملی اور شعر گوئی کی طرف اُن کی رغبت پہلے سے اور زیادہ ہوگئی''۔ (۷)

جذبی کو بچپن ہی میں اپنے دور کے ایک کہنہ مشق استاد شاعر کی صحبت ملی۔ جذبی چونکہ بچپن سے ہی ماں کی ممتا سے محرومی، سوتیلی ماں کے غلط برتاؤ، والد کی سختیوں کے سبب مصائب و آلام کا شکار رہے تھے۔ کم عمری میں ہی انھوں نے غموں کے ساتھ زندگی گزارنے کا حوصلہ سیکھ لیا تھا۔ اس لئے فطری طور پر انھوں نے شاعری کے لئے ملالؔ تخلص اختیار کیا۔ چنانچہ ملالؔ تخلص

اختیار کرنے والے جذبی کو اپنے استاد حامد شاہجہاں پوری سے اس قدر لگاؤ، اُنسیت اور عقیدت ہوگئی تھی کہ ابتدائی دور کے اپنے کلام میں وہ اپنا تخلص ملالؔ حامدی اختیار کرتے تھے۔

کم عمری میں اگر بچے کو خوشیوں کی جگہ غم ملنے لگے تو وہ حساس طبیعت والا ہو جاتا ہے اور جذبی کی طبیعت کو حساس بنانے میں اُن کے گھریلو حالات نے جلتی پر تیلی کا کام کیا۔ جذبی کے والد احسن الغفور نے پہلی بیوی و جذبی کی ماں بیگم آمنہ کے انتقال کے بعد بیگم رابعہ سے شادی کرلی۔ سوتیلی ماں بیگم رابعہ کا جذبی کے ساتھ اچھا سلوک نہیں تھا۔ آئے دن اُن پر غصہ کیا جاتا۔ والد بھی سوتیلی ماں کا ساتھ دیتے اور ماں کی محبت سے محروم جذبی کے ساتھ ہمدردی کے بجائے وہ بھی سخت رویہ اختیار کرتے۔ گھر کے ان نامساعد حالات کا جذبی پر گہرا اثر پڑا اور وہ دردو غم سہتے سہتے غم دوراں کی فکر میں ڈوبنے لگے۔ والد کے سخت رویے سے پریشان حال جذبی اپنے ماموں کرنل محمد حبیب کے ہاں رہنے بھوپال چلے گئے۔ جذبی کے اپنے ماموں کے گھر آجانے کا تذکرہ کرتے ہوئے اردو کے معروف ادیب وصحافی شمس کنول لکھتے ہیں:

> ''جذبی گھر کی چھت چھوڑ کر اپنے ماموں کی چھت کے نیچے آگئے۔ اگرچہ ماموں نے تھوڑی بہت اعانت کی۔ مگر جذبی نے آٹھ برس تک بڑی ہی تکلیف اُٹھائی۔ اُن کے پھٹے ہوئے جوتے کے تلے کی طرح اُن کی زندگی بھی ایک عرصے تک اُن کا منہ چڑاتی رہی۔ چنانچہ ایسے ہی حالات نے معین احسن کو جذبی بنا دیا''۔(۸)

کالج کی تعلیم اور جہاد زندگانی

معین احسن جذبی نے ۱۹۲۹ء میں جھانسی سے ہائی اسکول کا امتحان کامیاب کیا۔ اُن کے والد نے جذبی کا داخلہ سینٹ جارج کالج آگرہ میں کرایا۔ جذبی اس کالج میں ۱۹۲۹ء تا

۱۹۳۱ء ایف ایس سی (انٹر میڈیٹ) کے طالب علم رہے۔ اس کالج میں اسرار الحق مجاز اُن کے ہم جماعت تھے۔ دونوں کو شاعری کا شوق تھا اور وہ سائنس کی تعلیم حاصل کر رہے تھے۔ انٹر کالج کے ہاسٹل میں وہ ساتھ ساتھ رہتے تھے۔ دونوں نے انٹر میڈیٹ کا امتحان ساتھ ساتھ دیا اور دلچسپی کی بات یہ رہی کہ دونوں امتحان میں ناکام بھی ہوئے۔ آخر کار جذبی نے دوسرے کالجوں کا رُخ کیا اور چار سال کی مدت میں آگرے کے ہی ایک خانگی کالج سے انٹر میڈیٹ کا امتحان کامیاب کیا۔ انٹر میڈیٹ کے امتحان کے بعد جذبی سخت حالات سے دوچار ہوئے۔ گھر سے انھیں پیار و محبت نہیں ملا۔ ابتدائی زندگی ہی میں فکر معاش کے لئے ٹھوکریں کھانی پڑی اور زندگی کی تلخ حقیقتوں کا سامنا کرتے ہوئے انھوں نے ایک یادگار شعر بھی کہا تھا۔ جذبی کا دل کی گہرائیوں سے نکلا شعر یوں ہے:

نہ آئے موت خدایا تباہ حالی میں
یہ نام ہو گا غم روزگار سہہ نہ سکا

اس شعر کو اردو شاعری کا تلخ ترین شعر قرار دیتے ہوئے شمس کنول نے اپنے ایک انٹرویو میں جذبی سے اس شعر کے پس پردہ محرکات اور واقعات زندگی دریافت کئے۔ جس کے جواب میں جذبی نے اپنے بچپن کے نامساعد حالات یوں بیان کئے۔

''میرے والد محترم بڑے ہی سخت مزاج تھے۔ اُن میں افسرانہ انا بھی تھی۔ گھر میں سوتیلی ماں کا راج تھا۔ میں انٹر میڈیٹ کا امتحان دے چکا تھا۔ نتیجہ آنا باقی تھا۔ غرض کہ گھر سے جو برائے نام تعلق تھا اسے بھی میں نے قطع کر دیا۔ اپنے کپڑوں کا ٹرنک لے کر گھر سے نکلا اور آگرے ہی میں اپنے ایک دوست کے گھر لا رکھا۔ سعید صاحب میرے ایک بزرگ دوست کے بھائی تھے اور ریلوے میں ملازم تھے۔ میں نے اپنے روزگار کی ضرورت کا ذکر اُن سے کیا۔ وہ ان دنوں آبوروڈ اسٹیشن پر تعینات تھے۔ انھوں نے کہا کہ میرے ساتھ آبوروڈ چلو۔ ممکن ہے کہ کام بن

معین احسن جذبی فکر وفن ﴿20﴾

جائے۔ میں سعید صاحب کے ہمراہ آگرے سے آبو آ گیا۔ میں ایک ہفتہ سعید صاحب کے پاس مہمان رہا۔ مگر برا اتفاق کہ ملازمت کی صورت پیدا نہ ہوسکی۔ چنانچہ ایک دن سعید صاحب نے مجھ سے کہا کہ جاؤ احمد آباد گھوم آؤ۔ حرکت میں برکت ہے۔ سعید صاحب نے ایک ٹی ٹی سے کہہ کر مجھے احمد آباد کی ٹرین کے ایک دوسرے درجے میں بٹھا دیا۔ گاڑی روانہ ہونے کے تھوڑی دیر بعد میں نے اپنے قریب بیٹھے ہوئے ایک شخص سے بات چیت شروع کردی۔ اتفاق سے میرے دو ہم سفر احمد آباد میں کھلنے والی ایک فلم کمپنی کے کیمرہ مین تھے۔ میرے رجحان اور میری ضرورت کو دیکھتے ہوئے میرے اس شریک ہم سفر نے کمپنی کے جنرل منیجر شیرازی کے نام مجھے ایک خط دیا۔ بہرنوع میں احمد آباد پہنچ کر اس سفارشی خط کے توسط سے شیرازی سے ملا۔ انھوں نے کہا کہ ایک اچھی اسٹوری تیار کر کے ہم کو سناؤ۔ اس فوری فرمائش پر میں پریشان ہوا۔ دراصل میں تو بنیادی طور پر شاعر تھا اور فلمی کہانی کی تکنیک سے بالکل ناواقف تھا۔ مگر پیٹ کا سوال تھا۔ ماہنامہ ادبی دنیا میں، میں نے ایک غیر ملکی افسانہ پڑھا تھا۔ وہ قدرے یاد تھا دو چار دن تک اس کو توڑتا مروڑتا رہا اور آخر ایک فلمی کہانی تیار ہوگئی اور تعجب یہ کہ وہ کہانی شیرازی کو پسند بھی آ گئی۔ اس کمپنی ملازمت تو مل گئی۔ مگر اس کمپنی میں تنخواہ کا کوئی دستور نہیں تھا۔ بس دو وقت کھانا ملتا تھا۔ اپنی جو سقیم حالت تھی اس کے پیش نظر میں نے دو وقت کھانے ہی کو اپنے لئے غنیمت جانا۔ پھر کیا ہوا کہ شیرازی ایکٹروں اور ایکٹریسوں کو لے کر بمبئی چلے گئے اور پھر کبھی نہیں لوٹے۔ شیرازی نے احمد آباد میں جس عملے کو چھوڑا تھا وہ بھوکوں مرنے لگے۔ میں نے آبو واپس ہونے ہی میں اپنی عافیت سمجھی۔ میرے انٹرمیڈیٹ کے امتحان کا رزلٹ آچکا تھا، آبو آنے پر مجھے معلوم ہوا کہ میں پاس ہوگیا ہوں۔ آبو سے میں نے اپنے والد صاحب کو خط لکھ کر یہ درخواست کی کہ مجھے مزید تعلیم کے لئے علیگڑھ بھیج دیا جائے۔ مگر انھوں نے سختی سے جواب دیا کہ آگے پڑھنا ہے تو آگرے آکر پڑھو۔ اس منفی جواب کے بعد

میں نے روزگار کے لئے کوشش پھر شروع کر دی۔ مجھے پتہ چلا کہ راجپوتانے کی ایک چھوٹی سی ریاست سروہی میں اسکول کے لئے ایک ٹیچر کی ضرورت ہے۔ چنانچہ سعید صاحب کے ایک واقف کار ٹی ٹی کی عنایت سے میں نے آبو روڈ سے سروہی تک کا یہ سفر بھی بغیر ٹکٹ طے کیا۔ سروہی میں میں نے ایک غریب اسکول ٹیچر کے گھر قیام کیا۔ اگر چہ میرا انٹرویو ہوا مگر بعد میں معلوم ہوا کہ سروہی کا راجہ اپنی ریاست کے باہر کے کسی شخص کو کوئی ملازمت نہیں دیتا۔ بس قیامت ہی گزر گئی۔ آخر بہ حسرت ویاس وہاں سے بھی رخصت ہوا۔ سروہی کی بستی سے ریلوے اسٹیشن بہت دور تھا۔ کوئی چار پانچ میل کا فاصلہ ہوگا۔ افسردگی کی حالت میں وہ فاصلہ میں نے کسی نہ کسی طرح پیدل ہی طے کیا مگر اسٹیشن پہنچتے پہنچتے میں بھوک اور پیاس سے نڈھال ہو کر رہ گیا۔ میری جیب کی کل کائنات چند آنے ہی تھی۔ میں نے دو پیسے کے چنے لئے۔ پیٹ بھر کر کھائے۔ اور دو پیسے کی چائے لے کر پی۔ اور پھر پلیٹ فارم پر آ کر بیٹھ کر یہ دعا مانگنے لگا کہ سعید صاحب کا جاننے والا کوئی ٹی ٹی یا گارڈ مل جائے جو مجھے آبو روڈ تک بغیر ٹکٹ پہنچا دے۔ وہ بڑے تکلیف دہ لمحات تھے، میرے لئے اور اسی کرب کی حالت میں میں نے یہ شعر کہا:

نہ آئے موت تباہ حالی میں خدایا
یہ نام ہو گا غمِ روزگار سہہ نہ سکا (۹)

جذبی نے ابتدائی عمر میں حصول معاش کے لئے جن مشکلات کا سامنا کیا اس کی وجہ سے اُن کی شخصیت اور شاعری میں جذباتیت آگئی تھی۔ کم عمری میں مصائب وآلام کے تھپیڑوں نے انھیں مضبوط انسان بنا دیا تھا۔ جذبی کسی طرح آگرے سے ہوتے ہوئے دہلی پہنچ گئے۔

جذبی تخلص کے محرکات

معین احسن جذبی نے کم عمری میں ہی داخلی جذبات پر مبنی اشعار کہنے شروع کر دیئے تھے۔ ابتداء میں انھوں نے ملال تخلص اختیار کیا تھا بعد میں احباب کی فرمائش پر جذبی تخلص اختیار کیا۔ان کے تخلص کے انتخاب کی تفصیلات بیان کرتے ہوئے مشتاق صدف لکھتے ہیں:

> ''جذبی نے آغاز شاعری میں اپنا تخلص ملال رکھا۔واقعہ یہ ہے کہ اس وقت جذبی کے استاد حامد شاہجہاں پوری کے بہت سے عزیز شاگرد تھے جس میں عزیز احمد سمیت دو افراد اور جذبی کے ہم سبق تھے ان کے نام جذبی کو یاد نہیں رہے۔ایک دن اُن سب نے ایک ہی قافیہ میں تخلص رکھنے کا ارادہ کیا۔جذبی نے اپنی اُفتادِ طبع اور طبیعت کی المناکی کے سبب اپنا تخلص ملال رکھا۔دوسرے نے خیال، تیسرے نے کمال اور چوتھے عزیز احمد نے ''ہلال'' تخلص رکھا۔یہ ۱۹۲۸ء کی بات ہے مگر چند برس بعد ہی جذبی نے ملال کے بجائے اپنا تخلص جذبی اختیار کرنے کا اعلان کر دیا......۱۹۳۳ء کی بات ہے۔جب وہ ملال سے جذبی ہو گئے۔(۱۰)

جذبی کا تخلص بدلنے کا مشورہ دینے والوں میں مشہور مزاح نگار شوکت تھانوی بھی تھے۔ جذبی تخلص اختیار کرنے کی ایک وجہ یہ بھی ہوسکتی ہے کہ جذبی اپنے دروں بینی کے انجذاب سے کام لیتے تھے اور انھوں نے زندگی میں جو کچھ دیکھا، جن حالات سے گزرے۔ اُن حالات کے سرد گرم کو سہنے کے بعد اُنھوں نے اپنے کلام کے ذریعہ جذبات کا اظہار کیا۔اُن کے نئے تخلص کو اُن کی شخصیت کا آئینہ دار کہا جا سکتا ہے۔اس ضمن میں ڈاکٹر نسرین رئیس خان اپنے تاثرات بیان کرتے ہوئے لکھتی ہیں:

"تخلص شاعر کی شخصیت و شاعری کا مکھڑا ہوتا ہے جو اس کے دل کی واردات اور تصورات کا آئینہ دار ہوتا ہے۔ معین احسن جذبی کے دونوں تخلص یعنی ملالؔ اور جذبیؔ ہم یہ کہہ سکتے ہیں کہ ملال تخلص اگرچہ ترک کردیا تھا مگر یہ اُن کی شاعری کی روح افسردگی کا قطب نما ہے اور تخلص جذبیؔ اُن کے فنی نقطہ نظر سے شعر میں جذبے کی اولیت اور اہمیت کا مقدمہ۔(۱۱)

اعلیٰ تعلیم اور ملازمت

گھر سے مناسب سہارا نہ ملنے کے باوجود معین احسن جذبیؔ نے حالات کے سامنے ہتھیار نہیں ڈالے اور زندگی کی جدوجہد جاری رکھی اور تعلیم اور ملازمت کے سلسلے کو جاری رکھا۔ انٹرمیڈیٹ کامیاب کرنے کے بعد جذبی علی گڑھ جا کر مزید تعلیم حاصل کرنا چاہتے تھے لیکن اُن کے والد نے صاف کہہ دیا کہ اُنھیں آگے پڑھنا ہو تو آگرے میں ہی رہ کر پڑھیں۔ تاہم ۱۹۳۴ء میں جذبیؔ دہلی آئے اور اینگلو عربک کالج دہلی میں ۱۹۳۶ء میں بی اے میں داخلہ لیا اور ۱۹۳۸ء میں بی اے کامیاب کیا۔ اُن دنوں مجاز اور سردار جعفری بھی دہلی میں تھے۔ جذبیؔ کی ان سے دوستی رہی۔ جذبیؔ نے دہلی سے علی گڑھ جا کر ایم اے انگریزی میں داخلہ لیا۔ لیکن والد صاحب کے کہنے پر انھیں علی گڑھ سے دہلی آنا پڑا۔ اس دوران جذبیؔ نے ایک مرتبہ پھر فکر معاش شروع کردی۔ ان دنوں مجاز آل انڈیا ریڈیو کے رسالہ "آواز" کے نائب مدیر رہے۔ جذبیؔ مجازؔ کے ساتھ دہلی میں رہے۔ ۱۹۳۸ء میں انھیں یہ معلوم ہوا کہ بمبئی سکریٹریٹ میں مترجم کی جگہ خالی ہے۔ جذبیؔ نے درخواست دی اور انھیں ملازمت مل گئی۔ چار ماہ کے بعد وہ بھوپال کے ایک ماڈل اسکول میں ٹیچر ہوگئے۔ دس ماہ کی ملازمت کے بعد وہ بھوپال سے لکھنو آگئے۔ اتر پردیش سکریٹریٹ لکھنو میں چار ماہ تک ترجمے کا کام کیا۔ ۱۹۴۰ء میں علی گڑھ آئے

اور ایم اے اردو میں داخلہ لیا۔۱۹۴۲ء میں اُنھیں ایم اے اُردو کی سند مل گئی۔ جذبیؔ نے جن اساتذہ سے تعلیم حاصل کی۔ اُن میں مولوی عبداللطیف، مشتاق قادری، ڈاکٹر جعفر، خواجہ منظور حسین اور پروفیسر منظور حسین اہم ہیں۔

ایم اے کامیاب کرنے کے بعد جذبیؔ کو پتہ چلا کہ دہلی سے شائع ہونے والے پندرہ روزہ رسالہ ''آج کل'' میں اسسٹنٹ ایڈیٹر کی جگہ خالی ہے۔ اُنھوں نے درخواست دی۔ انٹرویو کے بعد انھیں ابتداء میں ملازمت نہیں ملی۔ تاہم ایک ماہ بعد اُنھیں اُردو کے معیاری رسالے کا اسسٹنٹ ایڈیٹر بنادیا گیا۔ جذبیؔ کو ترجمے میں مہارت تھی۔ اور وہ اکثر ترجمے کا کام بھی کرلیا کرتے تھے۔ رسالہ ''آج کل'' کو معیاری بنانے کے لئے جذبیؔ نے ترجمہ، پروف ریڈنگ، غزلوں اور نظموں کی اصلاح اور دوسروں کے ترجمے کی درستگی کا کام بھی کیا۔ جذبیؔ کی کوششوں سے ''آج کل'' ایک معیاری رسالہ بن گیا۔ اس کی مقبولیت میں اضافہ ہوا اور اس کی تعداد اشاعت تین سو سے بڑھ کر تین ہزار ہوگئی۔ ''آج کل'' کے ساتھ جذبیؔ کی مقبولیت بھی بڑھی اور ہندوستان بھر سے نامور شعراء اور ادیب اُن سے ملاقات کے لئے آنے لگے۔ رسالے کے نگران یعقوب دواستی کو جذبیؔ کی بڑھتی مقبولیت پسند نہیں آئی اور وہ جذبیؔ کی بے جا مخالفت کرنے لگے۔ ۱۹۴۳۔۴۴ء میں جذبیؔ کچھ عرصے کے لئے بمبئ چلے آئے اور کمیونسٹ پارٹی کے ترجمان رسالہ ''نیا ادب'' کو جو بند ہوگیا تھا از سر نو جاری کرنا چاہتے تھے لیکن ان کے دوستوں نے ساتھ نہیں دیا۔ دہلی واپس آکر انھوں نے ''آج کل'' سے استعفیٰ دے دیا۔

جذبیؔ ۱۹۴۵ء میں پھر علی گڑھ آئے اور ملازمت کی کوشش شروع کردی۔ اس بار قسمت نے اُن کا ساتھ دیا اور علی گڑھ مسلم یونیورسٹی میں شعبہ اردو میں لیکچرر کے عہدے پر اُن کا تقرر ہوگیا۔ انھیں معاشی فراخی نصیب ہوئی اور وہ یکسوئی کے ساتھ زندگی گزارنے لگے۔ اسی دوران اُن کی شادی کا مرحلہ بھی پیش آیا۔

شادی

علی گڑھ مسلم یونیورسٹی کے شعبہ اردو میں لیکچرر اُردو کی جائیداد پر تقرر کے بعد جذبی کی شادی ۱۹۴۸ء میں اُن کی پھوپھی زاد بہن خدیجہ شوکت سے ہوئی۔ جذبی کی تین پھوپھیاں خاتون اکرام، بیگم غفار بخش اور بیگم مفتخرہ تھیں۔ خدیجہ کے والد کا نام غفار بخش تھا۔ یہ جذبی کے رشتے کے ماموں بھی تھے۔ خدیجہ شوکت اپنی خوبصورتی میں خاندان میں مشہور تھیں۔ جذبی بھی انھیں چاہتے تھے اور اُن سے شادی کرنا چاہتے تھے۔ لہذا اُن کی خواہش پر یہ شادی طے ہوئی۔ جذبی پیار سے اپنی بیوی کو ''شوکی'' کہا کرتے تھے۔ شادی کے بعد جذبی کے خسر اور خدیجہ کے والد پاکستان چلے گئے۔

اولاد

معین حسن جذبی اور خدیجہ شوکت کو خدا نے تین اولادوں سے نوازا۔ ایک بیٹا سہیل احسن جذبی جو علی گڑھ مسلم یونیورسٹی میں انگریزی کے پروفیسر رہے، دو بیٹیوں میں بڑی بیٹی جلیس شوکت اور چھوٹی بیٹی تحسین شوکت۔ جذبی نے جلیس شوکت کی شادی اپنی سوتیلی بہن کے بیٹے سید اطہر علی سے کی۔ اطہر علی ریزرو بینک آف انڈیا کے ملازم رہے۔ دوسری بیٹی تحسین شوکت کی شادی خلیل الرحمٰن اعظمی کے بیٹے عدنان خلیل سے ہوئی۔ سہیل کی اولاد میں تابش سہیل نے انجینئرنگ اور نوشین سہیل نے میڈیکل کے شعبوں میں اعلیٰ تعلیم حاصل کی۔

شاعری اور ملازمت کی مصروفیات

ملازمت اور شادی کے مراحل سے گزرنے کے بعد جذبی کی معاشی پریشانیاں ایک لحاظ سے ختم ہوگئیں۔ ملازمت کے ساتھ ساتھ وہ شاعری بھی کرنے لگے۔ اس دوران اُن کے

دوشعری مجموعے ''فروزاں'' اور ''سخن مختصر'' شائع ہوئے۔ فروزاں کا پہلا ایڈیشن ۱۹۴۳ء میں لاہور سے اور دوسرا ایڈیشن ۱۹۵۱ء میں آزاد کتاب گھر دہلی سے شائع ہوا۔ جذبی کا دوسرا شعری مجموعہ ''سخن مختصر'' ۱۹۶۰ء میں انجمن ترقی اردو (ہند) علی گڑھ سے چھپا۔ تیسرا مجموعہ گداز شب ۱۹۸۵ء میں مکتبہ جامعہ لمیٹیڈ نئی دہلی سے شائع ہوا۔ جس میں پہلے دو مجموعوں کا انتخاب کلام شامل ہے۔ کسی شاعر کے کلام کا اندازہ اس کے کلام کی مقدار سے نہیں بلکہ معیار سے کیا جاتا ہے۔ یہی کچھ معاملہ جذبی کے ساتھ بھی رہا۔ کیونکہ اُن کا کلام مقدار میں بہت کم اور معیار میں بہت بلند رہا ہے۔ جذبی ایک کم گو شاعر تھے۔ وہ شعر کے جذبے میں ڈوب کر شعر کہتے تھے۔ کبھی کبھی برسوں سے کوئی شعر نہ کہا اور اگر کسی سال شاعری کی تو چار چھ غزلیں کہیں۔ اس طرح جذبی کا شعری اثاثہ مقدار میں بہت کم ہے۔ کہنے کو تو ان کے تین شعری مجموعے اور کلیات سامنے آچکے ہیں لیکن اُن کے کلام میں کُل ۹۲ غزلیں، ۲۹ نظمیں، ۲ رباعیات اور آٹھ متفرق اشعار ہیں۔ کلام کی اس مختصر مقدار سے اندازہ ہوتا ہے کہ جذبی زود گو شاعر نہیں تھے اور نہ ہی وہ آورد کی شاعری کرتے تھے بلکہ خیالات کی آمد ہو تب ہی وہ شعر کہتے تھے۔ اپنی شاعری کے اس انداز کے بارے میں وہ خود یوں کہتے ہیں:

> ''میں ہر سال اپنی بیاض اُٹھاتا تھا اور اُس میں سے کچھ نہ کچھ کاٹ دیا کرتا تھا، یہ ٹھیک نہیں ہے یہ پھسپھسا ہے یا اس میں آورد بہت ہے وغیرہ وغیرہ۔ میرا خیال ہے کہ یہ زندگی بہت مصروف ہوگئی ہے کسی کے پاس اتنا وقت نہیں کہ یہاں سے وہاں تک بیٹھ کر پڑھے اور اس میں سے چھانٹے۔ یہ کرے وہ کرے تو صرف اتنی چیز دے دو۔ جس میں جان ہو۔ اس کا وقت بھی ضائع نہ ہو اور وہ کچھ لطف بھی اُٹھائے۔ تھرڈ کلاس شعر کی میرے یہاں کچھ گنجائش نہیں۔ (۱۲)

شاعری کے بارے میں جذبی کی ناقدانہ نظر پر اظہار خیال کرتے ہوئے پروفیسر محمد حسن کہتے ہیں:

''بہت کم شاعروں کو شعر کہتے وقت اتنی محنت کرتے دیکھا ہے جتنی جذبی کرتے ہیں۔ شعر کہتے وقت کم اور اُسے بناتے وقت زیادہ۔ جب تک اُن کو مطمئن کرنے والا لفظ نہ ملے، اُس وقت تک بے چین رہتے ہیں۔ لفظ کے انتخاب کے پیمانے اُن کے یہاں بہت سخت ہیں۔ (۱۳)

شاعری کے بارے میں اپنے سخت پیمانوں کے اظہار اور پروفیسر محمد حسن کے خیالات سے اندازہ ہوتا ہے کہ جذبی نے محتاط انداز میں شاعری کی۔ لیکن اُن کے اکثر اشعار کافی مقبول ہوئے۔ اُس کی وجہ یہی ہوسکتی ہے کہ انھوں نے کسی موضوع سے متاثر ہوکر شعری جذبے میں ڈوب کر شاعری کی۔ اسی لئے اُن کی شاعری کم ہونے کے باوجود معیاری لگتی ہے۔

تحقیقی کام اور ڈاکٹریٹ کی ڈگری

معین احسن جذبی کو ایک زمانے میں انٹرمیڈیٹ کا امتحان کامیاب کرنے میں کافی دشواری ہوئی تھی۔ تاہم بعد میں اُنھوں نے اردو ادب میں اعلیٰ تعلیم کے حصول کے سلسلے کو جاری رکھا اور جب وہ علی گڑھ یونیورسٹی میں اردو کے لکچرر ہوگئے تو انھیں اپنی تدریسی و منصبی ضرورتوں کے پیش نظر اپنے تعلیمی سلسلے کو مزید جاری رکھنا پڑا۔ اور ایک شاعر اور تخلیق کار ہونے کے باوجود انھیں تحقیق کے شعبہ میں دخل اندازی کرنی پڑی۔ چنانچہ انھوں نے پی ایچ ڈی کرنے کا ارادہ کرلیا اور رشید احمد صدیقی کی زیر نگرانی ''حالی کا سیاسی شعور'' موضوع پر مقالہ لکھا۔ جس پر ۱۹۵۶ء میں اُنھیں ڈاکٹریٹ کی ڈگری ملی۔ اُن کے تحقیقی مقالے کے ممتحن سید عبداللہ اور سید عباد حسین تھے۔ جذبی نے پہلی مرتبہ اپنے اس مقالے میں سرسید تحریک کے حوالہ سے حالی جذبی کا یہ تحقیقی مقالہ ۱۹۵۹ء میں شائع ہوا۔ اس کتاب کی اشاعت سے شاعر جذبی بہ حیثیت محقق اور نقاد بھی لوگوں کے سامنے پیش ہوئے۔

ترقی پسند تحریک سے وابستگی

ہندوستان میں ترقی پسند تحریک کا آغاز ۱۹۳۶ء سے ہوا۔ جذبی ابتداء سے ہی ترقی پسند تحریک سے وابستہ ہو گئے تھے۔ تاہم انھوں نے اپنے آپ کو جذباتیت اور نعرے بازی سے دور رکھا۔ اُن کے مشورے پر علی گڑھ میں انجمن ترقی پسند مصنفین کی بنیاد ڈالی گئی۔ جذبی نے اس انجمن کے فروغ میں خصوصی دلچسپی لی۔ ادیبوں اور شاعروں کا ایک حلقہ تیار کیا۔ انجمن کے زیر اہتمام پابندی سے محفلیں منعقد ہونے لگیں۔ جن میں خواجہ منظور حسین، ڈاکٹر ابواللیث صدیقی، ڈاکٹر مسعود حسین، انور انصاری، مولوی عبدالحق، قاضی عبدالغفار، حیات اللہ انصاری اور اختر حسین رائے پوری وغیرہ نے شرکت کی۔ جذبی ترقی پسند تحریک کی سیاسی سرگرمیوں کو پسند نہیں کرتے تھے۔ اور اس تحریک کے زیر اثر لکھے گئے ہنگامی ادب کو اچھی نظر سے نہیں دیکھتے تھے۔ جذبی اعتدال پسند واقع ہوئے تھے۔ وہ شعر و ادب میں شور شرابے کو پسند نہیں کرتے تھے۔ انھوں نے نہ تو ہنگامی شاعری کی اور نہ ہی کبھی اُس کی وکالت کی بلکہ زندگی کے حقائق کے بیان اور جذبات و احساسات کی عکاسی پر زور دیتے رہے۔ حقیقی جذبات کی عکاسی اُن کی شاعری کی اہم خصوصیت ہے۔

جذبی بہ حیثیت مدرس و استاذ

جس وقت جذبی علی گڑھ مسلم یونیورسٹی میں اردو کے لکچرر تھے۔ اُس وقت پروفیسر آل احمد سرور صدر شعبہ تھے۔ ڈاکٹر محمد عزیز ریڈر تھے اور اساتذہ میں جذبی کے علاوہ خورشید الاسلام، خواجہ مسعود علی ذوقی، خلیل الرحمٰن اعظمی اور نسیم قریشی شامل تھے۔ یہ سب اپنے وقت کے قابل اور ماہر اساتذہ تھے اور اُس وقت علی گڑھ یونیورسٹی ملک کی سرکردہ یونیورسٹی تھی۔ جذبی نے بھی دوران تدریس طلباء پر اپنی شخصیت کی چھاپ چھوڑی تھی۔ یونیورسٹی میں جذبی کے طور طریق اور

پڑھانے کے ڈھنگ کے بارے میں اُن کے ایک شاگرد کبیر احمد جائسی لکھتے ہیں:

''۶۲-۱۹۶۱ء کے تعلیمی سال میں مجھے جذبی صاحب کی شاگردی کا شرف حاصل ہوا۔ اس سال وہ بی اے سال دوم میں نثر کا پرچہ پڑھاتے تھے اور اُن کی کلاس لنچ کے وقفے کے بعد ڈھائی بجے سے ہوتی تھی۔ ابھی موجودہ آرٹس فیکلٹی کی عمارت نہیں بنی تھی اور سارے کلاس سرسید ہال میں ہوتے تھے۔ جذبی صاحب ٹھیک ڈھائی بجے شیروانی اور چوڑی موری کا پائجامہ پہنے کلاس میں داخل ہوتے۔ آتے ہی فوراً حاضری لیتے اور پڑھانے میں منہمک ہوجاتے۔ شیروانی اور پائجامے کا ذکر آگیا ہے تو یہاں ایک بات بتاتا چلوں کہ جذبی صاحب اپنی پوری مدت ملازمت میں یونیورسٹی کے اوقات کار میں صرف اسی لباس میں دیکھے گئے۔ ۱۹۶۰ء کے بعد وہ گرمیوں میں پتلون اور شرٹ پہننے لگے تھے مگر یونیورسٹی کے اوقات کار میں انھوں نے نہ تو کبھی سوٹ پہنا اور نہ ہی پتلون، بشرٹ۔ اُن کے پڑھانے کا انداز یہ تھا کہ پہلے بلند خوانی کرتے یا کسی طالب علم سے پڑھواتے، پھر مشکل الفاظ کے معنی بتاتے، بعدازاں نثر کا جو ٹکڑا پڑھا رہے ہوتے اُس کی تشریح کرتے اور بیچ بیچ میں طالب علموں سے سوال بھی کرتے جاتے، اُن کے پڑھانے کا انداز بہت ٹھہرا ہوا اور پُرسکون تھا، نہ تڑک بھڑک نہ گرمی نہ غصہ، اگر کبھی کسی کی کوئی بات ناگوار ہوتی یا کسی کی سرزنش کرنا چاہتے تو ''اجی حضّت'' کہہ کر مخاطب کرتے اور بڑے ہی معنی خیز انداز میں اپنی خفگی یا کبیدگی کا اظہار کر دیتے مگر اُن کا تحمل مثالی تھا''۔ (۱۴)

جذبی اپنے طلباء اور شاگردوں کے لئے ایک مثالی استاد تھے۔ اُس دور کے سبھی اساتذہ اپنے شاگردوں کو ہی اپنا سرمایۂ حیات سمجھتے تھے اور روپیہ پیسا عزت وشہرت سے بڑھ

کر اُن کو عزیز رکھتے تھے اور اپنے شاگردوں کی ترقی کے لئے کوشاں رہتے تھے۔ جذبی صاحب نے بھی اپنے شاگردوں کو تلاش معاش اور ملازمتیں دلوانے میں جو کوششیں کی ہیں وہ مثالی ہیں۔ جب اُن کا کوئی شاگرد اُن کی کوشش سے لیکچرر یا کوئی اور ملازم ہو جاتا تو وہ خوش ہو جاتے۔

مشاعروں میں شرکت

جذبی نے ہندوستان کے طول و عرض اور بیرون ملک کئی چھوٹے بڑے مشاعروں میں شرکت کی۔ آل انڈیا ریڈیو پر بھی وہ مشاعرے پڑھتے رہے۔ ابتداء میں جذبی ترنم سے غزلیں پڑھتے تھے۔ اُس زمانے کے شعراء کے ترنم پر جگر مرادآبادی کے ترنم کی چھاپ تھی۔ جذبی کا ترنم بھی کچھ اُسی نوعیت کا تھا۔ اُن کے اشعار سجے سجائے موتیوں کی طرح ہوتے اور جب وہ ان اشعار کو ترنم میں پڑھتے تو محفل اور مشاعرے میں ایک سماں بن جاتا تھا۔ مشاعروں میں شرکت کے دوران جذبی اپنی وضع داری کو نہیں چھوڑتے تھے۔ انھوں نے علی گڑھ میں یونین کے مشاعروں اور نمائشی قسم کے مشاعروں میں شرکت نہیں کی۔ طلباء کے سامنے بھی انھوں نے غزلیں نہیں سنائیں۔ البتہ نجی محفلوں میں وہ کلام سنا دیا کرتے تھے۔ ۱۹۶۰ء کے بعد جذبی نے ترنم میں پڑھنا چھوڑ دیا اور وہ تحت میں پڑھنے لگے۔ یہ سلسلہ آخر تک جاری رہا۔

جذبی اور مجاز

مجاز جذبی کے زمانۂ طالب علمی کے دوست رہے۔ بعد میں کچھ عرصہ دونوں نے ساتھ کام کرنے کی کوشش کی۔ جذبی نے اپنی زندگی میں جس شاعر کا کثرت سے ذکر کیا وہ مجاز ہی تھے۔ مجاز جذبی کے معاصر شاعر تھے۔ ترقی پسندی کے عروج کے زمانے میں وہ صرف مجاز کو ہی یاد کرتے اُن کے لطیفے سناتے۔ کبھی کبھی اُن کے شعری تجربات کی توجیہ و تاویل کرتے۔ مجاز

کی موت کے بعد جذبی اپنے آپ کو تنہا محسوس کرنے لگے تھے۔ مجاز کی یادوں کے ساتھ وہ اپنے عہد گزشتہ کو تازہ کرتے۔ مجاز کے گزر جانے پر جذبی نے ایک نظم کہی تھی۔ جس کا ایک شعر یہ ہے :

آج ایک بادیۂ پُر پیچ کا راہی گم ہے
اک حریف الَمِ لا متناہی گم ہے

جذبی ماضی پرست نہیں تھے۔ لیکن مجاز کی یادوں کے معاملے میں وہ ضرور ماضی پرست کہلائے جاسکتے ہیں۔ کیونکہ اُن کی تحریروں سے مجاز سے جدائی کا غم اور کرب بہت جھلکتا ہے۔ اپنے ایک انٹرویو میں انہوں نے مجاز کو جینیس کہا تھا۔

ریڈر کے عہدے پر ترقی اور وظیفہ پر سبکدوشی

دوران ملازمت جذبی کو ریڈر کے عہدے پر ترقی بھی ملی اور وہ شعبہ اردو علی گڑھ مسلم یونیورسٹی میں ریڈر مقرر ہوئے اور اپنے فیض علمی سے ادب کے طالب علموں کو سیراب کرتے رہے۔ شعبہ اردو میں تقریباً ۳۰ سال ملازمت کرنے کے بعد ۱۹۷۴ء میں وہ وظیفہ پر سبکدوش ہوگئے۔ ملازمت کے دوران وہ ذکا اللہ روڈ پر یونیورسٹی کے مکان میں رہتے تھے۔ کچھ عرصہ اُنھوں نے امیر نشاں میں کرائے کے مکان میں بھی قیام کیا۔ ملازمت سے سبکدوشی کے بعد جذبی نے سرسید گھر علی گڑھ میں اپنا ذاتی مکان بنوالیا اور ۱۹۸۱ء میں وہ اس مکان میں منتقل ہوگئے۔ اُنھوں نے اس مکان کا نام ''فروزاں'' رکھا جو اُن کے شعری مجموعے کا نام بھی رہا۔ جذبی اپنے اس مکان میں اہلیہ خدیجہ، شوکت، بہو سیما سہیل، بیٹے سہیل احسن اور پوتے تابش سہیل اور پوتی نوشین سہیل کے ساتھ رہتے تھے۔ زندگی کی آخری سانس تک وہ اسی مکان میں مقیم رہے۔ ذاتی مکان سے قبل یونیورسٹی کوارٹر حاصل کرنے کے لئے انھیں کافی جستجو کرنی پڑی

تھی اور ''مکان نامہ'' کے نام سے ایک ہجویہ نظم لکھ کر انھوں نے اس وقت کے وائس چانسلر ڈاکٹر ذاکر حسین کو بھی روانہ کی تھی جس کے بعد انھیں اپنا مکان ملا تھا۔

سفرِ حج

عموماً شعرا اور خاص طور سے ترقی پسند شعرا کے بارے میں یہ خیال مشہور ہے کہ وہ مذہب بیزار ہوتے ہیں۔ انہیں مذہبی باتوں سے کوئی لگاؤ نہیں ہوتا اور وہ شراب و شباب کے رسیا ہوتے ہیں۔ لیکن جذبی کے معاملے میں ایسا نہیں ہے۔ وہ سیدھے سادھے مسلمان تھے۔ اور انہوں نے فریضہ حج بھی ادا کیا تھا۔ اس طرح وہ اردو کے چند گنے چنے شعرا میں شمار ہوتے ہیں جنہیں حج کا فریضہ ادا کرنے کی سعادت ملی۔ اپنے سفر حج کا حال بیان کرتے ہوئے مشتاق صدف کو دیے گئے ایک انٹرویو میں جذبی کہتے ہیں۔

> ''بھئی ایسا ہوا کہ ان دنوں ''آجکل'' کے ایڈیٹر شہباز حسین تھے۔ اُن کا خط آیا کہ حکومتِ ہند، سعودی عرب میں ایک مشاعرہ کرانا چاہتی ہے۔ وہاں پہلے حج ہوگا پھر مشاعرہ۔ اس وقت سکریٹریٹ میں بہار کے شہاب الدین صاحب تھے۔ ان سے رجوع کیا تو انہوں نے شعراء کے تین چار نام دیے۔ ان میں سے ایک میں بھی تھا۔ بہر حال میرے پاس مشاعرے میں شرکت کی جو دعوت آئی تو میں نے اسے اس شرط پر قبول کیا کہ اخراجات کی تمام ذمہ داریاں سرکار قبول کرے۔ تو ایسا ہی ہوا۔ مشاعرے سے قبل چونکہ حج کا پروگرام تھا۔ لہٰذا میں نے اس فریضہ کو انجام دیا۔۔۔ ترقی پسندی کا یہ مطلب نہیں کہ آپ مذہب سے بالکل بیزار ہو جائیں۔ لوگوں نے میرے سفر حج پر تھوڑی بہت چہ می گوئیاں تو کیں۔ لیکن اس معاملہ میں اور کیا کیا جا سکتا ہے۔[۱۴]

جذبی نے کافی طویل عمر پائی تھی۔ جب انہوں نے عمر کی نو دہائیاں مکمل کر لیں تب

بھی وہ بیماری اور کمزور بینائی کے باوجود لکھنے پڑھنے میں مشغول رہتے لیکن اُن کی صحت ساتھ نہیں دیتی۔ جذبی نے اپنی سوانح حیات لکھنے کا کام شروع کیا تھا لیکن وہ مکمل نہیں ہوسکا۔ اس ضمن میں اظہار افسوس کرتے ہوئے جذبی کہتے ہیں:

> ’’رنج وملال تو بہت کچھ ہے۔ کاش یہ کرتے۔ وہ کرتے۔ زندگی بھر اس کا خیال آتا ہے۔ جو جی چاہتا ہے اسے کرنے کا وقت نہیں رہتا۔ اور پھر کسے فرصت ہے کہ وہ میرے پاس آکر کچھ وقت دے کہ میں اپنی سوانح حیات مکمل کرسکوں۔ مجھے خوشی یہ ہے کہ میں نے جو کوشش کی تھی۔ اسے لوگوں نے بے حد پسند کیا۔ جب میں نے ریسرچ کا ارادہ کیا تو یہ دیکھا کہ علی گڈھ میں ریسرچ کی کوئی ٹریڈیشن (Tradition) نہیں تھی۔ یہاں کیا پورے ہندوستان میں کہیں بھی نہیں تھی۔ اس کے باوجود میں نے ’’حالی کے سیاسی شعور‘‘ پر اپنا کام مکمل کیا۔ رشید احمد صدیقی صاحب کی نگرانی میں یہ کام انجام دیا۔ لیکن وہ خود بھی ریسرچ کے آدمی نہیں تھے۔ تخلیق کار تو بیشک تھے۔ لیکن انہیں تحقیق کا کوئی شعور نہیں تھا۔ رشید صاحب مجھ سے اکثر کہتے تھے کہ بس کسی طرح مقالہ لکھ کر جمع کرادو ڈگری تو مل ہی جائے گی۔ لیکن میں نے ایسا نہیں کیا۔ میں نے اپنی کاہلی اور تساہلی کے باوجود محنت کی اور بارہ سال کام کرکے پی ایچ ڈی کی ڈگری حاصل کی۔‘‘ [۱۵]

بیماری اور انتقال

جذبی نے کافی طویل عمر پائی تھی۔ آخری ایام میں وہ چند ایک بیماریوں میں مبتلا رہے۔ ۱۹۸۸ء میں اُن کا پروسٹیٹ کا آپریشن ہوا تھا۔ دواخانے میں قیام کے دوران اُن پر کبھی

خوف طاری نہیں ہوا تھا اور وہ ڈاکٹروں سے بھی بذلہ سنجی سے گفتگو کیا کرتے تھے۔ انہی دنوں پروفیسر نذیر احمد بھی ہائیڈروسیل کے آپریشن کے سلسلے میں دواخانے میں شریک تھے اور کافی پریشان تھے۔ دواخانے میں داخل ہوتے وقت جذبیؔ نے سرجن سے کہا کہ آپ اچھی طرح پہچان لیں کہ ہم میں جذبیؔ کون ہے اور نذیر احمد کون۔ کہیں ایسا تو نہیں کہ آپ جذبیؔ کا ہائیڈروسیل کا اور نذیر احمد کا پروسٹیٹ کا آپریشن کر دیں۔ نذیر احمد کو تسلی دیتے ہوئے جذبیؔ نے کہا کہ آپ کسی خوبصورت نرس سے بے ہوشی کی دوا لیں اچھے خواب نظر آئیں گے اور باقی کام ڈاکٹر صاحب کر دیں گے۔

آخری دنوں میں جذبیؔ کی بینائی کم ہوگئی تھی اور وہ تنہا اور گوشہ نشین ہو گئے تھے۔ لکھنے پڑھنے سے بھی معذور ہو گئے تھے۔ کبھی آمد کی حالت ہوتی تو کوئی شعر کہہ لیتے ورنہ کچھ نہیں۔ جذبیؔ نسبتاً خاموش طبع انسان تھے۔ بینائی کمزور ہو جانے کے بعد اور خاموش ہو گئے۔ مشاعروں اور محفلوں میں جانا ایک عرصہ پہلے ختم ہو چکا تھا۔ زندگی کے آخری ایام میں تنہائی سے پریشان رہنے لگے تھے۔ بات بات پر دوستوں کو یاد کرتے اور بیتے لمحوں کی باتیں ایسے بیان کرتے کہ ساری تصویر آنکھوں کے سامنے گھوم جاتی۔ اسی بینائی کی کمزوری کے دوران ۳۱ رڈسمبر ۲۰۰۴ء کو رات میں ۱۲ بجے کے قریب وہ گھر میں گر گئے اور کولہے کی ہڈی ٹوٹ گئی۔ یکم جنوری ۲۰۰۵ء کو یونیورسٹی میڈیکل کالج میں داخل ہوئے۔ جہاں ڈاکٹر خالد شیرانی نے اُن کا کامیاب آپریشن کیا۔ دواخانے میں نرسنگ اور معالجے کے طلباء گروہ کی شکل میں بار بار اُنھیں دیکھنے آتے۔ جذبیؔ اُن سے کہتے کہ اتنے سارے لوگ مجھے دیکھنے کیوں آرہے ہو۔ وہ لوگ کہتے کہ آپ بہت بڑے شاعر ہیں۔ نرس اُن کا بخار دیکھنے آتی تو وہ ازراہِ مذاق کہتے کہ تم بخار اُتارنے آئی ہو یا چڑھانے۔ جذبیؔ کی یہ بذلہ سنجی آخر وقت تک اُن کی شناخت رہی۔

کولہے کی ہڈی ٹوٹنے اور آپریشن کے بعد اُن کی صحت میں بہتری نہیں آئی اور وہ مائل

معین احسن جذبیؔ فکر وفن 35

بہ زوال رہی۔ جذبیؔ کے علاج کا سلسلہ چلتا رہا۔۱۳؍فروری ۲۰۰۵ء کوانھیں تیز بخار آیا۔ ڈاکٹر طارق منصور نے معائنہ کیا اور پیشاب کے انفیکشن کا شبہ ظاہر کیا۔ اُن کا چیک اپ اور ٹسٹ کروایا گیا۔ اتوار کا دن تھا صبح دس بج رہے تھے، اپنے بیٹے سہیل کو بلایا اور کہا کہ آپ جا کر کھانا کھالیں۔ اپنے ہاتھ میں بیٹے کا ہاتھ پکڑ کر کہا کہ ہم آج جارہے ہیں۔ دو باتوں کا خیال رکھنا۔ اپنی ماں کو دیکھ بھال کرنا۔ اور بچوں کی تعلیم پر خصوصی توجہ دینا۔ جذبیؔ کے بخار میں کوئی افاقہ نہیں ہوا۔ دوا کا سلسلہ چلتا رہا۔ دوپہر کے تین بجے اُن کی اہلیہ انھیں یخنی پلا رہی تھیں۔ پاس میں بیٹا بہو، پوتا پوتی اور مسعود مرزا بیگ بیٹھے ہوئے تھے۔ اپنی اہلیہ کی طرف دیکھا اور آنکھیں بند کر لیں کسی کو احساس نہیں ہوا کہ جذبیؔ خاموشی سے اپنے مالک حقیقی سے جا ملے۔ اس طرح ۱۳؍ فروری ۲۰۰۵ء بروز اتوار شام تین بجے ۹۳ سال کی عمر میں اردو کے مشہور شاعر معین احسن جذبیؔ اپنی جذباتی شاعری اور زندگی کی یادوں کو چھوڑ کر اس دار فانی سے کوچ کر گئے۔ پروفیسر محمد ہاشم اور پروفیسر شعبان بیگ نے جذبیؔ کے جسد خاکی کو غسل دیا۔ پروفیسر سلیمان بیگ نے نماز جنازہ پڑھائی۔ انھیں لحد میں اتارتے وقت پروفیسر حافظ سفیان بیگ، سہیل جذبیؔ اور تابش سہیل موجود تھے۔۱۴؍فروری ۲۰۰۵ء کو صبح دس بجے یونیورسٹی قبرستان میں جذبیؔ کو سپردِ خاک کیا گیا۔ اُن کے جلوس جنازہ میں سینکڑوں افراد نے شرکت کی۔ علی گڑھ کے باہر سے بھی کئی لوگ اُن کے جنازے میں شرکت کے لئے آئے تھے۔ اس طرح اُردو شاعری کی ایک منفرد اور جذباتی آواز ہمیشہ کے لئے خاموش ہوگئی۔ جذبیؔ تو اس دنیا میں نہیں رہے لیکن اُنہوں نے اپنا دیوان یادگار کے طور پر چھوڑا۔ جس میں موجود اُن کی جذباتی شاعری لوگوں کو جذبیؔ کی یاد دلاتی رہتی ہے۔

جذبی کی تصانیف

جذبی کی شعری اور نثری تصانیف کی تفصیل اس طرح ہے۔

۱	فروزاں	شعری مجموعہ	مکتبہ اردو لاہور۔۱۹۴۳ء
۲	سخن مختصر	شعری مجموعہ	انجمن ترقی اُردو ہند علی گڈھ۔۱۹۶۰ء
۳	گداز شب	شعری مجموعہ	مکتبہ جامعہ لمیٹیڈ۔دہلی۔۱۹۸۵ء
۴	انتخاب جذبی	شاعری کا انتخاب	انجمن ترقی اُردو ہندی دہلی
۵	حالی کا سیاسی شعور	تحقیقی مقالہ برائے پی ایچ ڈی۔۱۹۵۹ء	

جذبی کے کلام کا انگریزی اور ہندی میں ترجمہ ہو چکا ہے۔

ایوارڈز اور اعزازات

جذبی ایک وضع دار انسان تھے۔انھوں نے کبھی شہرت کے حصول کی جستجو کی نہ تمنا ظاہر کی۔انھوں نے ایوارڈز کے حصول کے لئے کبھی بھاگ دوڑ نہیں کی۔اُن کے کلام کی شہرت دیکھ کر ملک بھر کی ادبی انجمنوں اور اکیڈیمیوں نے اُنھیں ایوارڈ اور اعزازات دیئے جس کی تفصیل اس طرح ہے۔

۱	غالب ایوارڈ	۱۹۷۵ء
۲	افتخار میر ایوارڈ	۱۹۸۳ء
۳	ہریانہ اردو اکیڈیمی ایوارڈ	۹۲_۱۹۹۱ء
۴	اقبال سمان ایوارڈ	۹۴_۱۹۹۳ء
۵	کل ہند بہادر شاہ ظفر ایوارڈ۔اردو اکاڈمی دہلی	۱۹۹۳ء
٦	اعزاز غالب۔غالب انسٹی ٹیوٹ نئی دہلی	۲۰۰۰ء

۷ کنیز حسنین میموریل ایوارڈ۔امریکہ۔ ۲۰۰۱ء

جذبیؔ پر لکھی جانے والی تصانیف اور رسائل کے خصوصی نمبر

جذبیؔ کی حیات اور اُن کے کارناموں پر اُن کے چاہنے والوں نے کام بھی کیا اور ملک کے معیاری رسائل نے خاص نمبر بھی جاری کیے۔جن کی تفصیل اس طرح ہے۔

۱ جذبیؔ کی شاعری کا تنقیدی مطالعہ از ڈاکٹر نسرین رئیس خان۔دہلی ۱۹۹۳ء

۲ معین احسن جذبیؔ۔از مشتاق صدف۔ساہتیہ اکیڈیمی دہلی۔۲۰۰۸ء

رسائل کے خاص نمبر

۱ خدا بخش لائبریری جرنل۔۱۴۲واں شمارہ اکتوبر۔ڈسمبر ۲۰۰۵ء

۲ کتاب نما۔جذبیؔ نمبر۔اکتوبر ۱۹۹۰ء

۳ آج کل نئی دہلی۔اگست ۱۹۹۴ء

۴ ایوان اُردو۔دہلی۔جنوری ۲۰۰۷ء

جذبیؔ کی شخصیت

معین احسن جذبیؔ ایک مرنجاں مرنج، خاموش طبع انسان تھے۔اُن کی شخصیت مقناطیسی نہیں تھی۔شاعری کی طرح اُن کی شخصیت میں بھی اعتدال پسندی، ضبط و توازن، متانت، سنجیدگی اور ٹھہراؤ تھا۔ذیل میں اُن کی شخصیت کی ظاہری و باطنی خوبیاں و خامیاں بیان کی جارہی ہیں۔

سراپا

جذبیؔ کا سراپا ایک عام ہندوستانی فرد کا سراپا تھا۔بڑھتی عمر کے ساتھ انسان کے خدوخال میں

جوتبدیلیاں واقع ہوتی ہیں وہ جذبی میں بھی ہوتی رہیں۔ جذبی کا سراپا بیان کرتے ہوئے مشتاق صدف لکھتے ہیں۔

''جذبی کا چہرہ کچھ لمبا۔ درمیانہ سر۔ ماتا چھوڑا۔ سر پر بال کم۔ آنکھیں نہ زیادہ بڑی اور نہ زیادہ چھوٹی۔ گھنی بھنویں، ناک کسی قدر ستواں، چوڑا دہانہ، نچلا ہونٹ قدرے موٹا، گردن نہ چھوٹی نہ بڑی۔ کان بڑے بڑے کانوں پر بال، کلین شیو، درمیانہ قد، نہ زیادہ دُبلے نہ زیادہ موٹے اور رنگ گیہواں تھا۔ گویا جذبی اگر زیادہ خوبصورت نہ تھے تو کم خوبصورت بھی نہیں تھے۔ اُن کے چہرے سے ہمیشہ ایک ادب ٹپکتا تھا''۔(۱۶)

جذبی کی شخصیت کی تصویر پیش کرتے ہوئے ڈاکٹر اعجاز حسین لکھتے ہیں:

''میں نے اُن کو دیکھا وہ خاکی رنگ کا پتلون پہنے تھے اور ایک چتکبری قمیص، چہرہ کچھ لمبا تھا، آنکھیں بڑی نہ تھیں مگر ایک چمک سی ان آنکھوں میں ضرور تھی۔ جس سے ذہانت کا اندیشہ ہو رہا تھا، باتیں دھیمے دھیمے کر رہے تھے، آواز میں نہ کڑک تھی نہ گرمی۔ باتوں میں اُن کے ہاتھ پیر کو جنبش بہت کم ہوتی تھی۔ بعض وقت تو گمان ہوتا تھا کہ جیسے لکڑی کے بنے ہوں۔ البتہ آنکھوں کی پتلیاں تیزی سے گردش کر رہی تھیں۔ جذبی صاحب کا سر بڑا بھی نہ تھا اور اس پر بال بہت تھوڑے سے تھے۔ چہرہ جوش یا اقبال کے چہرے کی طرح شاہانہ نہ تھا''۔(۱۷)

جذبی کے اس سراپا سے اندازہ ہوتا ہے کہ وہ سیدھے سادھے ہندوستانی آدمی تھے۔ زیادہ بلند قامت نہیں تھے۔ مزاج کی طرح اُن کے ظاہر سے بھی سادگی کا اظہار ہوتا تھا۔

لباس

سادہ گو اور سادہ مزاج جذبی لباس میں بھی سادگی پسند واقع ہوئے تھے۔ زندگی کے ابتدائی ایام میں وہ معاشی تنگی کا شکار رہے تھے۔ اس لئے لباس اور دیگر ضروریات زندگی میں اُنھوں نے اسراف نہیں کیا۔ ضرورت کی حد تک سامانِ زندگی اختیار کرتے تھے۔ ملازمت کے بعد انھیں کچھ معاشی فراخی میسر آئی۔ جذبی کو ہلکے رنگ کا لباس پسند تھا۔ کالج میں پتلون قمیص پہنتے تھے۔ انھوں نے کبھی سوٹ یا ٹائی زیب تن نہیں کیا۔ مشاعروں، ادبی محفلوں اور تقاریب میں وہ شیروانی، لٹھے کا چوڑی موہری والا پاجامہ پہنتے تھے۔ اُن کے پاس زیادہ کپڑے بھی نہیں ہوتے تھے۔ اس طرح انھوں نے قلندرانہ مزاج پایا تھا۔

غذا

معین احسن جذبی اپنی غذائی عادت کے معاملے میں بھی سہل پسند واقع ہوئے تھے۔ دستر خوان پر جو کچھ بھی ہوتا وہ سیر ہو کر کھا لیتے۔ کوئی پسند ناپسند کا اظہار نہیں کرتے۔ انھیں چائے نوشی کی بہت عادت تھی۔ وہ خود بھی چائے پیتے اور دوست احباب کو بھی پلاتے تھے۔ اُن کے بستر کے قریب ہمیشہ چائے کی ایک بڑی پیالی نظر آتی۔ دیکھنے والوں کو پتہ چلتا کہ انھوں نے ابھی ابھی چائے نوش کی ہو۔

عادات واطوار

جذبی کی عادت تھی کہ جوانی کے زمانے سے ہی وہ شام کے وقت چہل قدمی کے لئے نکلتے تھے۔ ان کے ساتھ دوستوں کی اچھی خاصی تعداد بھی ہوتی تھی۔ چہل قدمی کے دوران راستے میں جو بھی ملا، اُسے روک لیتے، چند لمحے اُس سے گفتگو کرتے، پھر آگے بڑھ جاتے۔ وہ

بے باک قسم کے انسان تھے۔ کسی کے سامنے بھی کسی کی بات کر جاتے تھے۔ انھیں مطالعے کا شوق تھا۔ ضعیفی میں چہل قدمی اور اوائل عمری کی ساری سرگرمیاں معطل ہوگئیں اور وہ بہ سبب ضعیفی محدود ہو کر رہ گئے تھے۔ ڈاکٹر قمر رئیس جذبی کی شخصیت کے چند پہلو اُجاگر کرتے ہوئے لکھتے ہیں:

''میں نے اُن کو نہایت متحرک، شگفتہ رو اور سیماب صفت پایا، کم بولتے مگر بے محابا انداز سے بولتے اور بات بات پر مزاحیہ فقرے کسنے میں تامل نہ کرتے۔ خواہ مخواہ نہ کسی سے مرعوب ہوتے نہ کسی سے مل کر نمائشی جوش اور خوشی کا اظہار کرتے۔ دور سے دیکھنے والوں کو بے شک وہ کچھ پراسر، کچھ بیزار اور کم آمیز نظر آتے اور سچ بھی ہے کہ وہ بڑے آدمیوں کی رفاقت اور پُر تکلف محفلوں سے ارادی طور پر کتراتے تھے لیکن اپنے حلقے کے دوستوں اور نوجوانوں میں آسانی سے گھل مل جاتے۔ ہر موضوع پر کھل کر باتیں کرتے۔ لطیفے سناتے۔ مجاز اور دوسرے دوستوں کے ساتھ آوارگی کے جو دن اُنھوں نے گزارے تھے اُس کی تفصیل ایسی محاکاتی دلکشی سے بیان کرتے کہ تصویر آنکھوں میں پھر جاتی۔ اُن کی ذات میں ہم نے مصلحت اندیشی اور ریاکاری کا شائبہ بھی نہیں پایا۔ دراصل یہ اُن کی آزاد منشی اور قلندرانہ شان تھی جو ہر ایک کا دل موہ لیتی۔ وہ اپنے دوستوں، نیازمندوں اور شاگردوں کے درمیان بیٹھ کر یہ بالکل بھول جاتے کہ وہ ملک کے صف اول کے شاعر اور دانشور ہیں۔ ترقی پسند شعری روایت کے ممتاز معماروں میں سے ہیں''۔ (۱۸)

احباب سے تعلقات اور مراسم

معین احسن جذبی فکر و فن

جذبی کے تعلقات اور مراسم ہندوستان کے سبھی شعراء اور ادیبوں سے تھے۔ جذبی اپنی گفتگو میں اپنے احباب کا ذکر ضرور کرتے جن میں فانی، جگر، اقبال، میکش، اصغر، جوش، مجاز، رشید احمد صدیقی، فیض، فراق، مخدوم، اختر اور نیوی، سردار جعفری، جاں نثار اختر، کیفی، مجروح، خورشید الاسلام، روش صدیقی، احسان دانش، محمد حسن، قاضی عبدالستار، اختر انصاری، رفیع احمد خاں، اسلوب احمد انصاری، یوسف حسین خاں، مسعود حسین خاں، ابن فرید اور سید وقار حسین وغیرہ شامل ہیں۔ جذبی کو جو نقاد پسند تھے، اُن میں حالی، شبلی، عبدالحق، کلیم الدین احمد وغیرہ اہم ہیں۔ وہ ان نقادوں کی تنقیدی بصیرت کو مانتے تھے۔ جذبی جن شعراء سے متاثر رہے اُن میں فانی اہم ہیں۔ انھوں نے شاعری میں فانی کا اثر قبول کیا۔ وہ فانی کو عظیم شاعر تصور کرتے تھے۔ وہ اکثر فانی سے ملنے جاتے اور اُن سے کلام سنتے۔ جگر مراد آبادی بھی جذبی کے اچھے رفیق تھے۔ مشاعروں میں جگر جذبی کے کلام کو غور سے سنتے اور داد دیتے۔ جذبی کو اقبال بہت پسند تھے۔ وہ اُن کی نظموں کو شوق سے پڑھتے تھے۔ وہ فیض کو اپنا ہم عصر اور حریف شاعر مانتے تھے۔ فیض کا مجموعہ "نقشِ فریادی" اور جذبی کا مجموعہ "فروزاں" ایک زمانے میں شائع ہوا۔ خورشید الاسلام نے فیض کے مقابلے میں جذبی کی شاعری کو فوقیت دی۔ جذبی، جوش سے بھی قریب تھے اور جوش کو بڑا شاعر مانتے تھے۔ اُن کا خیال تھا کہ جوش کا مقابلہ تمام ترقی پسند شاعر مل کر بھی نہیں کر سکتے۔ جذبی کو فراق بالکل پسند نہیں تھے۔ وہ فراق کو بہ حیثیت شخص اور شاعر اچھا تصور نہیں کرتے تھے۔ وہ فراق کے چند اشعار کو ہی اچھا سمجھتے تھے۔ اُن کے خیال میں فراق کے اکثر اشعار بھرتی کے ہیں۔ مجاز، جذبی کے جگری دوست تھے۔ جذبی نے مجاز کے بارے میں یہ دعویٰ کیا کہ مجاز کو شاعری کی راہ پر لانے میں اُن کا ہی ہاتھ تھا۔ جذبی نے اکثر اپنے استاد رشید احمد صدیقی کا تذکرہ کیا۔ وہ اکثر محفلوں میں رشید صاحب کی خوبیاں بیان کرتے اور اُن کی محبتوں کا تذکرہ کرتے۔ آل احمد سرور کو جذبی نے شاعر تسلیم نہیں کیا۔ حالانکہ

اُن کے شعری مجموعے بھی سامنے آئے۔ وہ آل احمد سرور کو کسی حد تک ناقد مانتے تھے۔ جذبی نے اپنی نظم ''میری شاعری اور نقاد'' میں سرور کو چیلنج کیا اور اپنی نظم ''آل احمد سرور کی خدمت میں (محبت اور معذرت کے ساتھ) میں سرور سے محبت اور شکایت دونوں کی ہے۔ سرور سے تلخیوں کے باوجود سرور نے جذبی کے بارے میں اچھی رائے پیش کی اور اُن کی کتاب ''فروزاں'' پر تاثراتی مضمون بھی لکھا۔ جذبی کی اختر انصاری اور سردار جعفری سے اکثر نوک جھونک رہی۔ سردار جعفری کے بارے میں اُنھوں نے کہا تھا کہ سردار ایک اچھا نثر نگار تو ہوسکتا ہے ایک اچھا شاعر نہیں۔ کیفی کی ترقی پسندی سے بھی جذبی خوش نہیں تھے۔ مخدوم اور مجروح کی وہ قدر کرتے تھے۔ اختر اور نیوی نے اُن کی اچھی رفاقت تھی۔

ڈاکٹر مسعود حسین خان ایک زمانے میں علی گڑھ یونیورسٹی کے پرو وائس چانسلر تھے۔ وہ جذبی کے قدردان تھے لیکن جذبی اُن سے بھی ناخوش تھے۔ علی گڑھ میں ''تاریخ ادب اُردو'' کی بنیاد رکھی گئی تو جذبی نے ''وبائے تحقیق'' کے نام سے ایک نظم لکھی جس میں مسعود حسین خاں پر چوٹ کی گئی تھی۔ جذبی کی یہ نظم ۱۵رڈسمبر ۱۹۵۸ء کے ''ہماری زبان'' کی اشاعت میں چھپی۔ مسعود حسین خان اس وقت امریکہ میں تھے۔ وہ جذبی کی اس حرکت پر ناخوش ہوئے اور جواب میں اُنھوں نے ایک نظم ''وبائے تخلیق''، لکھی، یہ نظم ہماری زبان کی ۸رمئی ۱۹۵۹ء کی اشاعت میں شائع ہوئی۔ جذبی وحید اختر اور وارث کرمانی کو بھی قدر کی نگاہ سے نہیں دیکھتے تھے۔ البتہ قاضی عبدالستار کی فکشن نگاری کی بہت تعریف کرتے تھے۔ اپنے معاصر شعراء میں کسی کو پسند کرنا اور کسی سے ناپسندیدگی کا اظہار کرنا ایک طرف تو جذبی کے سلجھے ہوئے تنقیدی شعور کی دلالت کرتا ہے۔ دوسرے اس انسانی فطرت کی بھی عکاسی کرتا ہے جس کے تحت انسان ایک چیز کو بُری یا نامناسب سمجھتا ہے جبکہ وہی چیز دوسروں کی پسندیدہ قرار پاتی ہے۔ جذبی کے ساتھ بھی شائد یہی معاملہ رہا ہو۔

مزاج کی دیگر خوبیاں

جذبی خوددار، انا پرست، بے باک، حق گو، نرم دل، سادہ لوح، خوش مزاج اور بزلہ سنج انسان تھے۔ عام دنوں کے علاوہ بیماری کے دنوں میں بھی انھوں نے ظرافت کو نہیں چھوڑا اور اپنی پُر لطف گفتگو سے ہسپتال کے عملے کو بھی ہنسنے کے لئے مجبور کر دیتے تھے۔ جذبی نمائشی قسم کے انسان نہیں تھے۔ اگر وہ کسی بات یا مسئلے پر اپنی خوشی کا اظہار کرتے تو دل سے کرتے۔ اُن کا جوش اور ولولہ بھی بناوٹی نہیں ہوتا تھا۔ دیکھنے میں وہ کم سخن اور پُر اسرار دکھائی دیتے تھے لیکن اپنے دوستوں اور ساتھیوں کے ساتھ جب بھی مل بیٹھنا ہوتا تو وہ بے تکلف ہو جاتے اور اپنی پُر مزاح باتوں سے محفل کو زعفران زار بنا دیتے۔ جذبی پر تکلف محفلوں میں جانے سے کتراتے تھے اور بڑے لوگوں کے ساتھ زیادہ بیٹھتے بھی نہیں تھے۔ وہ سادہ لوح اور قلندر صفت انسان تھے۔ اپنی علمیت اور قابلیت کا رعب دوسروں پر نہیں جماتے تھے اور نہ ہی کسی کا رعب برداشت کرتے۔ جذبی سستی شہرت اور مقبولیت کے خواہاں نہیں تھے۔ وہ اکثر کہا کرتے کہ ’’میرے کلام میں کوئی جان ہے تو ضرور زندہ رہوں گا۔

جذبی کے مزاج کے مزید چند پہلو بیان کرتے ہوئے ابن فرید اپنے مضمون ’’میرے بزرگ دوست جذبی‘‘ میں لکھتے ہیں:

> ’’جذبی صاحب کو ہمیشہ میں نے ایک عام انسان سمجھا۔ اس لئے کہ اُن میں وہ تمام صفات ہیں جو ایک انسان میں ہونی چاہئیں۔ انھوں نے کبھی خود کو ماورائی ہستی تصور نہیں کیا۔ اصحاب اختیار کے اردگرد کاسہ لیسوں کی بھیڑ لگی رہتی ہے۔ جذبی صاحب یہ بھیڑ اپنے گرد جمع نہ کر سکے۔ وہ تو خود بر بنائے خلوص ان لوگوں کے گھروں تک پہنچ جایا کرتے تھے۔ جن کو پروانہ وار اُن کے گرد پھرنا

چاہئے تھا۔ میں ایسے بہت سے لوگوں سے واقف ہوں جن کی زندگیاں بنانے میں جذبی صاحب اس انتہا تک پہنچ گئے جس تک انھیں نہیں جانا چاہئے تھا۔ لیکن خیر ان لوگوں کی زندگیاں بن گئیں اور کسی لائق ہوتے ہی انھوں نے جذبی صاحب سے کترانا شروع کر دیا۔ کیونکہ اگلی سیڑھیاں چڑھنے میں جذبی صاحب سے تعلق نقصان دہ ثابت ہو سکتا تھا۔"(۱۹)

جذبی نے انسان دوستی، ہمدردی اور صلہ رحمی کا معاملہ اُن لوگوں کے ساتھ بھی روا رکھا جنھوں نے اُن کے ساتھ کچھ اچھا برتاؤ نہیں کیا تھا۔ اپنے والد کے انتقال کے بعد جذبی نے اپنی سوتیلی ماں کا ہر ممکن خیال رکھا۔ جذبی نے یہ نہیں سوچا کہ یہ وہی ماں ہے جس نے انھیں زندگی میں کافی سختیاں جھیلنے پر مجبور کیا تھا اور اُن کے والد کو اُن کے خلاف اُکسایا تھا۔ جذبی نے صلہ رحمی کے جذبے کے تحت اپنی بڑی بیٹی کی شادی سوتیلی بہن کے بیٹے سے کی۔ اپنی سوتیلی ماں کے انتقال پر جذبی کافی غمگین رہے تھے۔

جذبی کی شخصیت، اُن کی حیات اور اُن کی زندگی کے پیام کا احاطہ کرتے ہوئے مشتاق صدف یوں رقم طراز ہیں:

"جذبی نے خوب زندگی پائی۔ ایک طرف جہاں شدائد اور مصائب جھیلے وہیں دوسری طرف سکون کی زندگی بھی انھیں میسر آئی۔ اُن کی شاعری پائیدار تھی تو زندگی بھی مثالی تھی۔ انھوں نے اپنے قول و فعل سے ایک بڑے انسان ہونے کا ثبوت دیا۔ اُن کی تحریر اور گفتگو میں کوئی تضاد نہیں تھا۔ گویا جذبی جیسے وضع قطع کے لوگ ڈھونڈنے سے کم ہی ملتے ہیں۔ انھوں نے سب کو اپنی شخصیت اور شاعری سے متاثر کیا۔ اُن کی طبیعت کی متانت و سنجیدگی، ٹھہراؤ، انسان دوستی اور اُن کی شاعری کا ضبط و توازن اور تہہ داری اہل شعر و ادب کے

معین احسن جذبی فکر و فن

ذہنوں کو ہمیشہ منور کرتی رہے گی''۔(۲۰)

زندگی کا پیام

معین احسن جذبی کے حالات زندگی اور اُن کی شخصیت کے مطالعے سے پتہ چلتا ہے کہ انھوں نے زندگی کی کٹھن راہوں پر چل کر اپنے لئے راہ بنائی۔ مشکل اوقات میں عزم و حوصلے کے ساتھ صبر و استقلال سے کام لیا۔ نا مساعد حالات میں فکر معاش کے ساتھ تعلیمی سلسلہ جاری رکھا۔ ترقی پسندی کے زمانے میں بھی اپنی الگ پہچان بنائی اور نعرے بازی سے اپنے آپ کو دور رکھا۔ شخصیت کی سادگی اور مزاج کی ظرافت سے اُن کی تعمیر ہوئی۔ اُنھوں نے غم اور احساسات کو اپنے اندر سمویا اور اُس کے بعد دل سے نکلے ہوئے جذبات کو شعر کے سانچے میں ڈھالا۔ جہد مسلسل اور حقیقی جذبات کی عکاسی ہی جذبی کی زندگی کا اصل پیام ہے۔

جذبی کی نظم نگاری

معین احسن جذبی نے اپنی شاعری کے ذریعہ ایک طرف غزل کی آبرو بڑھائی تو دوسری طرف نظم کے گیسو بھی سنوارے اور اس کی شان بان اور بانکپن میں اضافہ کیا۔ جذبی کا عہد اردو نظم کا عہد زرین تھا۔ نظم کے اُفق پر جذبی کے ساتھ اردو نظم کے جو ستارے چمک رہے تھے اُن میں اقبال، جوش، اختر شیرانی، مجاز وغیرہ شامل ہیں۔

اُردو میں نظم گوئی کی روایت

جذبی کی نظم گوئی کے جائزے سے قبل اُردو میں نظم گوئی کے فروغ کے محرکات دیکھیں تو پتہ چلتا ہے کہ اردو میں باضابطہ نظم گوئی کا فروغ لاہور کی انجمن پنجاب کے ۱۸۶۵ء میں قیام سے ہوتا ہے جبکہ آزاد، حالی اور دیگر شعراء کی شعوری کوشش سے اُردو میں غزل کے مقابلے میں موضوعاتی نظمیں کہنے کا رواج شروع ہوا۔ اُردو میں شاعری کی اصناف اور ہیئت کے جو نئے تجربے ہوئے وہ زیادہ تر انگریزی کے اثر سے ہوئے۔ نظم کہنے کا رواج بھی انگریزی سانیٹ سے متاثر ہوکر شروع ہوا۔ اُردو میں نظم سے قبل مثنوی کی مضبوط روایت تھی۔ نظیر اکبرآبادی نے فرد واحد کے طور پر اُردو میں قومی اور عوامی شاعری کی مضبوط روایت قائم کی۔ حالی نے مسدس مدر جزر اسلام ۱۸۷۹ء لکھ کر طویل نظم لکھنے کی مثال قائم کی۔ محمد حسین آزاد نے انگریزی سے اُردو میں کئی نظمیں ترجمہ کیں۔ اُن کی نظموں میں آزاد نظم کے عناصر پائے جاتے ہیں۔ بیسویں صدی کی ابتداء میں حالی، شبلی کے ساتھ ساتھ اکبر اور چکبست نے نظم کے کاروان کو آگے بڑھایا۔ اقبال اس دور کے بڑے نظم گو شاعر تھے۔ جنھوں نے اپنی وطنی قومی اور بعد میں اپنی پیامی شاعری کے ذریعہ نظم کے دامن کو کافی وسیع کیا۔

اُردو نظم کے فروغ کے زرین دور کا آغاز ۱۹۳۶ء میں شروع ہوئی ترقی پسند تحریک سے ہوتا ہے۔ ترقی پسند تحریک کے اغراض و مقاصد میں یہ بات شامل تھی کہ شعراء اور ادیب مقصدی ادب تخلیق کریں۔ مزدور کے حق کی آواز بلند کریں اور ایسی شاعری کریں جس میں غلامی کے خلاف آواز بلند ہو اور انقلاب کا نعرہ بلند ہو۔ اس کے لئے نثر میں افسانے سے مدد لی گئی اور شاعری میں نظم کو فروغ دیا گیا۔ چنانچہ جذبؔی کے علاوہ جوشؔ، مجازؔ، سردار جعفری اور دیگر ترقی پسند شعراء نے مقصدیت پر مبنی نظمیں کہیں۔

جذبؔی کی نظم نگاری

جذبؔی نے ترقی پسندی کا لبادہ اوڑھنے کے باوجود خود کو ترقی پسندی کے بنیادی عناصر سے بچائے رکھا اور اپنی غزلوں کی طرح اپنی نظموں میں بھی اُنھوں نے ظاہری نعرے بازی، شکوے شکایت کے بجائے دلی جذبات کی عکاسی کرتے ہوئے نظمیں کہیں۔ جذبؔی کے کلام کی یہ خصوصیت ہے کہ وہ مقدار میں کم ہے لیکن معیار میں بلند ہے۔ جذبؔی نے غزلیں بھی کم کہیں اور اُن کی نظموں کی تعداد بھی بہت کم ہے۔ جذبؔی کے جو انتخاب کلام شائع ہوئے ان میں فروزاں، سخن مختصر، گداز شب اور کلیات جذبؔی ہیں۔ ان تمام میں جذبؔی کی کل نظموں کی تعداد صرف ۲۹ ہے۔ ان کے مجموعہ کلام فروزاں میں ۲۳ نظمیں ہیں۔ اسی طرح فروزاں کے بعد اُنھوں نے صرف چھ نظمیں کہیں۔ چار نظمیں اُن کے شعری مجموعہ ''سخن مختصر میں'' ایک گداز شب میں اور ایک ''کلیات جذبی'' میں شامل ہیں۔ جذبؔی کی خواہش کے مطابق اُن کا سارا کلام سنہ تخلیق کے اعتبار سے ترتیب دیا گیا۔ کلیات جذبؔی میں موجود جذبؔی کی نظموں کے نام اس طرح ہیں۔

۱)	گل	۱۹۳۳ء
۲)	مطربہ	۱۹۳۳ء
۳)	ہلالِ عید	۱۹۳۷ء

۴)	ایک دوست سے	۱۹۳۵ء
۵)	اے دوست	۱۹۳۶ء
۶)	رازونیاز	۱۹۳۶ء
۷)	حسن برہم	۱۹۳۶ء
۸)	فطرت ایک مفلس کی نظر میں	۱۹۳۷ء
۹)	چشم سوال	۱۹۳۷ء
۱۰)	خواب ہستی	۱۹۳۸ء
۱۱)	اے کاش	۱۹۳۹ء
۱۲)	موت	۱۹۴۱ء
۱۳)	بیزار نگاہیں	۱۹۴۱ء
۱۴)	توہم	۱۹۴۱
۱۵)	طوائف	۱۹۴۱ء
۱۶)	آزار	۱۹۴۲ء
۱۷)	منزل تک	۱۹۴۵ء
۱۸)	احساس	۱۹۴۶ء
۱۹)	میرے سوا	۱۹۴۶ء
۲۰)	نیا سورج (۱۵؍اگست ۱۹۴۷ء) نومبر	۱۹۴۷ء
۲۱)	میری شاعری اور نقاد	۱۹۴۹ء
۲۲)	آل احمد سرور کی خدمت میں	۱۹۵۱ء

(محبت اور معذرت کے ساتھ)

۲۳) فیض وسجاد ظہیر کی گرفتاری پر ۱۹۵۱ء

۲۴) تقسیم ۱۹۵۲ء

۲۵) جرم بے گناہی (فیض وسجاد ظہیر کی سزا کا فیصلہ سن کر) ۱۹۵۳ء

۲۶) میرا ماحول ۱۹۵۴ء

۲۷) مجاز ۱۹۵۸ء

۲۸) اختر اور نیوی ۱۹۶۵ء

۲۹) آج کی شام ۲۰۰۴ء

جذبی کی نظم گوئی کے اس سفر پر نظر ڈالیں تو پتہ چلتا ہے کہ اُنھوں نے ترقی پسند تحریک کے عروج کے زمانے میں ہی زیادہ تر نظمیں کہی ہیں۔ ۱۹۴۷ء تک اُن کی نظموں کی تعداد تقریباً بیس ۲۰ تھی۔ جذبی نے اس دور میں شاعری کی جبکہ موضوع اور مواد کو فوقیت حاصل تھی اور فارم و ہیئت کو ثانوی درجہ دیا جاتا تھا۔ زندگی کے داخلی اور خارجی جذبات و مشاہدات سے استفادہ حاصل کیا جاتا تھا۔ فارم میں اگر تبدیلی بھی کی گئی تو فکر و احساس کی بہتر طور پر ادائیگی کی حد تک تبدیلی کی جاتی تھی۔ جذبی نے اپنی شاعری کے لئے اپنے ماحول سے استفادہ حاصل کیا۔ اُنھوں نے اپنی نظموں کے لئے خارجی ماحول حالی اور اقبال سے حاصل کیا۔ غزل کے لہجے کے لئے وہ فانی، جگر، حسرت وغیرہ سے مانوس تھے۔ جذبی کی ابتدائی دور کی شاعری سے ہی اُن کے اسلوب اور لب و لہجے کی انفرادیت محسوس کی جاسکتی ہے۔ جذبی کے لہجے میں یاسیت اور غم کے عناصر تلاش کرتے ہوئے پروفیسر سلیمان اطہر جاوید لکھتے ہیں:

> ''کچھ تو اُن کا مزاج اور پس منظر بھی کہہ لیجئے کہ آگرہ میں جہاں اُنھوں نے تعلیم کے سلسلے میں کئی برس گذارے، انھیں میکش اکبرآبادی اور فانی کی رفاقت حاصل رہی۔ فانی کو ابتداً اُنھوں نے اپنا کلام بھی دکھلایا۔ اس کے

اثرات اُن کے کلام پر ترتیب پانے لازمی تھے۔اور یہ اثرات ترتیب پائے بھی۔اور تو اور اُنھوں نے اپنا تخلص ملالؔ اختیار کیا۔کوئی عجب نہیں جذبیؔ کی شاعری فانیؔ کی شاعری کا چربہ بن جاتی تاہم اور محرکات بھی رہے ہوں گے لیکن خاص طور پر ترقی پسند تحریک کے باعث جذبیؔ کے مزاج میں تبدیلی آئی جس کے اثرات اُن کی شاعری میں جھلکتے ہیں۔اُنھوں نے اپنا تخلص ملالؔ کے بجائے جذبیؔ پسند کیا۔کچھ تو اپنے مزاج کی اسم پسندی،حزنیہ کیفیات اور بہت کچھ اطراف واکناف کے ادلتے بدلتے حالات،قومی منظر نامہ کے نشیب و فراز،دگرگوں ہوتے رنگ کہ جذبیؔ کی شاعری میں کم کم ہی سہی،آخر وقت تک المیہ اور حزن و ملال کے رنگ ملتے ہیں۔ترقی پسند تحریک کے اثرات کے باوجود جذبیؔ کے یہاں یاسیت اور قنوطیت کی جھلکیاں مل ہی جاتی ہیں۔(۲۱)

جذبیؔ کی نظموں کا تنقیدی جائزہ

’’گل‘‘ ۱۹۳۳ء

کلیات جذبیؔ میں شامل جذبیؔ کی پہلی نظم کا نام ’’گل‘‘ ہے۔یہ نظم ۱۹۳۳ء میں کہی گئی۔یہ وہ زمانہ ہے جبکہ ترقی پسندی کا آغاز تھا۔حالیؔ نے اپنے مقدمے میں نیچرل شاعری کا ذکر کیا تھا۔کچھ انگریزی شاعری کے فطرت پسند شعراء کے مطالعے کا اثر بھی سمجھئے کہ اُردو کے اکثر شعراء نے مناظر فطرت پر مبنی موضوعات پر اچھی نظمیں کہی تھیں۔سرور جہاں آبادی کی نظم مرغابی،اقبالؔ کی نظم ہماء اور مجاز کی نظم رات اور ریل اس قسم کی نظمیں ہیں جن میں مناظر فطرت کی حسن کاری کو شعراء نے لطیف لہجے میں اس انداز میں بیان کیا کہ قاری کو نظم پڑھتے ہی فرحت کا احساس ہو جاتا ہے اور وہ خود اپنے آپ کو فطرت کے مسحور کن نظاروں میں گم کر لیتا

ہے۔ جذبی کی نظم ''گل'' بھی نیچرل شاعری اور مناظر فطرت کے موضوعات پر مبنی نظموں کا ایک حصہ ہے۔ نظم میں گیارہ اشعار ہیں اور سبھی اشعار میں ''گل'' کے حسن و جمال، معصومیت، محبوبیت، تبسم اور اداؤں کو سادہ انداز میں بیان کیا گیا ہے۔ جذبی ایک خوبصورت نازک ''گل'' سے یوں مخاطب ہیں:

اے گل رنگیں قبا اے غازۂ روئے بہار
تو ہے خود اپنے جمالِ حسن کا آئینہ دار
ہائے وہ تیرے تبسم کی ادا وقتِ سحر
صبح کے تارے نے اپنی جان تک کردی نثار
شرم کے مارے گلابی ہے ادھر روئے شفق
شبنم آ گئیں ہے اُدھر پیشانی صبح بہار

جذبی گل کا بغور مطالعہ کرتے ہیں اور کہتے ہیں کہ خاموشی اور سادگی اُس کی فطرت میں داخل ہے۔ صبح کی ٹھنڈی ہوائیں اسے چومتی ہیں۔ گل کی ضرورت وادی اور بیابان محفل و انجمن ہر جگہ ہے۔ گل خود حسین ہے اور دوسروں کی زینت بڑھانے کا کام کرتا ہے۔ پھر بھی وہ معصوم ہے۔

جذبی کہتے ہیں:

خامشی تیری ادا ہے سادگی فطرت میں ہے
پھر بھی تیرا حریف حسن ہے حیرت میں ہے
وادیوں میں تو بیابانوں میں تو بستی میں تو
رونق ہر محفل و زینت دہِ ہر انجمن
یہ ادائے سادگی، محبوبیت معصومیت

تو رہِ ہستی میں کس انداز سے ہے گامزن
تو زمینِ رنگ و بو، تو آسمان رنگ و بو
مختصر یہ ہے کہ تو ہے اک جہان رنگ و بو

جذبی نے اس نظم میں گل کی نازکی اور اداؤں کو خوبصورت الفاظ کے ذریعہ پیش کیا ہے۔ جذبی نے اس نظم میں گل کی جس انداز میں پیکر تراشی کی ہے وہ دل کو چھو جاتی ہے۔ ''گل'' شاعر کا محبوب ہے۔ جس طرح شاعر کو اپنا محبوب پسند ہے اُسی طرح اُنھیں گل بھی پسند ہے۔ جذبی نے اس نظم میں کوئی فکر و فلسفہ نہیں پیش کیا بلکہ ایک آئینے کی طرح سادے اور دلنشین انداز میں گل کے چاہنے والوں سے گل کا تعارف کرایا ہے۔ گل کی حسن کاری کے لئے جذبی نے جو الفاظ استعمال کئے اُن میں خندۂ صبح چمن، رونق محفل، زینت انجمن وغیرہ ہیں۔ سید محمد عقیل جذبی کی اس نظم کے حوالے سے کہتے ہیں:

> ''فروزاں، کی نظموں میں پہلی نظم ''گل'' ہے۔ کہہ سکتے ہیں کہ اس کا انداز اور اُس کی خارجی تجذیب اقبال کے ''کوہِ ہمالہ'' اور ''گل رنگیں'' جیسی ہے۔ اے ''اور ہائے'' جیسے استعجابیہ، تخاطبی اور ندبہ کے الفاظ جذبی صاحب کی ان ابتدائی نظموں میں اقبال کی طرح بار بار آتے ہیں۔ یہ اقبال کی پرچھائیں ہو بھی سکتی ہیں اور جذبی صاحب کا اپنا غزلیہ انداز بھی''۔ (۲۲)

''مطربہ'' ۱۹۳۳

کلیات جذبی میں شامل دوسری نظم کا نام ''مطربہ'' ہے۔ اس نظم میں جذبی نے ایک گانے والی لڑکی کی اداؤں اور اُس کی میٹھی اور سریلی آواز کی تعریف کو دھیمی اور سریلے لہجے میں بیان کیا ہے۔ مطربہ یا رقاصہ کے عنوان سے اُردو کے چند دیگر شعراء نے بھی نظمیں کہی

ہیں۔اس کوشش کو آگے بڑھاتے ہوئے جذبی نے اس نظم میں ایک مطربہ کی پُر کیف نغمہ سرائی، جادوئی آواز، اُس کی ناز وادا، حیا اورشوخی وغیرہ کی تصویر کشی کی ہے۔اس نظم میں بھی اقبال کی نظموں کی چھاپ دکھائی دیتی ہے۔اس نظم میں بھی جذبی تخاطب کا انداز اختیار کرتے ہیں اور مطربہ سے مخاطب ہیں۔نظم کے چند اشعار اس طرح ہیں:

نغمہ پُر کیف لب پر، دست نازک ساز پر
مطربہ! قربان ہو جاؤں میں اس انداز پر
گاتے گاتے اک ادا کے ساتھ رُک جانا ترا
پھر اسی لے میں اسی انداز سے گانا ترا
زاہدوں کے دل کو چھیڑا اپنے نغموں سے کبھی
کاروانِ ہوش لوٹا اپنے جلوؤں سے کبھی
ہائے پھر دھیمے سُروں میں بھر کے سحر سامری
پھونک دی ہر ذرّہ ایماں میں روحِ کافری
کیا تری پرسوز لے میں سب کے دل کا درد ہے
جس کو دیکھو دم بخود ہے جس کو دیکھو زرد ہے
کیف و مدہوشی کا اک طوفان سا ہر دل میں ہے
سچ تو ہے یہ مطربہ تو ہی تو محفل میں ہے

مندرجہ بالا اشعار میں جذبی نے جس تہذیب کی عکاسی کی ہے وہ دراصل انیسویں و بیسویں صدی کے دہلی، لکھنوء اور رامپور کے درباروں کی تہذیب ہے۔ جہاں شام ڈھلے طوائفوں اور رقاصاؤں کی محفلیں جمتی تھیں اور اپنے وقت کے بڑے بڑے نواب اور دیگر لوگ دادِعیش دینے چلے آتے تھے۔طوائف اور رقاصہ کے جھمکوں کی آواز میں اُن کے اقتدار کی گھن

گرج آہستہ آہستہ ڈوبتی چلی گئی اور اسی عیش وعشرت میں شب وروز گزرتے گئے اور صدیوں تک تاج دہلی پر اقتدار جمائے رکھنے والے عظیم بادشاہوں کی سلطنتیں انگریزوں کے حوالے ہوگئیں۔ جذبی کی یہ نظم ظاہر میں تو ایک مغنیہ اور رقاصہ کے فن کی تعریف ہے۔ لیکن یہ نظم ایک مرثیہ ہے۔ ایک المیہ ہے ہندوستان کے اُن عظیم شہنشاہوں کا کہ جن کی دولت اور حکومت صرف اس لئے چھن گئی کہ وہ اقتدار میں آنے کے بعد رنگ ونشاط کی محفلوں میں ڈوب گئے تھے اور اقتدار اُن سے آہستہ آہستہ چھن گیا۔ اور انہیں خبر بھی نہیں ہوئی اور نہ یہ احساس ہوا کہ یہ سب کیسے اور کیوں ہوا؟

وہ سماج جس میں ایک مرد ایک رقاصہ کے دلفریب نظاروں کا دیدار کرتا ہے اور اس دیدار سے لطف اندوز ہوکر اُس کی اداؤں کو شعر کے قالب میں ڈھال کر آنے والی نسلوں کی ذہنی آسودگی کا سامان کر جاتا ہے۔ جذبی نے اس نظم سے اُس سماج کی بھی عکاسی کی ہے۔ بہرحال جذبی کی یہ نظم جزئیات نگاری کی بھی اچھی مثال قرار دی جاسکتی ہے۔ جس میں مطربہ سے متعلق جزئیات کو اُنھوں نے فنکاری کے ساتھ بیان کیا ہے۔ نظم مختصر ہے اور اس میں بھی گیارہ اشعار کے ذریعہ بات پیش کی گئی ہے۔ جذبی کے آگے اسی طرز کی ایک نظم ''طوائف'' ہے۔ ان دو نظموں پر تبصرہ کرتے ہوئے پروفیسر سلیمان اطہر جاوید یوں رقم طراز ہیں:

> ''مطربہ اور طوائف کا معاشرہ میں جو بھی کردار ہو وہ اپنی جگہ۔ شاعر کو مطربہ کے مقابلے میں طوائف سے ہمدردی ہے۔ مطربہ میں مطربہ کے ناز و ادا، شوخیوں، حیا اور ہوش اُڑانے والے جلوؤں کا بیان ہے لیکن یہ سب محاکاتی انداز ہے۔ منظر نگاری ہے، پیکر تراشی ہے شاعر کو مطربہ سے کوئی جذباتی وابستگی محسوس نہیں ہوتی۔ اس نے جو دیکھا بیان کر دیا۔ ویسے مصرعہ '' گاہ اپنی بے حجابی سے کیسے پیدا حجاب'' سے مترشح ہے کہ وہ مطربہ کو اپنی معاشرتی اور اخلاقی سطح

سے کم پاتا ہے۔مطربہ کے کردار سے قاری/ سامع کو کوئی ہمدردی پیدا نہیں ہوتی۔لیکن طوائف میں طوائف توجہ اور ہمدردی حاصل کرلیتی''۔(۲۳)

ہلال عید ۱۹۳۴ء

کلیات جذبی میں شامل جذبی کی تیسری نظم کا نام ''ہلال عید'' ہے۔ یہ نظم ۱۹۳۴ء میں کہی گئی۔نظم میں (۹) اشعار ہیں۔نظم میں سرمایہ داروں اور مغلوں کے طرز زندگی کا تقابل کیا گیا ہے اور شاعر نے نظم کے ذریعہ یہ احساس اُجاگر کرنے کی کوشش کی ہے کہ ہلال عید دولت مندوں کے لئے خوشیوں کی نوید لے کر آتا ہے۔تو غریبوں کے لئے یاس و نا اُمیدی نشتریت اور چبھن لاتا ہے۔ یہ نظم اُس عہد میں کہی گئی جبکہ سرمایہ دارانہ نظام کا ہندوستان سے خاتمہ ہوگیا تھا اور ہندوستان کا عام طبقہ زندگی کی جدوجہد سے دوچار تھا۔اُسے عام زندگی چین وسکون سے گزارنا دشوار تھا تو وہ کیسے عید کی آمد پر خوشیوں کا اظہار کرتا۔اقبالؔ کے کلام میں اس قسم کی نظمیں غرّہ شوال یا ''ہلال عید'' موجود ہیں۔اقبالؔ نے اپنی نظم میں مسلمانوں کی زبوں حالی، شکستگی اور اُن کے مسائل کا اظہار کیا ہے۔مسلمانوں کی مذہب اسلام سے بیزاری کی طرف بھی اُنھوں نے اشارہ کیا۔جبکہ جذبی نے ''ہلال عید'' کی اصطلاح سے طبقاتی کشمکش یعنی سرمایہ داری اور غریبی کے درمیان فاصلے کو ظاہر کیا ہے۔نظم کے چند اشعار اس طرح ہیں:

اے ہلال عید اے چھوٹے سے ٹکڑے نور کے
احیا پرور تبسم آسمانی حور کے
اہل عشرت کی نظریں آنکھ کا تارا ہے تو
آہ لیکن دل جلے کہتے ہیں انگارا ہے تو

اک طرف کرتا ہے تو ہنس ہنس کے لوگوں سے کلام
اک طرف تو کھینچتا ہے اپنی تیغ خوش خرام
اک طرف تو عیش کا احساس کر دیتا ہے تیز
اک طرف تو نشۂ افلاس کر دیتا ہے تیز
تیری زر پاشی ہے کب ہم غم کے ماروں کے لئے
آہ تو نکلا ہے ان سرمایہ داروں کے لئے

اس نظم میں بھی جذبی نے چاند سے خطاب کیا ہے۔شاعر کے جذبات سے اندازہ ہوتا ہے کہ اُس پر غم اور یاسیت چھائی ہوئی ہے۔شاعر ہم غم کے ماروں کے لئے کہتے ہوئے اپنے علاوہ اُن تمام لوگوں کی نمائندگی کرتا ہے جو معاشی تنگی کا شکار ہیں۔جنھیں دو وقت کی روٹی کے لئے جدوجہد کرنا پڑتا ہے۔ایسے حالات میں جب عید قریب آتی ہے تو اُس کی پریشانیاں بڑھ جاتی ہیں۔بچوں کی خوشی کا سامان کرنے سے لوگ قاصر رہتے ہیں۔ہلال عید کا دیدار ایک ایسا موقع ہوتا ہے جب لوگ ایک دوسرے کو مبارکباد پیش کرتے ہیں اور عید کی تیاریوں میں لگ جاتے ہیں۔طبقاتی اونچ نیچ ہر زمانے میں رہی ہے لیکن انسانوں کے بنائے ہوئے نظاموں پر عمل کرتے ہوئے انسان اپنی حقیقی مسرتوں کی تکمیل سے قاصر ہے۔عید کے موقع پر مسلمانوں کو اسلام نے یہ تعلیم دی ہے کہ سرمایہ دار زکوٰۃ،صدقہ اور فطرہ ادا کرتے ہوئے اپنے غریب بھائیوں کی مالی امداد کریں تاکہ عید کے موقع پر وہ بھی اپنی خوشیوں کا انتظام کرسکیں۔ جس سماج اور جس معاشرے میں اس خدائی نظام پر عمل ہوتا ہے وہاں امیر کے ساتھ غریب کی بھی عید ہوتی ہے اور سماج میں انصاف اور برابری قائم ہوتی ہے لیکن انسانوں کے بنائے ہوئے سرمایہ دارانہ نظام اشتراکیت اور دیگر قسم کے ازم ایسی مساوات کی تعلیم نہیں دیتے۔اس لئے اس طرح کے نظام میں لوگوں میں خلیج بڑھتی جاتی ہے اور شاعر کے اندر بھی یاسیت اور

قنوطیت اس حد تک بڑھ جاتی ہے کہ وہ مسئلہ کا حل پیش کرنے کے بجائے وہ خود مسئلہ میں اُلجھا ہوا دکھائی دیتا ہے۔ ہندوستان میں ترقی پسندی کے نام پر جو اشتراکیت کا پرچار کیا گیا۔ اُس کے مضر اثرات سے ایک حد تک سماج میں طبقاتی کشمکش قائم تھی۔ بعد میں اسلامی تعلیمات کے عام ہونے اور اشتراکیت کے خاتمے کے بعد ہندوستان میں بہت حد تک معاشی تنگی دور ہوئی۔ لیکن آج بھی عید کے موقع پر امیر و غریب کے درمیان فرق حائل ہے۔ آج کے دور کے جذباتی شاعر منور رانا نے ہلال عید کے موقع پر غریب لوگوں کے جذبات کی عکاسی کرتے ہوئے کہا کہ

کل اگر عید ہوگی تو کیا پہنیں گے ہم
چاند سے کہہ دو تیار نہیں ہیں ہم

جذبی نے اپنی اس نظم "ہلال عید" میں چاند کو اہل ثروت کی نظر میں آنکھ کا تارا اور دل جلوں کی نظر میں انگارا قرار دیا ہے۔ چاند تو سب کے لئے نکلتا ہے لیکن یہ انسانوں کے حالات ہوتے ہیں جو اُسے جدا جدا نظروں سے دیکھنے پر مجبور کرتے ہیں۔ اس نظم میں جذبی نے سرمایہ داروں سے نفرت اور محنت کش طبقہ سے لگاؤ کا اظہار کیا ہے یہ اظہار واجبی ہے کیونکہ جذبی خود اسی محنت کش طبقہ سے اُٹھ کر آئے تھے اور وہ جانتے تھے کہ غریبی کیسے انسان کی خوشیوں کو چھین لیتی ہے۔ بہر حال جذبی نے انسانی زندگی کے اس موڑ پر جبکہ ہر سال ماہ رمضان کے اختتام پر لوگ شوال کا چاند دیکھ کر عید الفطر کی تیاریوں میں لگ جاتے ہیں۔ کچھ دیر توقف کیا۔ ایک شاعر کی نظر سے ہلال عید کا مطالعہ کیا اور اس موقع پر سماج کے دو طبقوں کے دلوں میں اُجاگر ہونے والے جذبات کی عکاسی کی۔ جذبی کی اس نظم سے اندازہ ہوتا ہے کہ اردو شاعری عشق و عاشقی کی ترنگوں سے نکل کر زندگی کے حقائق کے بیان تک پہونچ گئی تھی اور اس میں حقیقی زندگی کے مسائل کو خوبصورتی سے اُجاگر کیا جانے لگا تھا۔ اس کے لئے شعراء نے نظم کو بخوبی استعمال کیا۔ جس کی ایک مثال جذبی کی یہ مختصر لیکن پر اثر نظم "ہلال عید" ہے جو ایک پیغام دینے کے لئے مناسب موقع پر کہی گئی۔

''ایک دوست سے......'' ۱۹۳۵ء

کلیات جذبی میں شامل جذبی کی اگلی نظم کا عنوان ''ایک دوست سے'' ہے۔ بارہ۱۲ اشعار پر مشتمل یہ نظم ۱۹۳۵ء میں لکھی گئی۔ اس نظم میں جذبی نے دوستی کے جذبے سے متعلق اپنے جذبات کا اظہار کیا ہے۔ دوستی ایک ایسا جذبہ ہے جس میں خلوص دل، سچائی، صداقت اور قربانی کی ضرورت ہوتی ہے۔ اچھا دوست وہی سمجھا جاتا ہے جو ضرورت پر آڑے وقت پر اپنے دوست کے کام آئے۔ ظاہری دوستی کے دعوے تو بہت لوگ کرتے ہیں۔ کچھ دوست اپنے ساتھی کی خوشحالی کے زمانے میں تو بہت قریب رہتے ہیں لیکن اگر دوست معاشی تنگی کا شکار ہو جاتے تو وہ طوطا چشم بن جاتے ہیں۔ جذبی نے اس نظم میں وفا کی دنیا میں حشر برپا ہونے کا ذکر کیا ہے۔ اپنے دوست کے فریب، تغافل، ظلم و ستم کو درد آمیز لہجے میں بیان کیا ہے۔ شاعر کے جذبات کا اظہار نظم کے ان اشعار سے بخوبی ہوتا ہے:

ترے فریب خلوص و وفا کے صدقے
خدا کرے کہ مری زندگی سدھر جائے
یہ سوچ کر مری پلکوں پہ رُک گیا آنسو
کہ رائیگاں تری محفل میں کیوں گہر جائے
عجب بلا میں عجب کشمکش میں ہے جذبی
کہ ایسے دوست کی خاطر جئے کہ مر جائے

جذبی نظم میں کہتے ہیں کہ اے دوست زمانے میں تیرے سوا میرا کوئی نہیں ہے۔ اس لئے میں تجھے چھوڑ کر کہیں نہیں جا سکتا۔ میں نے تیرے کرم کا زمانہ دیکھا ہے۔ اب تیرے ستم کے زمانے کے گزر جانے کی تمنا آرزو اور انتظار کرنا چاہتا ہوں۔ میں ایسے نازک پھول کی

طرح ہوں جو صبح کی ہوا کے جھونکے سے بھی ڈر جاتا ہے اس لئے اے دوست تو مجھ پر ایسی نظر نہ ڈال کہ میں رونے لگ جاؤں۔ دوست کے روپ میں شائد جذبی خدا سے بھی مخاطب ہوں کیوں کہ انسان کو یہ احساس ہوتا ہے کہ جب اُس کا کوئی یار و مددگار نہیں ہوتا تو خدا ہی اُس کا حقیقی مددگار ہوتا ہے۔ انسان کی زندگی میں خوشی اور غم آتے رہتے ہیں۔ خوشی کا زمانہ تو گزر گیا، غم کے زمانے میں شاعر خدا کی مددگار کا طلب گار ہے۔ یہ نظم بھی شاعر کی داخلی کیفیت کا اظہار کرتی ہے۔ جذبی اور اُن جیسے کئی لوگ اس دور میں تھے جو زندگی کی حقیقی خوشیاں حاصل کرنے کے لئے کسی مدد کے طلب گار تھے۔ یہ وہ زمانہ تھا جس میں انسان اپنے ہاتھ سے اپنی تقدیر بدلنے کے بارے میں نہیں سوچتا تھا بلکہ کسی غیبی مدد کے سہارے زندگی کی بہاریں لوٹ آنے کا منتظر رہتا تھا۔ اس نظم کے پس منظر میں زمانے کی بے عملی کی طرف بھی اشارہ ملتا ہے۔

اے دوست ۱۹۳۶ء:

دوستی کے جذبے کے بارے میں اپنے خیالات کو پیش کرتی جذبی کی یہ مسلسل دوسری نظم ہے۔ نظم مختصر ہے۔ صرف چار اشعار ہیں اور جذبی کے جذبات کی عکاسی کرتے ہیں۔ نظم میں تضاد بھی ہے اور دوست سے شکوہ بھی۔ جذبی کہتے ہیں:

گلشن میں گیا میں اور واں سے غنچوں کی خموشی لے آیا
اور تو جو وہاں جا نکلا تو پھولوں کی ہنسی تک دے آیا
اب میں بھی چپ چپ رہتا ہوں اب تو بھی چپ چپ رہتا ہے
جو دل پہ گزرتی ہے میرے وہ میرا دل بھی سہتا ہے
دریا کی نظر میں موتی ہے گردوں کی نظر میں تارا ہے
اور میرے لئے اے دوست ترا ہر آنسو انگارا ہے

جذبی کی یہ نظم بیانیہ انداز لئے ہوئے ہے۔ بڑی بحر کے اشعار ہیں۔ جذبی نے لفظوں کی تکرار کے ذریعہ نظم میں ترنم پیدا کرنے کی کوشش کی ہے۔ معنوی اعتبار سے دیکھا جائے تو شاعر اور اُس کا دوست دونوں غم میں مبتلا ہیں اور دوست کے آنسو شاعر کے لئے انگارے کی طرح دکھائی دیتے ہیں۔ شاعر اپنے اور دوست کے غم کو بیان کرتے ہوئے اپنے عہد میں پھیلی عام بدحالی کا تذکرہ کرتا ہے۔ یہ نظم شاعر کے عہد کی تصویر پیش کرتی ہے۔

راز و نیاز ۱۹۳۶ء:

کلیات جذبی میں شامل اگلی نظم کا عنوان ''راز و نیاز'' ہے۔ نظم ۱۹۳۶ء میں لکھی گئی۔ یہ وہ سال ہے جب کہ ہندوستان میں ترقی پسند تحریک کا زور وشور سے آغاز ہوا تھا اور اردو میں نظم نگاری کو بھی فروغ حاصل ہوا تھا۔ نظم میں محبوب سے راز و نیاز کی باتوں کا ذکر ہے۔ جذبی نے گنگنانے کے انداز میں اپنے محبوب سے خطاب کیا ہے اور محبوب کے لئے کی جانے والی اپنی کاوشوں کا ذکر گیا ہے۔ شاعر کا محبوب گوشت پوست کا انسان بھی ہوسکتا ہے۔ شاعر کا وطن بھی ہوسکتا ہے یا اُس کی زندگی کی کوئی منزل بھی۔ چھوٹی بحر کی اس نظم میں غزل کا سا انداز شامل ہے۔ دوسرے مصرعوں میں بنایا، سکھایا، دکھایا، گدگدایا، اُٹھایا، منایا، جتایا، کڑھایا، آزمایا الفاظ قافیوں کا سماں پیش کرتے ہیں جبکہ ردیف کے طور پر'' ہے میں نے'' الفاظ کی تکرار ہے۔ نظم کے چند اشعار ملاحظہ ہوں:

تڑپتی ہوئی بجلیوں کی چمک میں
تجھے مسکرانا سکھایا ہے میں نے
اگر میں بنا ہوں محبت کا دریا
تجھے ماہِ تاباں بنایا ہے میں نے

تری سادگی سے پریشان ہو کر
تجھے شوق و رنگین بنایا ہے میں نے
تجھے بے وفائی کا الزام دے کر
وفاؤں کو اپنی جتایا ہے میں
ستا کر جلا کر رُلا کر ہنسا کر
تجھے مدتوں آزمایا ہے میں نے

شاعر محبوب سے راز و نیاز کی باتیں کر رہا ہے لیکن نظم کے ذریعہ وہ محبت کو ظاہر بھی کر رہا ہے۔ نظم میں پہلی مرتبہ شاعر نے اپنے عزم و حوصلے کا اظہار کیا ہے۔ وہ کچھ کرنے کے قابل ہے اور وہ اپنے محبوب کی زندگی کی خاطر طرح طرح کی جستجو کرتا ہے۔ محبوب کے گیسوؤں کو پریشان کر کے محبوب کو رشک سنبل بنانے، بجلیوں کی چمک میں مسکرانے، جبیں پر سُرخ ٹیکا لگا کر ستاروں کو نیچا دکھانے، محبوب کو ماہِ تاباں اور شوخ و رنگین بنانے کی باتیں کرتے ہوئے شاعر محبوب کے ساتھ اپنی گہری محبت کا اظہار کرتا ہے۔ یہ نظم اردو میں رومانی تحریک کے علمبرداروں کے جذبات کی عکاسی کرتی ہے جبکہ زندگی میں مسائل سے دوچار انسان خواب و خیال کی جنت بناتے ہوئے ذہنی آسودگی اور سکون حاصل کرنے کی کوشش کرتا ہے۔ بجھے بجھے دلوں کو اس طرح کی نظمیں آسودگی فراہم کرتی رہیں۔ جذبی کی اس نظم سے اُن کی فنکاری کا بھی اندازہ ہوتا ہے۔ چھوٹی بحر میں لفظوں کی روانی کے ساتھ اُنھوں نے خیال کو پیش کیا ہے۔ نظم میں الفاظ اور خیالات کا بہاؤ ملتا ہے اور نظم پڑھنے سے گیت کا سماں بندھ جاتا ہے۔ اس دور میں فلمی گیت لکھنے کا بھی سلسلہ شروع ہوا تھا۔ شائد یہی وہ اثرات رہے ہوں گے کہ جذبی نے غم و یاسیت کے بیان کے بعد اپنی شاعری کا رُخ بدلتے ہوئے محبوب کی زلفوں اور کاکل کا بیان کیا۔ یہ نظم جذبی کی نظم نگاری میں ایک نئی تبدیلی کا پتہ دیتی ہے۔

معین احسن جذبی فکر و فن

حسن برہم ۱۹۳۶ء:

اپنے محبوب سے راز و نیاز کی باتیں کرنے کے بعد جذبی نے اپنی اگلی نظم "حسن برہم" میں غصے میں ڈوبے اپنے محبوب کے بدلتے تیور کی عکاسی کی ہے۔ یہ نظم مردم شناسی جزئیات نگاری اور محاکات آفرینی کی اچھی مثال قرار دی جاسکتی ہے۔ کسی بات پر شاعر کا محبوب ناراض ہے، غم وغصہ میں ڈوبا ہوا ہے۔ ایسے میں اُس کے چہرے کی جو حالت ہے اُس کی تصویر کشی، حسن برہم میں ملتی ہے۔ حسین لوگ مسکراتے رہیں تو بھی خوبصورت لگتے ہیں اور جب کسی بات پر برہم ہو جاتے ہیں تو اُن کے چہرے کی لالی اُن کے حسن کو دوبالا کر دیتی ہے۔ محبوب کی برہمی کی تصویر کشی کرتے ہوئے شاعر اپنے محبوب کے اس پہلو کو پیش کرتا ہے جبکہ وہ برہمی کی حالت میں ہے۔ ایک مصور کی طرح جذبی اپنے برہم محبوب کے سراپا کو یوں بیان کرتے ہیں:

مری نظروں میں ہے وہ حسن برہم
پریشان بال و غصے کا عالم
وہ آنکھوں میں شفق کی سرخیاں سی
وہ آتش ریز نظریں بجلیاں سی
وہ خم کھائے ہوئے ہونٹوں کی گرمی
تڑپ کر رہ گیا جس نے نظر کی
جبین غیظ پر شکنیں ہی شکنیں
وہ اک چڑھتے ہوئے دریا کی موجیں
شراب تند رگ رگ میں بھری تھی
جوانی آگ ہو کر رہ گئی تھی

دل نازک کے طوفانوں کو لے کر
غضب آلود افسانوں کو لے کر
اک آنسو رفتہ رفتہ آ رہا تھا
سمندر تھا کہ سمٹا جا رہا تھا

جذبی نے برہم محبوب کے سراپے کے بیان کے دوران تشبیہات واستعارات کو بھی استعمال کیا ہے۔آنکھوں کی سرخی کو بجلی سے، جبین کی شکنوں کو چڑھتے دریا کی موجوں سے، نفس کی گرمی کو شعلہ وشرر سے، جوانی کو آگ سے، پسینے کے قطروں کو، شبنم کے قطروں سے، آنسوؤں کو سمندر سے تشبیہہ دی ہے۔اس طرح یہ نظم سراپا نگاری کی بھی اچھی مثال بن جاتی ہے۔

فطرت ایک مفلس کی نظر میں ۱۹۳۷ء:

جذبی کی اگلی نظم کا عنوان ''فطرت ایک مفلس کی نظر میں'' ہے۔نظم میں تیرہ ۱۳ اشعار ہیں۔طویل بحر میں کہی گئی یہ نظم ۱۹۳۷ء میں لکھی گئی۔ یہ نظم جذبی کی شاعری میں ایک اہم موڑ ہے۔اس نظم سے جذبی ترقی پسند نظریات کو گلے لگاتے ہوئے دکھائی دیتے ہیں۔نظم کا نمایاں پہلو ایک مفلس ہے جو بھوکا پیاسا پریشان حال ہے۔ وہ فطرت پر نظر ڈالتا ہے۔فطرت کے حسین نظارے اُس کی بھوک نہیں مٹا سکتے اور نہ ہی اُس کی پریشانیاں دور کر سکتے ہیں۔اس لئے وہ فطرت کے بیان کے بعد خدا سے سوال کرتا ہے کہ میں بھی فطرت کا ایک حصہ ہوں لیکن پریشان حال ہوں۔ یہ نظم جذبی کی منفرد آواز کے طور پر سامنے آئی ہے۔مصرعوں میں تکلم کا سا انداز ہے۔ابتداء سے آخر تک ساری نظم سوالیہ انداز لئے ہوئے ہے۔شاعر کی زبان میں ایک مفلس فطرت کے یکے بعد دیگر نظارے بیان کرتا ہے اور اپنی بدحالی کا اظہار کرتا جاتا ہے۔نظم کے چند اشعار ملاحظہ ہوں:

فطرت کے پجاری کچھ تو بتا، کیا حُسن ہے ان گلزاروں میں
ہے کون سے رعنائی آخر ان پھولوں میں ان خاروں میں
وہ خود سلگتے ہوں شب بھر، وہ خواہ چمکتے ہوں شب بھر
میں نے بھی تو دیکھا ہے اکثر، کیا بات نئی ہے تاروں میں
اس چاند کی ٹھنڈی کرنوں سے کچھ کو تو سکوں ہوتا ہی نہیں
مجھ کو تو جنوں ہوتا ہی نہیں جب پھرتا ہوں گلزاروں میں
دریا کے تلاطم کا منظر ہاں تجھ کو مبارک ہو لیکن
اک ٹوٹی پھوٹی کشتی بھی چکراتی ہے منجدھاروں میں
وہ لاکھ ہلالوں سے بھی حسیں کسی زہرہ کسی پروین
اک روٹی کا ٹکرا جو مل جائے مجھے بازاروں میں
جب جیب میں پیسے بجتے ہیں جب پیٹ میں روٹی ہوتی ہے
اُس وقت یہ ذرّہ ہیرا ہے، اُس وقت یہ شبنم موتی ہے

نظم کے اشعار سے ظاہر ہے کہ فطرت کا ایک حصہ ہے مفلس کو فطرت کے نظاروں میں حسن نظر نہیں آتا۔ مفلس کو نہ تو گلزاروں میں حسن نظر آتا ہے اور نہ ہی پھولوں میں رعنائی۔ مفلس کو تاروں کے چمکنے سے کوئی سروکار نہیں اور نہ ہی چاند کی چاندنی اُس کا دِل لبھاتی ہے۔ نرگس کی کلیوں، شفق کی لالی، لالہ وگل، بلبل کا گیت، کوئی بھی شاعر کو اچھا نہیں لگتا۔ شاعر سوالات تو فطرت کے پجاری سے کررہا ہے۔ لیکن ان سوالوں کا مرکز اُس کی اپنی ذات ہے۔ اس نظم میں جذبی نے زمانے کی بدحالی، حالات کا کرب سماجی ناانصافی، ظاہری شان وشوکت سب ہی کو نشانہ بنایا ہے۔ جب مفلس کو فطرت کے پجاری سے اپنے سوالات کا جواب نہیں ملتا تو آخر میں شاعر خود ان سوالوں کا جواب دے دیتا ہے کہ جب انسان کے جیب میں پیسے ہوں

اور پیٹ روٹی سے بھرا ہو تو اُسے دنیا کی ہر چیز حسین دکھائی دے گی اور وہ بھی فطرت کے حسین نظاروں سے لطف اندوز ہو سکے گا۔ فطرت کے نظارے تو ہر حال میں موجود رہتے ہیں۔ لیکن ان نظاروں کو دیکھنے والے کی نظر اور بصارت کے ساتھ بصیرت کا معاملہ ہے کہ کیسے ہم ان نظاروں کو دیکھتے ہیں اور جہاں تک نشاط انگیزی، سرور، لطف اندوزی کا معاملہ ہے تو جس انسان کو دو وقت کی روٹی آسانی سے میسر آجائے۔ اُس کے پاس اتنی دولت ہو کہ وہ اپنی ضروریات کی تکمیل کے بعد عیش پسندی کی طرف مائل ہو تب ہی وہ فطرت کے نظاروں سے حسن محسوس کرسکتا ہے۔ اس نظم کے ذریعہ یہ سوال پیدا ہوتا ہے کہ مفلس کی نظر کبھی فطرت کے نظاروں کی طرف نہیں جاتی اُس کے دل و دماغ میں صرف روٹی کا حصول ہوتا ہے۔ لیکن شاعر نے اپنی ضرورت کو اُجاگر کرنے کے لئے فطرت کے نظاروں کا ک مطالعہ کیا اور فطرت کے پجاری سے سوالات کرتے ہوئے مفلس کی آواز کو بلند کرنے کا ایک نیا طریقہ ڈھونڈا۔ یہ نظم ترقی پسند نظریات کی ترویج کی بھی اچھی مثال ہے جبکہ شعراء اور ادیب غریبوں کی حمایت اور مزدور کو اُس کا حق دلانے کے لئے اور عام آدمی کو دو وقت کی روٹی فراہم کرانے کے لئے جدوجہد کر رہے تھے اور اس جدوجہد میں اکثر خدا سے بھی سوال کیا جاتا تھا کہ وہ انھیں آسانی سے دو وقت کی روٹی کیوں فراہم نہیں کر رہا ہے۔

جذبی کی اس نظم کا آخری شعر کافی مشہور ہوا اور ترقی پسندی کے دور میں کافی گنگنایا گیا۔ جذبی کی اس نظم کے حوالے سے ڈاکٹر سید عبدالباری لکھتے ہیں:

> ”یہ کہنا غلط ہے کہ زندگی کے کسی دور میں جذبی کا اپنی تہذیبی اور اخلاقی قدروں پر اعتماد ختم ہو گیا تھا۔ وہ ماضی کی ہر شے کو یکسر اُلٹ دینے پر کمر بستہ تھے۔ جذبی کے دل میں مشرق کی کارآزمودہ اقدار حیات کے لئے غیر معمولی محبت ہے۔ وہ جب بھی حقائق کے مکروہ چہرے پر نگاہ ڈالتے ہیں تو اُن کو عصر

حاضر کی بے رحمی کے بالمقابل اپنی انسان دوستی تہذیب کی دلنوازی یاد آجاتی ہے۔ البتہ وہ جھوٹی شرافت، کھوکھلی محبت اور کذب آمیز صداقت کو حقارت کی نگاہ سے دیکھتے ہیں۔ مزدوروں سے ہمدردی کا احساس انھوں نے اوپر نہیں اوڑھ لیا ہے۔ اُن کی سادہ اور قلندرانہ زندگی سے اس بات کی تصدیق ہوتی رہی ہے کہ وہ امیرانہ ٹھاٹھ باٹھ اور عیش وعشرت کو کبھی منہ لگانے کو تیار نہیں ہوئے۔ وہ احسان دانش کی طرح جب عیش پرستی کے رومانی مناظر کے بالمقابل پھٹے حال، انسانوں پر ہمدردانہ نگاہ ڈالتے ہیں تو اس میں تصنع نہیں محسوس ہوتا''۔(۲۴)

اس طرح جذبی کی نظم ''فطرت ایک مفلس کی نظر میں'' ترقی پسند تحریک کی نمائندہ نظم بن جاتی ہے۔ اس طرح کی نظمیں جوش اور دیگر شعراء نے بھی کہی ہیں۔ جس میں خوبصورت حسین دوشیزہ کو پتھر پھوڑتے دکھایا گیا ہے۔ اس طرح ترقی پسند شعراء نے حسن کو مفلسی اور مزدوری میں مبتلا دکھا کر ترقی پسند نظریات کو پیش کیا۔

چشم سوال ۱۹۳۷ء:

کلیات جذبی میں شامل اگلی نظم ''چشم سوال'' ہے۔ دس ۱۰ اشعار پر مشتمل یہ نظم ۱۹۳۷ء میں لکھی گئی۔ یہ نظم بھی ترقی پسند تحریک کے نظریات کی عکاسی کرتی ہے۔ جذبی نے اس نظم میں ایک غریب لڑکی کی تصویر کشی کی ہے جو حالات کی ماری ہے اور زندگی نے اُسے مجبور کر دیا کہ وہ گھر سے باہر نکلے اور بھیک مانگ کر اپنی گذر بسر کرے۔ نظم کے چند اشعار اس طرح ہیں:

ہاں اے غریب لڑکی تو بھیک مانگتی ہے

چشم سوال تیری کچھ کہہ کے جھک گئی ہے
آنکھوں میں ہے نمی سی آئینہ سی جبیں ہے
تجھ کو گدا گری کی عادت ابھی نہیں ہے
یہ تیرا جسم نازک بوسیدۂ پیرہن میں
جیسے گل فسردہ اُجڑے ہوئے چمن میں
جھک جائیں تیرے آگے شیطان کی نگاہیں
پرکھا رہی ہیں تجھ کو انسان کی نگاہیں
پاکیزگی پہ تیری سیتا کو پیار آئے
معصومیت پر تجھ کو مریم گلے لگائے
اے کاش وہ بتائے ہے جس کی یہ خوائی
یہ چشم نرگس ہے یا کاسۂ گدائی
لب ہیں کہ پتھروں کے ٹکڑے جمے ہوئے ہیں
رُخ ہیں کہ رہگذر کے بجھتے ہوئے دیئے ہیں

نظم میں جذبی نے ایک غریب لڑکی کی پاکیزگی، اس کے نازک بدن، شرم وحیا، اس کے بوسیدہ پیرہن، اُس کی معصومیت، اس کی نرگسی آنکھوں کو دلچسپ تشبیہاتی انداز میں بیان کیا ہے۔ نظم میں ایک فکر پیش کی گئی ہے کہ وہ کیا حالات ہیں جس میں صنف نازک کو کاسۂ گدائی اپنے ہاتھ میں لینے کے لئے مجبور ہونا پڑ رہا ہے۔ یہ نظم بھی معاشرے سے سوال ہے کہ کیوں ایک گھر کی زینت بنی رہنے والی لڑکی کو معاشرہ نہ صرف گھر سے نکلنے کے لئے مجبور کر رہا ہے بلکہ جب لڑکی گھر سے باہر نکلتی ہے تو شیطان صفت چہرے اُس لڑکی کی عصمت پر ننگی بھوکی نگاہوں سے دیکھتے ہیں۔ ترقی پسند تحریک کے زیر اثر منٹو اور عصمت چغتائی وغیرہ نے ایسے افسانے لکھے

تھے جس میں غریب عورت کو سماج کے آگے بے آبرو کیا گیا تھا۔ اور یہ کہتے ہوئے کہ یہ بھی زندگی کی ایک حقیقت ہے درون خانہ کی باتوں کو سر عام لایا گیا تھا۔ آرٹ کے نام پر جنس کا بیان تخلیق کار کی بیمار ذہنیت کی عکاسی کرتا ہے۔ زندگی کی بے عملی کا شکار انسان اخلاقی گراوٹ کا شکار ہو جاتا ہے اور اپنے سماج کی پاکدامن عورت کو سر عام پیش کرتا ہے۔ جذبی نے اپنی نظم میں اگر ایک نوجوان دوشیزہ غریب لڑکی کی تصویر پیش کی ہے تو وہ ترقی پسند تحریک کے زیر اثر ہو سکتی ہے اور نظم لکھنے کی ایک وجہ اپنے دور کی معاشی بدحالی ہے جس میں مرد تو مرد عورت بھی لاچار و مجبور ہے۔ جذبی نے اس نظم میں بھی خطابیہ انداز اختیار کیا ہے اور اپنی بات کو مؤثر طریقہ سے پیش کرنے کے لئے تشبیہات استعمال کیں۔ نظم میں روانی ہے۔ ایسا لگتا ہے کہ خیالات کا ایک بہاؤ ہے جو چلا آ رہا ہے۔ انداز بیان کی سادگی اور روانی اور موضوع میں پائی جانے والی جذباتیت نظم کے اثر کو گہرا کر دیتی ہے۔

خواب ہستی ۱۹۳۸ء:

جذبی کے کلیات میں شامل اگلی نظم کا عنوان ''خواب ہستی'' ہے۔ یہ نظم ۱۹۳۸ء میں لکھی گئی۔ جذبی نے اس نظم میں ہیئت کی تبدیلی کی ہے اور چار مصرعوں والے ایک ایک بند میں خیال پیش کیا ہے۔ نظم میں چار چار مصرعوں کے چھ ۶ بند ہیں۔ تین مصرعوں کے بعد بند کے آخر میں ٹیپ کا مصرعہ دہرایا گیا ہے۔ نظم میں ٹیپ کا مصرعہ یوں ہے۔

بھول جا اے دوست وہ رنگیں زمانے بھول جا

جذبی اس نظم میں اپنے محبوب سے اپنے خوشگوار ماضی اور اُس کی حسین یادوں کو بھول جانے کی باتیں کہتے ہیں۔ شاعر کو اندازہ ہے کہ اُس کے محبوب کے ساتھ اُس نے ماضی میں کچھ اچھا وقت گذارا ہے۔ لیکن حال کچھ اور ہی کہتا ہے۔ اب نہ وہ ماضی ہے نہ وہ خوشگوار زمانہ۔ اب تو

ماضی کی خوشگوار یادیں ہی ہیں لیکن شاعر اپنے حال سے اس قدر مایوس ہے کہ وہ اپنے خوشگوار ماضی کو بھلا دینا چاہتا ہے۔ وہ کہتا ہے کہ خواب ہستی اور تعبیر ہستی میں بہت فرق ہے۔ ترقی پسند تحریک کے زیر اثر فیض، ساحر، مجاز اور کیفی نے اس طرح کی نظمیں کہی تھیں جس میں محبوب کے خوشگوار ماضی کا تذکرہ ملتا ہے۔ فیض کی نظم ''مجھ سے پہلی سی محبت مرے محبوب نہ مانگ''، ساحر لدھیانوی کی نظم ''میرے محبوب کہیں اور ملا کر مجھ سے''، مجاز کی نظم ''ترے ماتھے پر یہ آنچل بہت ہی خوب ہے لیکن'' اور کیفی کی نظم ''اُٹھ مری جان مرے ساتھ ہی چلنا ہے تجھے بھی'' اسی نوعیت کی نظمیں تھیں۔ جو ترقی پسندی کے دور میں کافی مقبول رہیں۔ ان نظموں کا خیال تقریباً یکساں ہے۔ جذبی کی نظم کے تین بند ملاحظہ ہوں:

وہ زمانے اور تھے جب تیرا غم سہتا تھا میں
جب ترے ہونٹوں کی رنگینی سے کچھ کہتا تھا میں
جب ترے بالوں سے گھنٹوں کھیلتا رہتا تھا میں
بھول جا اے دوست وہ رنگیں زمانے بھول جا

یک بہ یک بجلی سی چمکی اور نشیمن لُٹ گیا
تو نے برسوں جس کو سینچا تھا وہ گلشن لُٹ گیا
تو نے موتی جس میں ٹانکے تھے وہ دامن لُٹ گیا
بھول جا اے دوست وہ رنگیں زمانے بھول جا

رنگِ صہبا اور ہے صہبا کی مستی اور ہے
ذکر ہستی اور ہے احساس پستی اور ہے
خوابِ ہستی اور ہے تعبیر ہستی اور ہے

بھول جائے دوست وہ رنگیں زمانے بھول جا

جذبی نے اس نظم کے ذریعہ واضح کردیا کہ زمانہ بدل چکا ہے۔ پرانی قدریں ٹوٹ رہی ہیں۔ نشیمن، گلشن اور دامن ہی نہیں لٹ گیا بلکہ ہر چیز لٹ گئی۔ عہد رفتہ کی ساری نشانیاں مٹ رہی ہیں۔ لہذا اے محبوب تجھے اب ماضی کو بھلا کر حال میں جینا ہوگا۔ ہر زمانے میں شکست و ریخت کا عمل جاری رہتا ہے۔ تبدیلی فطرت کا اہم قانون ہے۔ لیکن انسانی زندگی میں جب حالات یکسر بدل جاتے ہیں اور نیا زمانہ مزاج کے لئے موزوں نہ ہو تو انسان پرانے زمانے کی خوشگوار یادوں کو اپنے دل و دماغ میں بسائے نئے زمانے سے ہم آہنگ ہونے کی کوشش کرتا ہے اور اس دوران وہ جذبات کا اظہار کرتا ہے۔ یاسیت اور مایوسی جذبی کی ان نظموں کا اہم پہلو رہا ہے۔ اقبال نے اپنی شاعری میں حرکت وعمل کا پیام دیا تھا۔ لیکن ترقی پسند شعراء اپنی حقیقی زندگی میں بھی زندگی سے فرار کے راستے پر گامزن تھے اور اُنھوں نے اپنی شاعری میں بھی فرار کے تذکرے کیئے۔ نئے زمانے سے اپنے آپ کو ہم آہنگ کرنے میں دشواری محسوس کرتا شاعر اپنا غم بھلانے کے لئے کیا کرتا ہے ملاحظہ فرمائیے:

یہ جوانی ، یہ پریشانی ، یہ پیہم اضطراب
بارہا اُلجھن میں دوڑا ہوں سوئے جامِ شراب
بارہا گھبرا کے چھیڑا ہے گناہوں کا رباب
بھول جائے دوست وہ رنگیں زمانے بھول جا

شاعر محبوب کو پرانی باتیں بھلانے کی تلقین کر رہا ہے لیکن حقیقت یہ ہے کہ وہ اضطراب کے عالم میں خود پرانے زمانے کو بھولنا چاہتا ہے۔ اقبال نے اپنی شاعری میں اس طرح کی راہ فرار نہیں دکھائی بلکہ انھوں نے نوجوانوں کو حرکت وعمل کا سبق دیتے ہوئے کہا کہ

ہاتھ رکھے ہاتھ پر بیٹھے ہو کیا بے خبر

چلنے کو ہے کارواں کچھ تو کیا چاہئے
چلنے والے نکل گئے ہیں
جو ٹھہرے ذرا کچل گئے ہیں

(اقبال)

جذبی کی شاعری اپنے عہد کی آواز ہے۔ اُنھوں نے اپنے معاصر شعراء اور عہد کے تقاضوں کو پورا کیا۔ اس طرح اُن کے یہاں قنوطیت اور یاسیت جگہ پا گئی۔ جس کا اظہار اُن کی مندرجہ بالا نظم ''خواب ہستی'' سے ہوتا ہے۔

اے کاش ۱۹۳۹ء:

کلیات جذبی میں شامل اگلی نظم کا عنوان ''اے کاش'' ہے۔ یہ نظم ۱۹۳۹ء میں لکھی گئی۔ اس میں کل دس ۱۰ اشعار ہیں۔ نظم کے عنوان سے ظاہر ہے شاعر نے ''کاش'' لفظ کی تکرار سے زندگی کی چند حقیقتوں کی طرف اشارہ کیا ہے اور یہ بتانے کی کوشش کی کہ کاش میں ان حقیقتوں سے واقف نہ ہوتا تو اچھا تھا۔ اس نظم میں جذبی نے مزدور طبقہ، فاقہ کش انسان، مفلس اور مظلوم لوگوں کی زندگی کے کڑوے حقائق گنائے ہیں۔ نظم کے چند چبھتے ہوئے اشعار اس طرح ہیں:

کاش کہتی نہ یہ مزدور کی گلرنگ نظر
حسرت خواب ابھی دیدۂ بے خواب میں ہے
کاش مفلس کے تبسم سے نہ چلتا یہ پتا
کتنے فاقوں کی سکت غیرت بیتاب میں ہے
کاش توپوں کی گرج میں نہ سنائی دیتا

جذبۂ غیرت مظلوم ابھی خواب میں ہے
کاش امڈے ہوئے اشکوں سے نہ ہوتا ظاہر
اک قیامت سی دل شاعر بے تاب میں ہے

زندگی انسان کو حقیقت سے آشنا کرتی ہے۔ لیکن شاعر کاش کہہ کر فرار کی راہ اختیار کرنا چاہتا ہے۔ یہ اس وجہ سے ہوسکتا ہے کہ اُس زمانے میں زندگی اس قدر مسائل سے دوچار تھی کہ اچھے اچھے مضبوط دل اور ارادوں کے حامل افراد بھی ان مسائل کو سہہ نہیں پاتے تھے۔ انسان جب کبھی کسی حادثے سے دوچار ہوتا ہے تو کہتا کہ کاش خدا نے یہ دن نہ دکھایا ہوتا۔ لیکن یہ فطرت کا قانون ہے کہ ایک ہی عہد میں زندگی خوشی اور غم سے دوچار ہوتی ہے۔ کسی کے گھر میں شادی کی رونقیں ہوتی ہیں تو کسی کے گھر میں موت کا ماتم۔ انسان کو تجربات وحوادث سے یہ سبق حاصل کرلینا چاہئے کہ وہ زندگی کے مسائل کا سامنا کرے۔ اُن مسائل کا حل ڈھونڈے اور اپنی زندگی کو کامیابی سے ہمکنار کرے۔ یاسیت اور مایوسی کے اظہار سے قطع نظر جب ہم جذبیؔ کی اس نظم کا بغور مطالعہ کرتے ہیں تو پتہ چلتا ہے کہ اُنھوں نے زندگی کو کس قدر قریب سے دیکھا تھا اور اُس کے رموز واسرار سے وہ کس قدر واقف تھے۔ مفلس کے فاقوں، مظلوم کی غیرت، شاعر کی بے تابی، احباب کی فطرت وفا کے راز سے وہ واقف تھے اور کاش کہتے ہوئے وہ نہیں چاہتے تھے کہ جو کچھ پردۂ راز میں ہے وہ فاش ہوجائے۔ نظم میں بنیادی طور پر مزدور طبقہ کی مظلومی اور عمومی سطح پر زندگی کی ناہمواریوں پر افسوس کا اظہار ملتا ہے۔ جذبات کا بیان میں شاعر کی فنکاری اہم ہے۔

موت ۱۹۴۱:

کلیات جذبیؔ میں شامل جذبی کی ایک اہم اور منفرد نظم ''موت'' ہے۔ نظم میں چار چار

مصرعوں کے چھ ۶ بند ہیں۔ نظم ۱۹۴۱ء میں لکھی گئی۔ جذبی کی سابقہ نظموں میں قنوطیت، یاسیت، مایوسی، حالات سے شکوہ اور شکایت اور زندگی سے فرار کے جذبے ملتے ہیں۔ لیکن اس نظم میں موت کے موضوع کو شاعر نے زندگی کی رعنائیوں کے ساتھ بیان کیا ہے۔ انسان جب اپنی زندگی بھرپور طریقے سے گزار لیتا ہے تو بڑھاپے میں کمزوری، اعصاب اور بے عملی کے سبب وہ موت کا منتظر رہتا ہے کہ کب اجل کا فرشتہ آئے اور اُس کی زندگی کا چراغ بجھا دے۔ لیکن جذبی اس نظم میں موت سے کہتے ہیں کہ وہ تھوڑی دیر کے لئے رُک جائے۔ وہ اتنی مہلت چاہتے ہیں کہ وہ زندگی کی رونقیں اور رعنائیاں دیکھ لیں۔ نظم کا پہلا بند ملاحظہ ہو:

اپنی سوئی ہوئی دنیا کو جگا لوں تو چلوں
اپنے غم خانے میں اک دھوم مچا لوں تو چلوں
اور اک جامِ مئے تلخ چڑھا لوں تو چلوں
ابھی چلتا ہوں ذرا خود کو سنبھالوں تو چلوں

نظم کے اگلے بندوں میں بھی شاعر کی لامتناہی خواہشات اور اُن کی تکمیل کے لئے موت سے مہلت طلب کرنے کا ذکر ہے۔ انسان میں جینے کی آرزو ہو تو وہ مسائل کا سامنا کر سکتا ہے اور راہ کی دشواریوں پر قابو پا سکتا ہے، انسان موت کو شکست تو نہیں دے سکتا لیکن یہ آرزو کر سکتا ہے کہ میں نے زندگی کی خاطر موت کو پیچھے چھوڑ دیا۔ ہر بند کے اختتام پر شاعر کی خواہش کا اظہار ان اشعار میں ہوتا ہے۔

آندھیاں چلتی ہیں دنیا میں ہوئی جاتی ہے غبار
آنکھ تو مل لوں ذرا ہوش میں آ لوں تو چلوں
میرا ٹوٹا ہوا وہ ساز کہاں ہے لانا
اک ذرا گیت بھی اس ساز پر گا لوں تو چلوں

اُف وہ رنگین پُراسرار خیالوں کے محل
ایسے دو چار محل اور بنالوں تو چلوں
آنسوؤ تم نے تو بے کار بھگویا ہے دامن
اپنے بھیگے ہوئے دامن کو سکھالوں تو چلوں

میرے ماتھے پہ ابھی تک ہے شرافت کا غرور
ایسے وہموں سے بھی اب خود کو نکالوں تو چلوں

نظم میں جذبی نے زندگی کی آرزوؤں کا ذکر کیا ہے، لیکن وہ موت کے ساتھ چلنے کی بھی بات کرتے ہیں۔ جذبی نے یہ نظم ۱۹۴۱ء میں لکھی۔ اُس وقت تک بھی جذبی ایک اچھی ملازمت کی تلاش میں تھے۔ جب انسان معاشی تنگی کا شکار ہوا اور اُسے چاروں طرف کی راہیں مسدود دکھائی دیں تو وہ زندگی سے فرار اختیار کرنا چاہتا تھا اور خودکشی کے ذریعہ موت کو گلے لگانا چاہتا ہے۔ یہ نظم لکھتے وقت جذبی کی عمر صرف ۳۱ سال کی تھی۔ اُن کے ساتھی مجاز بھی مئے نوشی کی بُری عادت میں پڑ کر کم عمری میں ہی فوت ہو چکے تھے۔ ادھر جذبی بھی ۳۰ سال کی عمر تک زندگی میں چین وسکون کی تلاش میں تھے۔ ان ہی حالات میں انھوں نے یہ نظم لکھی جو جذبی جیسے کئی بے روزگار اور معاشی تنگی کے شکار جذباتی نوجوانوں کے دل کی آواز ہو سکتی ہے۔ کہا جاتا ہے کہ ادب اپنی زندگی کا اور معاشرے اور عہد کا عکاس ہوتا ہے۔ جذبی کی یہ نظم بھی اُن کی اپنی زندگی اور اپنے عہد کی حقیقی تصویر پیش کرتی ہے۔ اس نظم کی وجہ تخلیق بیان کرتے ہوئے ڈاکٹر حسن لکھتے ہیں:

”جذبی کے لئے زندگی کافی تلخ کام رہی ہے۔ والد سے تعلقات ٹھیک

نہیں تھے، مفلسی کا دور دورہ تھا، ذرائع آمدنی مسدود، حالات ہمت شکن، تندرستی جواب دے رہی تھی۔ ایک خاصا لمبا آپریشن بھی ہوا جس سے زیادہ پریشان ہوگئے۔ بیماری اور مفلسی کا سلسلہ لمبا کھنچا تو بار بار خودکشی کے بارے میں سوچا، اور اُن کی نظم ''موت'' اسی خواہش مرگ کے اظہار کے طور پر تصنیف ہوئی''۔ (۲۵)

جذبی نے اس نظم میں بڑی فنکاری سے زمانے کی بے دردی، سفاکی، زندگی کی بے رحمی، بے مروتی، تغافل، صبر آزما ماحول، دشوار گذار حالات کو پیش کیا ہے۔ جذبی کی اس نظم کے دو متضاد پہلو ہیں۔ ایک زندگی کے نامساعد حالات، دوسرے شاعر کی جینے کی آرزو۔ ان دو پہلوؤں کے درمیان موت کی اٹل حقیقت۔ موت ایک یقینی حادثہ ہے لیکن جو لوگ خودکشی کی راہ موت کا انتخاب کرتے ہیں، وہ مرنے سے پہلے زندگی سے متعلق اس طرح کی آرزوؤں کا اظہار کرتے ہیں۔ نظم ''موت'' کے بارے میں مشتاق صدف لکھتے ہیں:

''انھوں (جذبی) نے موت کا ذکر جس حوصلہ سے کیا ہے، اُس سے خوف کا پہلو کہیں بھی نہیں ملتا اور یہی شاعر کا وصف خاص ہے۔ جذبی اپنی نظم ''موت'' میں اپنی سوئی ہوئی دنیا کو بسا لینے، اپنے غم خانہ میں اک دھوم مچا لینے، اک جامِ مے تلخ چڑھا لینے کے بعد موت کے ساتھ جانے پر آمادگی کا اظہار کرتے ہیں اور اپنی کھوئی ہوئی آواز کو لانے اور ٹوٹے ہوئے ساز پر گیت گانے کی بات کہہ کر شعری فضاء کو نئی معنویت سے بھر دیتے ہیں جس سے تاریخی شان و شوکت کا پتہ چلتا ہے''۔ (۲۶)

جذبی کی نظم ''موت'' اردو شاعری میں انداز بیان کی ایک نئی آواز کے طور پر سامنے آتی ہے، جس کے لئے ہمیں جذبی کی فنکاری کو محسوس کرنا ہوگا۔ نظم میں ایک قسم کی نغمگی کا بھی احساس

ہوتا ہے جب ہم بنالوں تو چلوں کی تکرار سنتے ہیں۔اس طرح جذبیؔ کے اسلوب میں ترنم کا بھی احساس ہوتا ہے۔ یہ جذبیؔ کے فن کی ایک اور خوبی ہے جو ان کی اس نظم سے جھلکتی ہے۔

بیزار نگاہیں: ۱۹۴۱ء

جذبیؔ کی ایک نظم ''بیزار نگاہیں'' ۱۹۴۱ء میں لکھی گئی۔نظم طویل ہے جس میں کل ۱۷ سترہ اشعار ہیں۔نظم بیانیہ انداز میں کہی گئی ہے۔ایک گیت کے انداز میں شاعر نے اپنے محبوب کی بے وفائی پر شکوے کیئے ہیں۔محبوب کی لاتعلقی پر شاعر کی بیزارگی نظم کا مرکزی خیال ہے۔نظم کے چند اشعار ملاحظہ ہوں:

میری وحشت کے تماشے نہ اُنھیں ہوں گے نصیب
اُن کے اُلجھے ہوئے بالوں سے نہ اُلجھے گا کوئی
میں تو سمجھا تھا کہ تا حشر رہے گا اب ساتھ
میں تو خوش تھا کہ اب ساتھ نہ چھوڑے گا کوئی
فکر ہی کیا جو کسی کو نہیں پروا میری
کیا مجھے غم جو مرا حال نہ پوچھے گا کوئی
اب تو بھولے سے بھی اے دِل نہ وہاں جاؤں گا
ہائے اُن خاص نگاہوں سے نہ دیکھے گا کوئی
اُن سے بیزار ہیں جذبیؔ جو نگاہیں میری
اور تاریک ہوئی جاتی ہیں راہیں میری

شاعر کو اپنے محبوب سے شکایت ہے کہ وہ اُس کی طرف نظر التفات نہیں ڈالتا۔میری آہوں پر متوجہ نہیں ہوتا۔میرا ساتھ نہیں دیتا،غم کے سبب آنکھوں سے نکلنے والے آنسوؤں کو

نہیں پوچھتا، دل کے جذبات کا پاس ولحاظ نہیں کرتا۔ ترقی پسند تحریک کے بارے میں کہا گیا کہ اُس میں سطحیت ہے۔ نعرہ بازی ہے، معیار کی کمی ہے لیکن جذبی نے ترقی پسندی کے دور میں شاعری کرتے ہوئے ان باتوں کو غلط ثابت کیا۔ اُن کی نظموں کے مطالعے سے اندازہ ہوتا ہے کہ اُن کے ہاں داخلی جذبوں کا اظہار ہے، کلام معیاری ہے اور کسی قسم کی نعرے بازی سے دور ہے۔ ہاں یہ بات کہی جاسکتی ہے کہ جذبی نے مسلسل اپنی نظموں میں یاسیت کا اظہار کیا ہے۔ چنانچہ اس نظم میں بھی شاعر کے داخلی جذبات کے اظہار کے بعد محبوب سے بیزارگی کا اظہار ملتا ہے۔ شاعر اپنے خدا سے بھی شکوہ کرتا ہے کہ وہ ہی اُس کا اصل محبوب ہے وہ شاعر کی پریشانیوں کو دور کرنے والا بڑی قدرت والا رب ہے لیکن حالات کی ستم ظریفی کہیئے کہ خدا بھی شاعر پر مہربان نہیں اس لئے شاعر خدا سے اور اپنے دنیاوی محبوب سے شکایت کے ساتھ، اُس سے بیزارگی کا اظہار کرتا ہے۔ یہ نظم جذبات نگاری کی اچھی مثال قرار دی جاسکتی ہے۔

توہم: ۱۹۴۱ء

جذبی کی ایک مختصر نظم ''توہم'' ہے جو ۱۹۴۱ء میں لکھی گئی۔ اس نظم میں صرف چھ؍۶ اشعار ہیں۔ اس نظم میں محبوب کے تعلق سے شاعر کی امیدوں پر پانی پھر جانے کا ذکر ہے۔ شاعر اپنے محبوب کے تعلق سے کچھ اندازے قائم کرتا ہے لیکن شاعر کے اندازے غلط ثابت ہوتے ہیں اور وہ اپنے مشاہدے، سوچ اور سمجھ کو توہم قرار دیتا ہے۔

نظم کے منتخب اشعار اس طرح ہیں:

اُن کے لہجے میں وہ کچھ لوچ وہ جھنکار وہ راس
ایک بے قصور ترنم کے سوا کچھ بھی نہ تھا

سینکڑوں ٹیسیں نظر آتی تھیں جس میں مجھ کو
وہ بھی ایک سادہ تبسم کے سوا کچھ بھی نہ تھا
میں نے جو دیکھا تھا جو سوچا تھا جو سمجھا تھا
ہائے جذبی وہ توہم کے سوا کچھ بھی نہ تھا

نظم کے آخری شعر میں شاعر کا یہ کہنا کہ محبوب کے تعلق سے اُس کے اندازے غلط ثابت ہوئے، ظاہری طور پر زندگی کی ناتجربہ کاری کو ظاہر کرتا ہے۔ انسان کی عمر اور دنیا کے حوادث اُسے اس قدر تجربہ کار بنا دیتے ہیں کہ وہ حالات کے اعتبار سے نتائج کا اندازہ کر لیتا ہے اور اکثر اُس کے قائم کردہ مفروضات سچ ثابت ہوتے ہیں۔ لیکن محبت کے معاملے میں انسان پر اُمید رہتا ہے۔ حالات یہ رُخ بتاتے ہیں کہ اُس کا محبوب ویسا نہیں جیسا وہ سمجھ رہا ہے۔ محبت اندھی ہوتی ہے وہ تجربہ کار انسانوں کی بتائی ہوئی باتوں پر بھروسہ نہیں کرتی اور یہ سمجھتی ہے کہ محبوب امیدوں سے کہیں زیادہ اچھا ہوگا لیکن اکثر حالتوں میں محبت کا انجام اچھا نہیں ہوتا اور شاعر کو تو اپنے غلط اندازوں پر اس قدر مایوسی ہوتی ہے کہ وہ اسے توہم کہہ کر اپنی ناتجربہ کاری اور بدقسمتی پر پردہ ڈالنے کی کوشش کرتا ہے۔ نظم میں شاعر نے اپنے محبوب کے ترنم، اندازِ تکلم، تبسم، سینے کا تلاطم، مہ و انجم کی طرح کی صورت اور اپنے اندازے کے توہم کا ذکر کیا ہے۔ تکلم، تبسم، توہم، تلاطم الفاظ کے استعمال سے نظم میں قافیوں کا سا رنگ پیدا کرنے کی کوشش کی گئی ہے۔ نظم پر غزل کا سا گماں ہوتا ہے۔ ہر شعر کے آخر میں ''کے سوا کچھ بھی نہ تھا'' ردیف استعمال ہوئی ہے۔ مجموعی طور پر یہ نظم بھی محبوب کے تعلق سے شاعر کے جذبات کے اظہار کی ایک مثال کے طور پر سامنے آتی ہے۔

طوائف: ۱۹۴۱ء

جذبی کی ایک اور مختصر نظم ''طوائف'' ہے۔ صرف ے سات اشعار پر مشتمل ہے۔ یہ نظم ۱۹۴۱ء میں لکھی گئی۔ طوائف ہر سنجیدہ سماج کی ایسی سچی اور کڑوی حقیقت ہوتی ہے جسے سماج ناپسند تو کرتا ہے لیکن اپنے ذاتی مفاد کے لئے اُس کی موجودگی کو ضروری سمجھتا ہے۔ لوگ طوائف کو سماج کا حصہ بنانے کے لئے مجبور تو کرتے ہیں لیکن طوائف کو بیوی، بیٹی، ماں کے روپ میں دیکھنا پسند نہیں کرتے۔ وہ چاہتے ہیں کہ طوائف صرف طوائف ہی رہے اور کچھ نہیں۔ جذبی اپنی اس نظم میں طوائف کے تعلق سے اپنے دلی جذبات پیش کرتے ہیں۔ شاعر کو حقیقی زندگی میں نہ معاشی فراخی نصیب ہوتی ہے نہ محبوب کی محبت کا سکون۔ ایسی بے یار و مددگار دنیا میں شاعر ایک طوائف کی نظر التفات کا متمنی رہتا ہے اور اس کے لئے وہ طوائف کے قدموں پر گر جانا گوارا کر لیتا ہے لیکن اُسے طوائف سے بھی محبت نہیں ملتی کیوں کہ سارے سماج میں معاشی بدحالی پھیلی ہوئی ہے اور طوائف خود اپنی مفلوک الحالی سے پریشان ہے۔ ایسے میں شاعر اپنی اور طوائف کی ویران زندگی پر نوحہ خوانی کرتا ہے۔ جذبی کے دل سے نکلے ہوئے اشعار ملاحظہ ہوں:

تو گرا دے گی مجھے اپنی نظر سے ورنہ
تیرے قدموں پر تو سجدہ بھی روا ہے مجھ کو
تو نے ہر آن بدلتی ہوئی اس دنیا میں
میری پائندگی غم کو تو دیکھا ہوگا
ہائے جلتی ہوئی حسرت یہ تری آنکھوں میں
کہیں مل جائے محبت کا سہارا تجھ کو

اپنی پستی کا بھی احساس پھرا تنا احساس
کہ نہیں میری محبت بھی گوارا تجھ کو

دنیا کی ہر طوائف زندگی میں ایک مستقل سہارے کی آرزو رکھتی ہے لیکن اپنی نظروں کے تیروں سے زخمی کر دینے والے اور ایک باعزت عورت کو کوٹھے کی طوائف بننے کیلئے مجبور کر دینے والے سماج میں کوئی مرد ایسا نہیں ہوتا جو ایک طوائف کو اپنی زندگی میں شامل کر لے اور اسے سماج میں باعزت اور مستحقہ مقام دلائے۔ لوگ دولت کے بل بوتے پر طوائف کے حُسن کے نظارے کرتے ہیں لیکن طوائف کے ظاہری حسن کے پیچھے اُس کے دل کے درد کو نہیں پہچانتے۔ یہی وجہ ہے کہ طوائف بھی اپنی جانب اُٹھنے والی ہمدردی کی نظروں کو بھی پہچان نہیں پاتی۔ وہ سمجھتی ہے کہ اُس کا مقدر ہی طوائف بنا رہنا ہے۔ چنانچہ جذبی نظم کے آخر میں طوائف کا انجام یوں بیان کرتے ہیں:

اور یہ زرد سے رخسار یہ اشکوں کی قطار
مجھ سے بیزار مری عرضِ وفا سے بیزار

جذبی کی نظم ''طوائف'' کے بارے میں تبصرہ کرتے ہوئے پروفیسر سلیمان اطہر جاوید لکھتے ہیں:

''طوائف'' ارتقائے خیال اور ارتکازِ فکر کی اچھی مثال ہے۔ اس میں کفایت لفظی بھی ہے۔ فنکارانہ عمل صناعی اور سلیقہ مندی بھی۔ جہاں تک معنویت کا تعلق ہے، خاص تہہ دار اور رنگ رس رکھتی ہے۔ یہ ترقی پسند رجحانات کا اثر بھی ہوسکتا ہے کہ عورت کے طوائف بننے میں عورت کم ذمہ دار ہوتی ہے اور معاشرتی اور معاشی مسائل ہیں جو کسی عورت کو طوائف کے کوٹھے پر پہنچا دیتے ہیں۔ اس سے ہمدردی اخلاقی اقدار کا تقاضہ ہے''۔ (۲۷)

جذبی نے اپنی نظم کے ذریعہ طوائف سے ہمدردی کا اظہار کیا۔لیکن انھیں طوائف کی طرف سے مثبت جواب نہیں ملتا۔طوائف کا سہارا قبول کرنے سے انکار کردینا سماج میں اُس کی ابتر حالت اور ذہنی غلامی کی عکاسی کرتا ہے۔جذبی نے نظم ''طوائف'' کے ذریعہ سماج کے نفسیاتی مطالعے کو پیش کرنے کی کامیاب کوشش کی ہے۔

آزار:۱۹۴۲ء

کلیات جذبی میں شامل ایک اور جذباتی نظم ''آزار'' ہے۔۱۹ اشعار پر مشتمل یہ نظم ۱۹۴۲ء میں لکھی گئی۔اس نظم میں ٹوٹے خواب، بکھرے ارمانوں، زندگی سے شکوہ وشکایت اور بہتر مستقبل کی اُمید کا ذکر ہے۔شاعر اپنے محبوب کے ماند پڑتے حُسن کو زمانے کی بدحالی اصل وجہ قرار دیتا ہے کہ یہ زمانے کے نامساعد حالات ہیں جس میں زندگی مرجھا گئی ہے اور حسین چہرے بھی ویران ہوگئے ہیں۔زندگی میں آنے والے مصائب اور آلام جھیلتے ہوئے شاعر اس قدر تنگ آگیا ہے کہ وہ اپنی زندگی کو اور زندگی میں چلنے والی سانسوں کو آزار قرار دیتا ہے۔نظم کے ذریعہ پیش ہونے والے شاعر کے جذبات ملاحظہ ہوں:

کیا خبر تھی یہ ترے پھول سے بھی نازک ہونٹ
زہر میں ڈوبیں کے کمھلائیں گے مرجھائیں گے
کوئی اُلجھا ہوا نغمہ کوئی سلجھا ہوا گیت
کون جانے لبِ شاعر کی نوا کیا ہوگی
اور یہ ثور گرجتے ہوئے طوفانوں کا
ایک سیلاب سسکتے ہوئے انسانوں کا
ہر طرف سینکڑوں بل کھاتی دھویں کی لہریں

ہر طرف ڈھیر جلتے ہوئے ارمانوں کے
زندگی اور بھی کچھ خوار ہوئی جاتی ہے
اب تو جو سانس ہے آزار ہوئی جاتی ہے

جذبی کی نظموں کا ارتقائی مطالعہ کریں تو پتہ چلتا ہے کہ نظم ''آزار'' تک آتے آتے جذبی نے غم ذات کو غم کائنات بنا کر پیش کر دیا۔ زندگی اس قدر مشکل ہوگئی تھی کہ شاعر کو اُسے آزار قرار دینا پڑا۔ اپنے ماحول کی فنکاری کے ساتھ عکاسی جذبی کی اس طرح کی نظموں سے ہوتی ہے۔ شاعر اگر خود غم میں ڈوبا ہو تو وہ حقیقت بیانی سے کام لیتا ہے۔ اپنے تخلص کی مناسبت سے جذبی نے غموں کو محسوس کیا تھا۔ غموں کے کرب کو جذب کیا تھا اور اس احساس کو نوکِ قلم کے ذریعہ صفحہ قرطاس پر اس طرح بکھیرا کہ جذبی کا غم خود اُن کا غم نہیں دکھائی دیتا بلکہ اُن کا غم آفاقی ہو جاتا ہے۔ یہی اُن کا کمال ہے۔

منزل تک: ۱۹۴۵ء

جذبی کی اگلی نظم کا عنوان ''منزل تک'' ہے۔ اس نظم میں چھ۶ شعر ہیں۔ نظم ۱۹۴۵ء میں لکھی گئی۔ یہ ساری نظم غزل کے فارم میں ہے۔ اشعار میں سلام، پیام، بام، تمام، مقام، جام قافیے ہیں اور الفاظ ''آئیں گے'' ردیف کے طور پر پیش ہوئے ہیں۔ نظم میں شاعر کی امیدوں کا ذکر ہے۔ شاعر کو اپنی منزل کی تلاش ہے اور اس منزل تک پہونچتے پہونچتے جن مراحل سے گزرنا ہے، اُن مراحل کا ذکر نظم میں جذباتی انداز میں کیا گیا ہے۔ یہ نظم بھی غم کے جذبات کے اظہار کے طور پر لکھی گئی ہے۔ جذبی نظم میں کہتے ہیں کہ لوگ چین وسکون کے منتظر ہیں لیکن اُنھیں منزل پانے کے لئے سینکڑوں امتحانوں سے گزرنا ہے۔ آنے والے دشوار گذار راستوں کو بیان کرتے ہوئے جذبی کہتے ہیں:

کتنے با خواب حسینوں کی تسلی کے لئے
بند ہوتی ہوئی آنکھوں کے سلام آئیں گے
اپنے سینے میں چھپائے ہوئے لاکھوں ظلمات
ضو فگن کتنے ابھی ماہ تمام آئیں گے
ہر قدم آگے بڑھانے کے لئے خون کی بھینٹ
ایسے بھی اے غمِ دل کتنے مقام آئیں گے
تشنگی پینے پہ مجبور کرے یا نہ کرے
زہر آلود ابھی سینکڑوں جام آئیں گے

جذبی نے یہ نظم ایک ایسے دور میں لکھی جب ہندوستان میں جدوجہد آزادی زور پکڑ چکی تھی۔ مختلف تحریکات چل رہی تھیں۔ زندگی افراتفری کا شکار تھی۔ ایسے ماحول میں شعراء اور ادیبوں نے اپنے زمانے کی عکاسی اپنی تخلیقات میں کیں۔ یہ وہ زمانہ تھا جبکہ سبھی کو آزادی کی اُمید تھی۔ لیکن یہ آزادی کتنی قربانیوں کے بعد آئے گی اور کتنی دور ہے اُس کا اندازہ نہیں تھا۔ اس لئے جذبی اور اُس عہد کے دیگر شعراء نے اپنی نظموں اور غزلوں میں آزادی کی منزل کے اشارے کئے ہیں۔ جذبی کی اس نظم ''منزل تک۔۔۔۔۔۔'' میں بھی آزادی کی راہ میں موجود رکاوٹوں، مسائل اور پریشانیوں کا بیان ہے۔ یہ نظم اپنے عہد کی عکاس کہی جاسکتی ہے۔

احساس: ۱۹۴۶ء

جذبی کی ایک مختصر نظم کا نام ''احساس'' ہے۔ یہ نظم ہندوستان کی آزادی سے ایک سال قبل ۱۹۴۶ء میں لکھی گئی۔ نظم میں شاعر اپنے محبوب سے خطاب کرتا ہے اور کہتا ہے کہ تیرا حسن، تیری دوشیزگی، تیری سانسوں، تیری پلکوں، تیرے ہونٹوں، تیری آنکھوں سے خوبصورتی، رعنا

ئی اور زندگی کی رمق نہیں جھلکتی۔ یہ احساس اپنے عہد کی پامالی و بربادی کا ہے۔ حالات زندگی کے لئے ساز گار نہیں ہیں۔ اس لئے خوبصورت اور حسین چہرے بھی مرجھا گئے ہیں۔ شاعر اپنے محبوب سے مخاطب ہے۔ وہ محبوب کے سراپے کے بیان سے اپنے دور کے لوگوں کی تصویر پیش کرتا ہے کہ جن لوگوں کو خوشحال رہنا تھا وہ زمانے کی بدحالی کے سبب پریشان حال ہیں۔ نظم میں تشبیہوں کے استعمال سے شاعر نے محبوب کا سراپا بیان کیا ہے اور اس کے پامال حسن کی وجوہات بیان کی ہیں۔ اس بیان میں جذبی کی فنکاری ملاحظہ ہو:

آج یہ کیوں مجھے احساس ہے اے جانِ حیا
تیری دوشیزگی حُسن نہیں ہے معصوم
موجِ کوثر تری باتیں ہیں مگر زہر آمیز
مشک غیر تری سانسیں ہیں مگر ہیں مسموم
اک مجسم سی لطافت کا تصور اے دوست
کل حقیقت تھا مگر آج ہے کتنا موہوم

تاہم نظم کے آخر میں شاعر اپنے محبوب کو تسلی دیتا ہے کہ وہ غم نہ کرے میں دنیا سے مصائب و آلام دور کرنے کے لئے کچھ کروں گا۔ شاعر اپنے محبوب کو تسلی دیتے ہوئے کہا ہے کہ:

تو نہ آزردہ ہو اے غیرتِ مریم کہ ابھی
یہ ترا شاعرِ آزاد ہے پابندِ رسوم

جذبی کی سابقہ نظموں میں صرف زمانے کی بدحالی معاشی تنگی اور پریشانیوں پر شکوہ ملتا ہے لیکن زمانے کے حالات سدھارنے اور خود اپنی زندگی کو بہتر بنانے کے عزائم کا ذکر نہیں ملتا۔ لیکن اس نظم میں شاعر کہتا ہے کہ وہ دنیا کے قید و رسوم سے آزاد ہے۔ وہ غیرت مریم کی خوشحالی کے لئے کچھ کرنا چاہتا ہے۔ اس طرح کی باتیں شاعر کی سوچ میں اہم تبدیلی اور موڑ کا پتہ دیتی ہیں۔

میرے سوا: ۱۹۴۶ء

جذبی کی ۱۹۴۶ء میں لکھی گئی ایک اور مختصر نظم ''میرے سوا'' ہے۔ نظم میں کل ۷ سات اشعار ہیں۔ اس نظم میں شاعر اپنے اور اپنے محبوب کے گہرے تعلق کا جواز پیش کرتا ہے کہ اُس کے سوا اور کون ہے جو محبوب کے چہرے اور سراپے سے جھلکنے والے اُس کے مصائب و آلام کا پتہ دے۔ شاعر ایک طرف تو اپنے محبوب کے حسن کو بیان کرنا چاہتا ہے۔ دوسری طرف اس حسنِ پریشاں کی وجوہات بیان کرنا چاہتا ہے۔ نظم میں گہری محبت کے دعوے بھی ملتے ہیں۔ شاعر کہتا ہے کہ میرے سوا اور کون ہے جو اپنے محبوب کی آنکھوں کا گداز سمجھے۔ محبوب کے خیالات کی اُڑان کو پہچانے، بکھری زلفوں سے ظاہر ہونے والے مصائب، ہونٹوں سے نکلنے والی آہوں کا انداز اور محبوب کے دل کی تڑپ کو میرے سوا کون پہچان سکے گا۔ نظم کے چند اشعار ملاحظہ ہوں:

تو ہی بتلا کہ بھلا میرے سوا دنیا میں
کون سمجھے گا ان آنکھوں کے تبسم کا گداز
کون سمجھے گا بجز میرے ترا حُزن و الم
جب ترے دوش پہ بکھری بھی نہ ہو زلف دراز
تو ہی بتلا کہ بھلا کون سمجھ پائے گا
تیرے ہونٹوں سے بہت دور تری آہ کا راز
جذب ہو کر شب تاریک کے سناٹے میں
کون اس طرح سنے گا ترے دل کی آواز

اس نظم سے اس دور کی انسانی قدروں کا پتہ بھی چلتا ہے کہ لوگ اس قدر پریشان حال ہیں کہ کسی کو کسی سے ہمدردی نہیں۔ کوئی کسی کا دُکھ درد بانٹنے کے لئے تیار نہیں۔ ایسے افراتفری

اور خود غرضی کے ماحول میں شاعر اپنے محبوب سے سچی محبت کا اظہار کرتا ہے اور وہ واضح کر دیتا ہے کہ اُس کے علاوہ اور کوئی اُس کے دُکھ درد کو نہ پہچان سکتا ہے اور نہ دُکھ درد بانٹ سکتا ہے۔ اس نظم میں بھی شاعر نے زندگی جینے کے لئے اپنے حوصلوں اور عزائم کا ذکر کیا ہے۔

جذبیؔ کی نظموں ''احساس'' اور ''میرے سوا'' پر اپنی رائے ظاہر کرتے ہوئے خلیل الرحمٰن اعظمی لکھتے ہیں:

> ''احساس'' اور ''میرے سوا'' خوبصورت نظمیں ہیں لیکن ان میں عشق کی وہ آگ نہیں۔ ان نظموں میں کچھ تعقل اور تشکیک کے عناصر بھی زیادہ ہیں۔ اگرچہ ان کا بیان بڑا حسین ہے''۔(۲۸)

نیا سورج ۱۵/اگست ۱۹۴۷ء (نومبر ۱۹۴۷ء)

جذبیؔ کی مشہور نظم ''نیا سورج'' ہے۔ یہ نظم ہندوستان کی آزادی کے موقع پر کہی گئی۔ جذبیؔ نے یہ نظم نومبر ۱۹۴۷ء میں کہی۔ جذبیؔ کی یہ نظم اس قدر مقبول ہوئی کہ وہ اسکولوں اور کالجوں کے نصابی کتابوں میں شامل کی گئی۔ آزادی کے موضوع پر اس وقت جن شعراء کی نظمیں مشہور ہوئیں۔ اُن میں جذبیؔ کی اس نظم کے علاوہ فیضؔ کی ''صبح آزادی'' اور مجاز کی ''جشن آزادی'' اہم ہیں۔ فیضؔ نے اپنی نظم میں آزادی کی صبح کو واضح طور پر بیان کیا۔ مجازؔ نے سیاسی انداز اختیار کرتے ہوئے رومان اور انقلابی جذبات کے ساتھ جشن آزادی کے مناظر بیان کئے۔ لیکن جذبیؔ نے اپنے مزاج کے دھیمے پن کو اس نظم میں بھی برقرار رکھا اور آزادی ملتے ہی جوش اور ولولے کا اظہار کئے بغیر ایک مفکر اور ایک فلسفی کی طرح بڑی قربانیوں کے بعد ملنے والی ٹوٹی بکھری آزادی کا تجزیہ فنکاری سے کیا۔ نظم دو حصوں میں بیان ہوتی ہے۔ پہلے حصے میں آزادی کا خیر مقدم کیا گیا ہے۔ جذبیؔ نے آزادی کی اصطلاح کو ''سورج'' کے استعارے کے

ذریعہ پیش کیا ہے۔سورج اس کائنات کا بے تاج بادشاہ ہے۔وہ ساری کائنات میں روشنی بکھیر رہا ہے۔اسی طرح صبح آزادی بھی سورج بڑی آب وتاب کے ساتھ آزاد ہندوستان میں چمک رہا ہے۔جب ملک کو آزادی ملتی ہے تو دیکھنے والوں کی نظریں بھی بدل جاتی ہیں۔آزادی کے جذبے سے سرشار اس ملک کے آزاد شہری ہندوستان کو اس نظر سے دیکھتے ہیں۔

بڑے ناز سے آج اُبھرا ہے سورج
ہمالہ کے اونچے کلس جگمگائے
پہاڑوں کے چشموں کو سونا بنایا
نئے بل نئے زور اُن کو سکھانے
لباس زری آبشاروں نے پایا
نشیبی زمینوں پر چھینٹے اُڑائے
گھنے اونچے اونچے درختوں کا منظر
یہ ہیں آج سب آبِ زر میں نہائے

صبح آزادی کی چمک دمک میں تھوڑی دیر جشن منانے کے بعد شاعر کو ہزاروں سال کی بے بسی یاد آجاتی ہے اور وہ اشارے استعمال کرتا ہے کہ جس طرح بڑے درختوں کے سائے میں موجود چھوٹے پودے سورج کی کرنیں نہ پہونچنے سے ٹھٹھر گئے ہیں کیا آزادی کے سورج میں ایسی چمک یا رمق ہے کہ وہ ان ٹھٹھرے پودوں میں زندگی کی جان ڈال دے۔شاعر کا سوال ملاحظہ ہو:

ارے او نئی شان کے میرے سورج!
تری آب میں اور بھی تاب آئے
ترے پاس ایسی بھی کوئی کرن ہے

جو ایسے درختوں میں بھی راہ پائے
جو ٹھٹھرے ہوؤں کو جو سمٹے ہوؤں کو
حرارت بھی بخشے گلے بھی لگالے

شاعر کو احساس ہے کہ جو آزادی ملی ہے اس کے ثمرات میں مزید تب وتاب کی ضرورت ہے۔ ابھی بہت سے ایسے مسائل ہیں جن کا حل نکالنا ضروری ہے۔ نظم کے دوسرے حصے میں ایک مرتبہ پھر شاعر آزادی کے ثمرات اور خوشیاں بیان کرتا ہے اور کہتا ہے کہ آزادی کے دن نکلنے والے سورج کی کرنوں سے فضاء میں زر کی بارش ہونے لگی ہے۔ ایسا لگتا ہے کہ کوئی نازنین افشاں بکھیر رہی ہے۔ خلاء کے ذروں کی چمک سے تاروں کو رشک ہونے لگا ہے۔ عقاب نئی انگڑائیاں لینے لگے ہیں۔ برق، بادل، آگ، ہوا، پانی سبھی میں ایک نیا جوش اور ولولہ آ گیا لیکن شاعر زمینی حقیقتوں سے آشنا ہے۔ وہ زندگی کا تجربہ رکھتا ہے۔ اُس نے زندگی کا قریب سے مطالعہ کیا ہے۔ آسمان، چاند، سورج، ستاروں، بادل، ندی نالوں کی ایک دنیا ہے۔ لیکن زمینی حقیقت یہ ہے کہ یہاں صدیوں سے کمزور پرندے ناشاد زندگی گذار رہے ہیں۔ شاعر کا اشارہ اس ملک کے لوگوں کی طرف ہے کہ اب ملک تو آزاد ہو گیا لیکن صدیوں سے غلامی کی زنجیر میں جکڑے مضمحل لوگوں کی خوشی وشادمانی کیسے لوٹ آئے گی۔ کیا یہ آزادی کا سورج جادوئی تبدیلی لائے گا اور زندگی پر صدیوں سے پھیلی مایوسی کو یکا یک دور کردے گا۔

اس لئے تجربہ کار، دور کی نظر رکھنے والے اور نوشتۂ دیوار پڑھنے والے شاعر کا ایک مرتبہ پھر آزادی کے سورج سے سوال ہے کہ

ارے اونئی شان کے میرے سورج
تری آب میں اور بھی تاب آئے
ترے پاس ایسی بھی کوئی کرن

انھیں پنجہ تیز سے جو بچائے
انھیں جو نئے بال و پر آ کے بخشے
انھیں جو نئے سر سے اُڑنا سکھائے

اس طرح جذبی آزادی پر بہت زیادہ جذباتی ہونے کے بجائے سنبھل کر چلنے کی تلقین کرتے ہیں اور آزادی کے بعد ملک کو درپیش چیالنجوں سے قوم کو آگاہ کرتے ہیں۔ جذبی نے اپنی نظم میں جن خدشات کا ذکر کیا تھا، انھیں دور کرنے کے لئے ہندوستان میں عملی اقدامات شروع ہوئے ملک کے پہلے وزیراعظم پنڈت جواہر لال نہرو کی مدبرانہ قیادت، ملک کے پہلے وزیر تعلیم مولانا ابوالکلام آزاد کی دور رس تعلیمی پالیسیوں، پنچ سالہ منصوبوں پر عمل آوری کے ذریعہ آزادی کے بعد آہستہ ہی سہی ملک میں خوشحالی لانے کی جو کوشش کی گئی وہ ایک حد تک ثمر آور کہی جاسکتی ہے۔ اس طرح ہم کہہ سکتے ہیں کہ جذبی کی شکل میں ہمارے ملک کے شاعر نے قوم کو آزادی پر جشن منانے کے ساتھ سنبھل کر چلنا سکھایا۔ اس طرح جذبی کی نظم ''نیا سورج'' ہندوستانی کی قومی شاعری میں اہم اضافہ تصور کی جائے گی۔

میری شاعری اور نقاد: ۱۹۴۹ء

کلیات جذبی میں شامل جذبی کی ایک طویل نظم ''میری شاعری اور نقاد'' ہے۔ یہ نظم ۱۹۴۹ء میں کہی گئی جبکہ جذبی کی شاعری پر آل احمد سرور و دیگر نقادوں نے اعتراضات کئے تھے۔ یہ نظم نقاد اور شاعر کے درمیان مکالمہ ہے۔ نقاد کو شکوہ ہے کہ شاعر کے احساس میں سرور اور کیف نہیں ہے۔ ساقی جام و مینا کا ذکر نہیں۔ دنیا کی رنگینیوں، کیف و مستی، فطرت کے نظاروں اور حسن کا ذکر نہیں ہے۔ شاعر اپنی تنقید کا جواب دیتے ہوئے کہتا ہے کہ نقاد کو عہد کے اُن حالات پر بھی نظر رکھنی چاہئے کہ جن حالات میں کوئی نظم یا شعر کہا گیا ہو۔ شاعر نقاد کو دنیا کے

حالات کی طرف توجہ دلاتا ہے کہ زندگی میں ہر طرف تاریکی ہے۔نظر خاموش ہے۔ راہیں مسدود ہیں۔فضاء بھیانک ہے۔تاریکیاں وسعت اختیار کرتی جارہی ہیں۔موت کا دیوتا ننگا ناچ رچا رہا ہے۔ستاروں سے دمک اور شعلوں سے اُن کی لپک چھینی جارہی ہے۔ ویرانیاں زمانے کا مقدر بنتی جارہی ہیں۔ایسے میں شاعر کیسے سرمستی وسرور کی باتیں کہے۔شاعر اپنے عہد کی بھوک پیاس اور افلاس کو نظرانداز کر کے کیسے موج مستی میں ڈوب سکتا ہے۔انسان کو روٹی کی ضرورت ہو تو شاعر کیسے اُسے فطرت کے حسین نظاروں سے بہلا سکتا ہے۔ جذبی کی یہ نظم ''میری شاعری اور نقاد'' کے وسیع منظرنامہ کو بیان کرتے ہوئے مشتاق صدف لکھتے ہیں:

> نظم ''میری شاعری اور نقاد'' دراصل جذبی کی شاعری کی ''بوطیقا'' ہے۔ اُن کا شاعرانہ فکری نظام اسی بوطیقا کے تحت پروان چڑھتا ہے۔ یہ نظم نغمگی، سلیقہ مندی اور محاکاتی در و بست کا بہترین نمونہ ہے۔ جذبی نے اس نظم میں ضبط ونظم، سلامت روی اور اعتدال کا دامن کہیں ہاتھ سے جانے نہیں دیا۔اُن کی زندگی کے تجربات کی یہ بہترین پیشکش ہے۔اس میں ایک ساتھ کئی چیزیں آگئی ہیں۔لیکن جذبی نے ایک لڑی میں ان سب کو پرو کر فنکارانہ حسن کاری کا ثبوت دیا ہے''۔(۲۹)

جذبی کی یہ محاکاتی نظم سات حصوں پر مشتمل ہے۔نظم کے پہلے حصے میں جذبی نے بہ زبان خود اپنی شاعری پر نقاد کی جانب سے ہونے والے اعتراضات کو نظم کیا ہے کہ کیسے اُن کے کلام میں احساس کی سرمستی وکیف وسرور کا فقدان ہے۔دوسرے حصے میں شاعر کی جانب سے نقاد کے اعتراضات کا جواب ہے۔اس جواب کے ذریعہ شاعر نے نقاد کو ہر طرح سے مطمئن کرنے کی کوشش کی ہے۔جذبی نقاد کو دوست کہتے ہوئے یوں مخاطب ہیں:

اے مرے دوست! مرے غم کے پرکھنے والے
بس چلے میرا تو لا دوں تجھے روحِ گل تر
بخش دوں اپنی تڑپ اپنا جنوں اپنی نظر
پھر تجھے اپنے شب و روز کا عالم دکھلاؤں
ہر تبسم میں تجھے شائبہ غم دکھلاؤں
خونِ ناحق پہ جو ہوتا ہے وہ ماتم دکھلاؤں

نظم کے تیسرے حصے میں جذبی نے اپنے روز و شب کے حالات پیش کئے اور اپنے درد وزیاں کو اُجاگر کیا۔ نظم کے چوتھے حصے میں دنیا کے حالات پیش کئے کہ کس طرح یہ دنیا دو بڑی عالمی جنگوں سے اُجڑ گئی۔ نظم کے پانچویں حصے میں ہندوستان کی آزادی کے بعد کا منظر پیش کیا گیا۔ چھٹے حصے میں کہا گیا کہ ملک کو آزادی تو ملک گئی لیکن آزادی کے وہ ثمرات نہیں ملے جن کا بے چینی سے لوگوں کو انتظار تھا۔ نظم کے ساتویں اور آخری حصے میں شاعر نے انقلاب کی آرزو کا ذکر کیا تو آنے والے مستقبل کے سنہرے خواب بیان کئے۔ نظم میں تعمیری احساسات اُجاگر کئے گئے ہیں اور یہ نظم کی بڑی خوبی ہے۔ نظم کے چند منتخب اشعار اس طرح ہیں:

موت کا رقص بھی کیا چیز ہے اے شمع حیات
ہاں ذرا اور بھڑک اور بھڑک اور بھڑک
جس کے سینے میں ہوں اے دوست ہزاروں ناسور
جیتے جی اُس نے بھلا چین کبھی پایا ہے
لیکن اے دوست! میرے درد کے بے حس نقاد
میرے آنسو مری آہیں بھی تو کچھ کہتی ہیں
صبر اے دوست کہ اک دن ایسا بھی دن آئے گا

خاص ایک حد سے گزر جائے گا پستی کا شعور
کوئی دیوانہ بہت دادِ جنوں پائے گا
صبر اے دوست کہ اک ایسا بھی دن آئے گا
انجمن بدلے گی سب ساز بدل جائیں گے
گانے والوں کے بھی انداز بدل جائیں گے

اس طرح جذبی نے اپنی نظم ''میری شاعری اور نقاد'' میں نقاد کو مخاطب کرتے ہوئے اپنے دور کے دُکھ درد کو بیان کیا اور اس امید کا اظہار کیا کہ یہ دکھوں بھری رات ڈھل جائے گی۔ ایک نئی صبح آئے گی جو زندگی کی نوید لے کر آئے گی تب دنیا والوں کی طرح شاعر بھی خوشی کے نغمے گائے گا۔ کیف وسرور کی باتیں کرے گا۔ نظم میں نقاد سے خطاب کے برخلاف زمانے کی بدحالی اور شاعر کے تاثرات کو اہمیت دی گئی ہے اور نظم کے ذریعہ یہ واضح کرنے کی کوشش کی گئی ہے کہ ادیب وشاعر اپنے زمانے سے متاثر ہوئے بغیر نہیں رہ سکتا اور حقیقت نگاری کو اہمیت دینے والے دور میں رہتے ہوئے وہ خواب وخیال کی جنت پیش کرتی شاعری نہیں کرسکتا۔

آل احمد سرور کی خدمت: ۱۹۵۱ء

جذبی کی ایک نظم کا ک عنوان (محبت اور معذرت کے ساتھ) ''آل احمد سرور کی خدمت میں'' ہے۔ یہ نظم ۱۹۵۱ء میں لکھی گئی۔ نظم میں ذاتی نوعیت کے تاثرات ہیں۔ جذبی نے مختلف مواقع پر سرور سے بعض معاملات میں ناپسندیدگی کا اظہار کیا تھا۔ وہ سرور کا ایک اچھا نقاد تصور کرتے ہیں لیکن اُن کی تنقید کی خامیوں کو اُجاگر کرنے سے نہیں کتراتے تھے۔ نظم کے آغاز میں سرور کے رویے کی طرف اشارہ کرتے ہوئے جذبی کہتے ہیں:

مجھے یہ ڈر ہے ترے ذوقِ بُت نوازی سے

یہ بُت کہیں ترے سچ مچ خدا نہ بن جائیں
یہ بُت کہ جن کا نظارہ ہے باعث تسکیں
یہ بُت کہ جن کا اشارہ بھی غمگسار رسا ہے
مجھے یہ ڈر ہے ترا آسرا نہ بن جائیں
یہ بُت کہیں ترے سچ مچ خدا نہ بن جائیں
مجھے خبر ہے کہ تیری نگاہِ مقدس بھی
یہ وہ ستارے ہیں تابندہ تابناک وجمیل

نظم کے درمیان میں جذبی سرور سے اپنی تنقیدی سفر کے ساتھیوں کا ذکر کرتے ہوئے کہتے ہیں کہ وہ اپنی تنقید میں خلوص وصداقت، جنون ووفا، ثبات محبت، حرارت عزم، صعوبت منزل، عقوبت راہ کا بھی خیال رکھیں۔ اپنے عہد کی آواز کی حقیقت اگر کوئی جاننا چاہتا ہے تو کوئی مخدوم اور فیض سے اُن کی حقیقت دریافت کرے۔ نظم کے آخر میں جذبی سرور سے اپنی تنقیدی بصیرت کی برقراری اور ترقی کی طرف توجہ دلاتے ہوئے کہتے ہیں:

حیات نقد کی طالب تری نگاہوں سے
عروس فن کے تقاضے ہیں تیری باہوں سے
تجھے جو چھوڑ دے یہ عقلِ مصلحت اندیش
تجھے جو چھوڑ دے تیرا توازنِ بے کیف
تو اک تبسم دیوانہ وار سے تیرے
دلِ حیات دھڑکنے لگے دھڑکتا رہے
گل حیات مہکنے لگے، مہکتا رہے

اس طرح جذبی کی اس تاثراتی نظم کا اختتام عمل میں آتا ہے۔ سرور جذبی کے قدرداں

تھے۔انھوں نے جذبیؔ کی تنقید کے باوجود اُن کے شعری مجموعے فروزاں پر تبصرہ کیا۔ جذبیؔ کی شاعری پر تبصرہ کرتے ہوئے سرور لکھتے ہیں:

''جذبیؔ کے آرٹ میں صرف اشاروں اور کنایوں ہی کو دخل نہیں بلکہ حسنِ تعمیر کا بھی حصہ ہیۓ اُن کی کئی نظموں کا اختتام بڑا فن کارانہ ہے۔ چنانچہ ''طوائف'' تو ہم، فطرت ایک مفلس کی نظر میں، حُسن برہم، میں آخری وار بھرپور ہے اور یہ بڑی بات ہے۔ جذبیؔ اب جا کر صرف غزل یا صرف نظم کے چکر سے نکلے ہیں۔ اُنھوں نے غزلوں اور نظموں دونوں میں اپنے لطیف اور نازک احساسات اور اپنے شاعرانہ خلوص اپنے شیریں تغزل، اپنے ہلکے ترنم اور اپنے مدھم مگر دلنشیں آواز کی ترجمانی سیکھ لی ہے''۔(۳۰)

فیض و سجاد ظہیر کی گرفتاری پر (۱۹۵۱ء)

کلیات جذبیؔ میں شامل جذبیؔ کی اگلی نظم کا عنوان ''فیض و سجاد ظہیر کی گرفتاری پر'' ہے۔ پانچ اشعار پر مشتمل یہ نظم ۱۹۵۱ء میں لکھی گئی۔ یہ نظم ترقی پسندی سے وابستہ دو مشہور شخصیات سجاد ظہیر اور فیضؔ کی گرفتاری پر تاثرات پیش کرتے ہوئے لکھی گئی ہیں۔ اردو ادب کی تاریخ کے مطالعہ سے پتہ چلتا ہے کہ ہر دور میں وقت کی حکومت نے قلم کی طاقت کو دبانے کی کوشش کی ہے لیکن جس قدر ادیبوں پر پابندی عائد کی گئی۔ اُسی قدر اُن کا پیام عام ہوا۔ فیض احمد فیض کو راولپنڈی سازش کیس کے تحت گرفتار کیا گیا تھا۔ سجاد ظہیر کو بھی ان کی ترقی پسند نظریات کی تشہیر کے تحت گرفتار کیا گیا تھا۔ چنانچہ اس نظم میں جذبیؔ ادیب کی قدردانی کرنے، اُن کے فن سے استفادہ حاصل کرنے اور ادیب پر پابندی عائد کرنے میں قید خانے کی بے بسی ظاہر کی ہے۔ نظم جذباتی نوعیت کی ہے۔ نظم کے اشعار ملاحظہ ہوں:

اے زنداں! یہ خالق فن ہیں اُن کا فن خود اک سیلاب
اور ایسے سیلاب کے آگے تیری ہستی جیسے حباب
اُن کی خموشی اک افسانہ، اُن کا تبسم اک چمن
اُن کے پھول سے عطر آگیں ہیں، ترے بسیتیح دشت ومن
اے زنداں! کیا تجھ سے رُکے گی اُن کی تجلّی اُن کی دمک
یہ مانا دیواریں تیری اتنی اونچی جیسے فلک
جتنے گھنے ہوں گے اندھیارے چاند ستارے نکھریں گے
چاند ستارے جب نکھریں گے یہ اندھیارے بکھریں گے

جذبی کی اس نظم میں جوش بھی ہے۔ ولولہ بھی، جذبے کی شدت اور حوصلہ بھی ہے۔ درد وکرب اُن کے کلام کا خاصہ ہے۔ لیکن اس نظم میں مایوسی نہیں جھلکتی۔ جذبی مطلق العنان طاقتوں سے خطاب کرتے ہوئے کہتے ہیں کہ جن لوگوں کی گرفتاری عمل میں آئی ہے وہ خالق فن ہیں۔ اُن کے آگے قید خانے کی ہستی حباب کی سی ہے۔ ان ادیبوں اور شاعروں کی تحریروں کی آب وتاب سے قید خانے کی اونچی دیواریں بکھر جائیں گی۔ نظم میں جذباتیت کا اظہار بڑی فن کاری سے کیا گیا ہے۔

جرم بے گناہی: ۱۹۵۳ء

جذبی نے اپنی سابقہ نظم ''فیض وسجاد ظہیر کی گرفتاری پر'' اپنے تاثرات کے سلسلے کو جاری رکھتے ہوئے ۱۹۵۳ء میں ایک نظم ''جرم بے گناہی'' لکھی۔ اس نظم میں فیض اور سجاد ظہیر کی راولپنڈی سازش کیس میں سزایاب ہونے پر تاثرات پیش کیے ہیں۔ نظم میں محتسب کے کردار پر نکتہ چینی کی گئی ہے۔ نظم سے اس زمانے کے سیاسی وسماجی حالات کی ناسازگاری اور ظلم و

استبداد کا اندازہ ہوتا ہے۔ جذبی نے انقلاب کا نعرہ تو نہیں دیا لیکن ظلم کے خلاف واضح انداز میں آواز بلند کی۔ نظم کے چند اشعار اس طرح ہیں ہیں:

نفس میں رندوں کے اتنی ہے بوئے بادۂ شوق
کہ محتسب کو نہیں فکر اب گواہی کی
زبانِ خار کی سرخی بتائے دیتی ہے
وہ منزلیں جو ہیں دشتِ سخن کے راہی کے
سیاہیوں کی بھی تقدیر جاگ اُٹھی جذبی
کہ مہر و ماہ ہیں آغوش میں سیاہی کی

تقسیم: ۱۹۵۲ء

ملک کی تقسیم کے موضوع پر اُردو کے جن بیشتر شعراء نے مقبول عام نظمیں کہی ہیں اُن میں جذبی بھی ایک ہیں۔ ملک کی تقسیم اور اُس کے بعد پھوٹ پڑنے والے فسادات ہندوستان کی گنگا جمنی تہذیب کے لئے ایک سیاہ داغ سے کم نہیں تھے۔ اس وقت انسانیت پر چاروں طرف سے جو کاری ضرب لگی تھی اس کی چوٹ کو عام آدمی نے سہہ کر تھوڑے عرصہ بعد بھلا دیا تھا۔ لیکن اس عہد کے شعراء نے تقسیم کے واقعات کو شاعری کے ذریعہ پیش کرتے ہوئے اُس واقعہ کی ہولناک یادوں کو ادب کی تاریخ میں محفوظ کر دیا۔ ملک کی تقسیم کے بعد ایک ملک کے لوگ جس طرح دو سرحدوں میں بٹ گئے تھے۔ وہ ایک نا بھلانے والا واقعہ تھا۔ جذبی نے دو طرف کے لوگوں کے جذبات کو اپنی اس نظم میں بڑی خوبی سے بیان کیا ہے۔ جذبی کہتے ہیں:

کیا یہی انقلاب ہے قلب اِدھر جگر اُدھر
نالۂ بے قرار ادھر، شورشِ چشمِ تر اُدھر

برگ سے بر سے پوچھئے نخل و شجر سے پوچھئے
کون ہے بارور ادھر کون ہے باثمر ادھر
ایک مریضِ نیم جاں، ایک مریض خستہ خواں
کون ہے چارہ جو ادھر کون ہے چارہ گر ادھر
ہجر کی رات ہے طویل وصل کی صبح دور ہے
جذب ابھی ہے ناتمام خام ابھی شعور ہے

جذبی نے تقسیم کے واقعہ ۱۹۴۷ء پر فوراً ہی یہ نظم نہیں کہی۔ بلکہ یہ واقعہ گزر جانے کے کوئی پانچ سال بعد حوادث کا تجزیہ کرتے ہوئے یہ نظم کہی۔ اس ضمن میں مشتاق صدف کہتے ہیں۔

''حصول آزادی کے تقریباً پانچ برس بعد یعنی ۱۹۵۲ء میں جب اُن کا مشاہدہ اور تجربہ تحلیل و تجزیے کے مراحل سے گزرا اور اُن کے مزاج سے پوری طرح ہم آہنگ ہوا تو ''تقسیم'' تخلیق کی منزل کو پہونچی۔ جذبی نے تقسیم کو بڑی شدت سے محسوس کیا۔ تبھی تو انھوں نے قلب وجگر نالۂ بے قرار اور شورش چشم تر میں فرق کو محسوس کیا۔ تبھی تو نور ونظر، شام وسحر، شیر وشکرا ور عقاب کے بال وپر کو استعاراتی انداز میں پیش کیا۔ اُنھوں نے تقسیم کے درد کو حقیقت پسندی سے اس طرح رشتہ قائم کیا کہ یہ سب کے دلوں کی آواز بن گئی''۔ (۳۱)

تقسیم کے موضوع پر ابراہیم جلیس نے ایک یادگار کتاب ''دو ملک ایک کہانی'' لکھی۔ اسطرح دیکھا جائے تو تقسیم کے موضوع پر اردو شعراء اور ادیبوں نے اپنی تخلیقات کے ذریعہ جذبات پیش کئے۔ جذبی نے اِدھر اُدھر کی تکرار سے دونوں ملکوں میں رہنے والے لوگوں کے یکساں مسائل اور جذبات کو اس نظم میں اُجاگر کیا۔ تقسیم کے موقع پر فرقہ واریت کے سہارے جھگڑے شروع ہوئے تھے۔ جو فساد کی شکل اختیار کر گئے تھے۔ فرقہ وارانہ ذہنیت کے لوگوں کی طرف

اشارہ کرتے ہوئے جذبؔی کہتے ہیں:

قلت صلح کل یہاں، قلت صلح کل وہاں

کثرت فتہ گر اِدھر، کثرت فتنہ گر اُدھر

اس طرح جذبؔی نے نظم میں مختلف نوعیت کے جذبات بیان کرتے ہوئے اپنی نظم کو یادگار بنا دیا۔

میرا ماحول: ۱۹۵۴ء

جذبؔی کی ایک مختصر نظم ''میرا ماحول'' ہے۔ چھ اشعار پر مشتمل یہ مختصر نظم ۱۹۵۴ء میں لکھی گئی۔ نظم میں جذبؔی نے اپنے عہد کے ادبی ماحول کی منظر کشی کی۔ نظم کا لہجہ شکوہ اور شکایت پر مبنی ہے۔ جذبؔی نے اپنے دور کے ماحول کو پیش کرتے ہوئے شکایت کرتے ہیں کہ یہاں ظاہری ڈگری رکھنے والوں کی قدر و قیمت ہے۔ مفکر اور فلسفی کی کوئی قدر نہیں کرتا۔ یہاں عقل پرستی کی قیمت ہے۔ عشق کے جذبے کی کوئی قیمت نہیں۔ یہاں اچھی شاعری کی کوئی قدر نہیں۔ لوگ نثر کو پسند کرنے لگے ہیں۔ شاعری کی قدر گھٹتی جا رہی ہے۔ اس لئے جذبؔی اپنے آپ سے کہتے ہیں کہ زمانے کی قدر گھٹتی جا رہی ہے۔ اس لئے جذبؔی اپنے آپ سے کہتے ہیں کہ زمانے کی چال دیکھ کر مجھے بھی دنیا دار ہو جانا چاہئے۔ نظم کے منتخب اشعار اس طرح ہیں:

یہاں نہ شعر سناؤ یہاں نہ شعر کہو

خزاں پرستوں میں گلہائے تر کی قیمت کیا

یہاں دکھاؤ نہ اپنی متاع خونِ جگر

حذف پسندوں میں لعل و گہر کی قیمت کیا

زمانہ سازی کے انداز سیکھ لو جذبؔی

یہاں خلوص و گدازِ ہنر کی قیمت کیا

ہر تخلیق کار کی طرح جذبیؔ کو بھی ناقدریٔ فن کا ملال رہا۔ جس کا ذکر انھوں نے اپنی نظم ’’میرا ماحول‘‘ میں کیا۔ جذبیؔ نے جس زمانے میں فن کی ناقدری کی ذکر کیا تھا۔ کم وبیش اُس طرح کی ناقدری ہر زمانے میں رہی ہے۔ آج بھی اچھی شاعری کی قدر و قیمت نہیں۔ صرف واہ واہ کی شاعری کو لوگ پسند کرنے لگے ہیں۔ جس سے معیاری شعراء کے جذبات کو ٹھیس پہونچتی ہے۔ اس طرح جذبیؔ کی نظم ہر زمانے کی آواز بن گئی۔

مجازؔ: ۱۹۵۸ء

جذبیؔ کے کلیات میں شامل اگلی نظم ’’مجاز‘‘ ہے۔ یہ نظم چار سال کے وقفے کے بعد ۱۹۵۸ء میں کہی گئی۔ نظم میں کل ۱۱ گیارہ اشعار ہیں۔ نظم میں جذبیؔ نے اپنے جگری دوست مجازؔ کی جدائی پر غم کے جذبات کا اظہار کیا ہے۔ نظم دو حصوں پر مشتمل ہے۔ پہلے حصے میں جذبیؔ نے مجازؔ کی موت کو ایک عظیم شاعر کے گم ہوجانے سے تعبیر کیا ہے۔ نظم میں استعارے استعمال کئے گئے ہیں اور ہر استعارے سے مجاز کی کوئی نہ کوئی خصوصیت ظاہر کی گئی ہے۔ نظم کی خوبصورتی اور کمال یہ ہے کہ اس میں مجاز کا نام کہیں نہیں آیا لیکن مجازؔ کی شخصیت بھر پور طریقے سے عیاں ہوجاتی ہے۔ مجازؔ کی جوانی پر شاعر اُنھیں گم شدہ شخصیت تصور کرتے ہوئے جذبیؔ کہتے ہیں:

آج اک جادۂ پر پیچ کا راہی گم ہے
اک حریفِ الم لا متناہی گم ہے
اک دہکتا ہوا شعلہ نہیں مے خانے میں
اک مہکتی ہوئی سرشار نگاہی گم ہے

نظم ’’مجاز‘‘ کے دوسرے حصے میں شاعر جذبیؔ نے مجازؔ کو اپنی عزیز شئے قرار دیتے ہوئے اُن کے گم ہوجانے کے غم کا اظہار کیا ہے اور یہ اُمید بھی ظاہر کی کہ میرا گمشدہ دوست مل

سکتا ہے۔ شاعر کے مطابق مجاز آج بھی ماہ جمالوں، ہلالوں، شوالوں اور صبح ناپید کے موہوم اُجالوں میں زندہ ہیں۔ جذبی کہتے ہیں:

آہ اے دشتِ وطن! اپنے غزالوں میں تو دیکھ
آسماں! مہر وشوں! ماہ جمالوں میں تو دیکھ
دلِ صد پارۂ مظلوم کی آہوں میں تو ڈھونڈ
شہر یاروں کے غضب ناک خیالوں میں تو دیکھ
اے شب تیرہ و تاریک کے مارے
صبح ناپید کے موہوم اُجالوں میں تو دیکھ

اس طرح جذبی کی ساری نظم اپنے جگری دوست مجاز سے والہانہ محبت کو ظاہر کرتی ہے۔ جذبی اپنے دوست کے تئیں جذبات پیش کرتے ہوئے دیگر لوگوں کو بھی مجاز کی قدردانی کی تلقین کرتے ہیں۔

اختر اور نیوی: ۱۹۶۵ء

جذبی نے مجاز پر کہی گئی اپنی تاثراتی نظم کے کوئی سات سال بعد اختر اور نیوی کے بارے میں ایک تاثراتی نظم لکھی۔ نظم میں نو مصرعے ہیں۔ یہ مختصر نظم ۱۹۶۵ء میں لکھی گئی۔ اس نظم میں جذبی نے اختر اورنیوی کے تعلق سے اپنے جذبات پیش کیے۔ نظم کے چند اشعار اس طرح ہیں:

شبِ سیاہ میں دیکھی ہے میں نے اے اختر
تری نزاکتِ احساس کی خنک تنویر
تری لطافت انفاس کے سبک انوار
تری بلندیٔ فطرت کی نرم نرم ضیا

جلال جس پہ تصدق جمال جس پہ نثار
پر اس فریب کی ظمت نواز دنیا میں
پرکھ نہ پائے گا یہ لعل شب چراغ کوئی

نظم میں ایک طرف شاعر نے اختر اورینوی کی صفات بیان کیں تو دوسری طرف زمانے کی ناشناسی کا بھی ذکر کیا۔ جذبی کو آگے چل کر یہ احساس ہونے لگا تھا کہ زمانہ اچھی شاعری کی قدر نہیں کررہا ہے اسلئے وہ گاہے گاہے اپنی نظموں میں اپنی اور زمانے کی اچھی شاعری کی ناقدری کا شکوہ کرتے رہے۔ مجاز نے اپنے دوست احباب کے نام سے جو نظمیں کہی ہیں ان میں احباب سے دوستی اور دلی جذبات کا اظہار کیا گیا ہے۔

آج کی شام: ۲۰۰۴ء

جذبی کے کلیات میں شامل آخری نظم آج کی شام ہے۔ نظم کے آخر میں سنہ کے ساتھ سنہ تکمیل ۲۰۰۴ء لکھا گیا۔ ۱۹۶۵ء کے بعد تقریباً ۲۹ سال کا عرصہ گزر جانے اور جذبی کے انتقال سے ایک سال قبل اُن کی یہ نظم ہے۔ کہا جاتا ہے کہ جذبی نے ۱۹۶۵ء سے یہ نظم کہنا شروع کیا اور اس کا اختتام ۲۰۰۴ء میں کیا۔ نظم میں جذبی کا روایتی لب و لہجہ پیش ہوا ہے۔ نظم میں شکوہ ہے شکایت ہے۔ زمانے کی بدحالی کا ذکر ہے۔ شاعر کی بے چینی کا ذکر ہے۔ جذبی امن کی تلاش میں ہیں وہ کہتے ہیں:

آج کی شام نہیں رند خوش انفاس کی شام
نہ کہیں امن کی شمعیں، نہ کہیں امن کا نور
نہ کہیں امن کے ساقی، نہ کہیں امن کے جام

جذبی کو شکایت ہے کہ شاعری کا انداز بدل گیا اور شاعر بھی اپنا لہجہ بدلنے پر مجبور ہو گیا۔ جذبی

کہتے ہیں:

کوئی آواز نہیں مرہم وشبنم آسا
چمن شعر بھی آتشکدۂ حرف وصدا
کیا سے کیا ہوگئی یارب لبِ شاعر کی نوا
آج کی شام نہیں جذبہ واحساس کی شام
آج کی شام نہیں رندِ خوش انفاس کی شام

اس طرح جذبی نے جب اپنی آخری نظم کہی تو اُس کے عنوان میں لفظ شام کو شامل رکھا۔ انھیں اندازہ ہوگیا تھا کہ نوے سال کی عمر پانے کے بعد اُن کی اور اُن کی شاعری کی شام آگئی ہے۔ اس لئے وہ اپنے دور کے شعری انداز پر طائرانہ نظر ڈالتے ہوئے کہتے ہیں کہ یہ وہ شام ہے جس میں احساس بدل گئے ہیں۔

وبائے تحقیق: ۱۹۵۸ء

جذبی کی ایک نظم ''وبائے تحقیق'' ہے۔ یہ نظم ۱۹۵۸ء میں لکھی گئی۔ کلیات جذبی میں یہ نظم شامل نہیں ہے۔ جذبی نے یہ نظم دانستہ طور پر مسعود حسین خاں کے خلاف لکھی۔ جذبی مسعود حسین خاں سے برہم رہتے تھے۔ جب علی گڑھ میں مسعود حسین خاں کی جانب سے تاریخ ادب اردو کی بنیاد ڈالی گئی تو جذبی نے ''وبائے تحقیق'' کے نام سے یہ نظم کہی۔ نظم میں محقق پر چوٹ کی گئی ہے۔ جذبی کہتے ہیں:

پھر علی گڑھ میں چلی بادِ وبائے تحقیق
بے ہنر فیض سے جس کے نظر آتا ہے لئیق
نکتہ سہل کی فریاد ہے کتنی دل دوز

کہ جسے تو نے بنایا ہے بلا وجہ دقیق
شعر و تنقید ہے اس دور میں ایک سعی فضول
ہو سکے تجھ سے تو کر ''ہوش ربا'' پر تحقیق

توبہ کرتا ہوں میں تنقید سے تو شعر کو چھوڑ
اب نہ تنقید کی وقعت ہے نہ قدر تخلیق

جذبی کی اس ساری نظم میں ادب سے متعلق زمانے کی ناقدری اور محقق و نقاد کی رائیگاں کوششوں کا ذکر ہے۔ جذبی کی یہ نظم ہماری زبان میں ۱۵/ڈسمبر ۱۹۵۸ء کی اشاعت میں چھپی۔ مسعود حسین خان کو جب اس نظم کا اندازہ ہوا تو اُنھوں نے ''وبائے تخلیق'' کے نام سے نظم لکھی جو ہماری زبان کے ۸/مئی ۱۹۵۹ء کے شمارے میں شائع ہوئی۔

جذبی نے ایک ہجو یہ نظم ''مکان نامہ'' بھی لکھی۔ یہ نظم اُس وقت کے وائس چانسلر ڈاکٹر ذاکر حسین کی خدمت میں پیش کی گئی تھی۔ جذبی کو یونیورسٹی کے کوارٹرس میں مکان نہیں مل رہا تھا۔ اس بات سے برہم ہو کر انھوں نے یہ نظم کہی۔ اس نظم کے لکھنے کی وجہ بیان کرتے ہوئے جذبی اپنے انٹرویو میں کہتے ہیں:

> جس طرح غالب بہادر شاہ کے دربار میں اپنی منظوم عرضی پیش کرتے ہیں۔ اسی طرح میں بھی کوارٹر کے لئے اپنی عرضی ایک نظم کی صورت میں ڈاکٹر صاحب تک پہنچاؤں۔ پہلے اُس نظم کے چند ابتدائی بند میں نے اپنے ساتھیوں کو سنائے۔ اُنھوں نے پسند کئے۔ رشید صاحب بھی محظوظ ہوئے۔ دوستوں نے مشورہ دیا کہ میں اپنی نظم کو شہر آشوب کے انداز میں مکمل کروں۔ میں نے چاہا کہ میری یہ منظوم عرضی رشید صاحب کے توسط سے ذاکر صاحب کے حضور

میں پہنچ جائے۔ مگر رشید صاحب تیار نہیں ہوئے۔ آخر ڈاکٹر علیم کے ذریعے وہ ذاکر صاحب تک پہنچ ہی گئی۔ اس منظوم عرضی پر مجھے کوارٹر تو نہیں ملا۔ مگر یہ ضرور ہے کہ کوارٹر کے لئے ذاکر صاحب نے کسی کا انٹرویو پھر کبھی نہیں لیا"۔ (۳۲)

اس طرح جذبی نے اپنی نظم نگاری سے ظاہر کر دیا ہے کہ وہ اس معاملے میں جذباتی نوعیت کے شاعر تھے۔ اور واردات قلبی کے علاوہ وہ روزمرہ کے موضوعات پر نظمیں کہنے کی قدرت رکھتے تھے۔

جذبی کی نظم نگاری کا عمومی اجمالی جائزہ

گزشتہ صفحات میں جذبی کی نظموں کا انفرادی مطالعہ پیش کیا گیا تھا۔ جذبی کی نظم نگاری کا عمومی جائزہ لیا جائے تو پتہ چلتا ہے کہ اُن کی نظمیں ایک دردمند شاعر کے دل کی آواز ہیں۔ انھوں نے اپنی بیشتر نظموں میں جذبات نگاری کو پیش کیا ہے۔ اُن کی شاہکار نظمیں موت، نیا سورج، تقسیم، ہلال عید، طوائف وغیرہ ہیں۔ جذبی ان نظموں کے ذریعہ شدت جذبات کے شاعر کے طور پر پیش ہوتے ہیں۔ جذبی نے سجاد ظہیر، فیض، آل احمد سرور وغیرہ سے متعلق نظمیں بھی کہی ہیں۔ جہاں تک نظم کے لئے ہیئت کے استعمال کا معاملہ ہے۔ جذبی نے اکثر نظمیں غزل کے فارم میں کہی ہیں اور قافیوں کے استعمال سے اپنی نظموں میں ترنم پیدا کیا ہے۔ نظم میرا ماحول کے مصرعہ ثانی دیکھئے:

یہاں رسائی فکر و نظر کی قیمت کیا
یہاں جنوں کے گراں مایہ سر کی قیمت کیا
یہاں مرے سخنِ مختصر کی قیمت کیا
یہاں خلوص و گدازِ ہنر کی قیمت کیا

نظم موت کا پہلا بند ملاحظہ ہو:

اپنی سوئی ہوئی دنیا کو جگا لوں تو چلوں
اپنے غم خانے میں اک دھوم مچا لوں تو چلوں
اور اِک جامِ مئے تلخ چڑھا لوں تو چلوں
ابھی چلتا ہوں ذرا خود کو سنبھالوں تو چلوں

اس طرح ہم کہہ سکتے ہیں کہ جذبی نے اپنی نظموں میں قافیے استعمال کرتے ہوئے ترنم پیدا کرنے کی کوشش کی ہے۔ جذبی کی ان نظموں کی ایک اور خصوصیت یہ ہے کہ انھوں نے اپنے غم کے جذبات کے اظہار کے لئے تشبیہات کو بہت استعمال کیا ہے۔ ان تشبیہوں کے استعمال سے اُن کے انداز بیان میں گہرا تاثر پیدا ہو گیا۔ نظم چشم سوال میں غریب لڑکی کا سراپا بیان کرتے ہوئے جذبی نے تشبیہات کا استعمال کیا ہے۔ جیسے:

یہ تیرا جسم نازک بوسیدہ پیرہن میں
جیسے گل فسردہ اُجڑے ہوئے چمن میں
لب ہیں کہ پتھروں کے ٹکڑے جمے ہوئے ہیں
رُخ ہیں کہ رہگذر کے بجھتے ہوئے دیے ہیں

جذبی کے شعری اسلوب کے بارے میں شہاب جعفری لکھتے ہیں:

''خاص طور سے اُن کی نظموں کا اسلوب اقبال کے اسلوب سے بہت زیادہ متاثر ہے۔ اُن کی موضوعی نظموں گل، مطرب اور ہلال عید کا اسلوب بانگِ درا کی نظموں سے ملتا جلتا ہے''۔ (۳۳)

جذبی کی ابتدائی نظموں میں اقبال کا انداز ہے جبکہ اقبال نے اپنے ابتدائی کلام میں قومی اور وطنی شاعری کی تھی۔ اقبال کی طرح جذبی کی نظموں میں استفہامیہ انداز پایا جاتا ہے۔ وہ نظم میں

مخاطب سے سوالات کرتے جاتے ہیں اور سوالات کے ذریعہ بات پیش کرتے جاتے ہیں۔ جذبیؔ کی نظم ''نیا سورج'' کو بہت مقبولیت ملی اور آزادی کے موضوع پر لکھی گئی نظموں میں اُن کی یہ نظم نمائندہ نظموں میں شمار ہونے لگی۔ جذبیؔ نے اس نظم میں سورج کو مخاطب کر کے اپنی بات میں انفرادیت پیدا کی۔ جذبیؔ نے گیت کے انداز میں بھی نظمیں کہیں۔ نظم موت اور نیا سورج مختلف بندوں میں گیت کے انداز میں کہی گئیں۔

جذبیؔ کی ان نظموں میں حزن اور ملال غم، مسائل، مصائب اور آرام کا ذکر ہے۔ ترقی پسند تحریک کے دوران جو شاعری ہوئی تھی اس میں مسائل کا ذکر زیادہ ہے۔ سرورؔ نے جذبیؔ کی نظموں میں حسن، عشق، مناظر فطرت اور خوشی کے اظہار کی کمی کا جو شکوہ کیا تھا وہ جذبیؔ کی نظموں میں کھٹکتا ہے لیکن جذبیؔ اپنی فطرت اور مزاج سے مجبور تھے۔ اُن کی اپنی زندگی اور اُن کا عہد زندگی کی بے چینی اور بے کیفی کا دور تھا۔ ایسے ماحول میں شاعر کیسے حسن وعشق کی داستان بیان کرسکتا ہے۔ اس لئے ہم کہہ سکتے ہیں کہ جذبیؔ کی نظم نگاری داخلی جذبات کی آئینہ دار ہے۔ جذبیؔ اپنے شعری رویے کے بارے میں کہتے ہیں کہ:

''میں غزل اور نظم کے موازنے کو مناسب نہیں سمجھتا۔ میں تو جب کہنا شروع کرتا ہوں تو کبھی غزل ہو جاتی ہے اور کبھی نظم۔ ایم۔ اے کا پہلا سال تھا۔ امتحان کے چند دن باقی تھے، میں ان دنوں اپنی اسی یونیورسٹی کے ہاسٹل میں تھا۔ چند برس سے میں نا کوئی شعر نہیں کہا تھا۔ اس رات کچھ کیفیت سی طاری ہوئی۔ جی چاہا کچھ کہوں۔ دو مصرعے ہوئے۔ غور کیا تو مطلع نہیں بنا۔ کاغذ کو مروڑ کر کھڑی سے باہر پھینک دیا۔ کافی دیر کوشش کرتا رہا۔ اسٹڈی روک کر مصرعے گڑھنے لگا۔ ان لمحوں میں امتحان کا ڈر بھی ذہن سے جاتا رہا۔ آخر چند مصرعے ہوئے۔ انھیں کاغذ پر لکھا تو وہ نظم کا ایک بند تھا۔ پھر تو ایک کے بعد ایک مصرعہ اترنے لگا۔ میں

چار پائی سے اُتر کر فرش پر اکڑوں بیٹھ گیا اور سر جھکائے کہتے چلا گیا۔ جیسے مجھ پر کچھ نازل ہو رہا تھا اور اسی شب میں صبح تک وہ نظم مکمل ہوگئی کہ جس کا نام ''موت'' ہے۔ اس سلسلے میں میرا یہ بھی تجربہ ہے کہ عنوان قائم کرنے کے بعد کچھ کہنا غلط بات ہے''۔ (۳۴)

اس طرح ہم جذبی کے شعری رویے کے بارے میں کہہ سکتے ہیں کہ وہ ایک فطری شاعر تھے اور جب شاعری کا موڈ ہوتا تو وہ وارداتِ قلبی کو شعر میں ڈھالا کرتے تھے۔ مجموعی طور پر جذبی کی نظم نگاری زندہ روایات کی پاسدار ہے اور وہ ایک فطری نظم نگار کے طور پر پیش ہوتے ہیں۔ اُن کی چنندہ نظمیں اُن کا نام روشن کرنے کے لئے کافی ہیں۔

جذبی کی غزل گوئی

غزل ہر زمانے میں اردو شاعری کی مقبول عام صنف رہی ہے۔امیر خسرو، قلی قطب شاہ، ولی، میر، غالب، آتش، درد، مومن، فانی اور فراق وغیرہ سے لے کر ناصر کاظمی تک غزل نے ایک لمبا سفر کیا۔غزل کو کوزہ میں سمندر بند کرنے کا فن کہتے ہیں۔دو مصرعوں میں معنوں کا سمندر سمو دیا جاتا ہے۔غزل کو اردو کے اکثر شعراء نے داخلی جذبات کے اظہار کے لئے استعمال کیا ہے۔عشق، تصوف، غم ذات اور غم کائنات غزل کے پسندیدہ موضوعات رہے ہیں۔ دبستان دہلی کے شعراء نے غزل میں داخلیت کو پیش کیا تو دبستانِ لکھنو کے شعراء نے غزل کے خارجی حسن کو نکھارنے کی کوشش کی۔ بیسویں صدی میں غزل کو زندگی کے مسائل اُجاگر کرنے کے لئے بھی استعمال کیا گیا۔رشید احمد صدیقی نے غزل کو اُردو شاعری کی آبرو قرار دیا۔میر اور فانی نے غزل میں حزن وملال کو اس شدت سے پیش کیا کہ یہ شعراء یاسیت کے امام قرار پائے۔ غالب نے غزل کا دامن تنگ ہونے کا شکوہ تو ضرور کیا لیکن اُن کی غزلوں کا مختصر دیوان ہر زمانے میں نئے مفاہیم کے امکانات پیدا کرتا ہے۔ترقی پسند تحریک میں نظم کے ساتھ غزل کو بھی فروغ ملا۔جذبی ترقی پسند دور کے ایک مشہور غزل گو شاعر کے طور پر سامنے آتے ہیں۔

جذبی کی غزل گوئی کے ادوار

جذبی نے جس دور میں شاعری کا آغاز کیا۔اُس وقت غزل کے آسمان پر کئی ستارے جگمگا رہے تھے۔جن میں فیض، اختر الایمان، سردار جعفری، کیفی اعظمی، مجاز وغیرہ تھے۔اس وقت اقبال، جوش، فانی، یگانہ، اصغر، حسرت، جگر، فراق وغیرہ کی شاعری کے چرچے بھی خوب تھے۔جذبی کے عہد میں کئی شعراء سستی شہرت کی خاطر غزل کے اصل مزاج سے ہٹ گئے تھے۔

اور اپنے ادبی رویوں میں تبدیلی لاتے ہوئے بہت جلد گمنام بھی ہو گئے۔ جذبی نے ترقی پسندی کے مخصوص شعری رویے کے ساتھ ساتھ غزل کی کلاسیکیت اور رومانیت کو بھی برقرار رکھا اور اپنی جدت اور ذہانت سے اپنی شناخت بنائی۔

جذبی غزل گو اور نظم نگار شاعر کے طور پر یکساں مشہور ہیں۔ تاہم اُن کی نظموں کے مقابلے میں اُن کی غزلیں مشہور ہوئیں۔ جذبی کے دیوان میں کل ۹۲ غزلیں ہیں۔ جذبی کی غزل گوئی کا سفر تقریباً اسّی ۸۰ سال پر مشتمل ہے۔ اس دوران اُن کے شعری سفر میں کئی اتار چڑھاؤ آئے۔ جذبی نے اپنی غزل گوئی کا آغاز کلاسیکی انداز میں کیا ہے جبکہ انہوں نے فانی اور دیگر اساتذہ کے رنگ میں شاعری کرنی شروع کی۔ جذبی نے فانی سے ملاقات بھی کی تھی۔ اُن کے دیگر اساتذہ میں صادق جھانسوی اور حامد شاہجہاں پوری بھی تھے۔ جذبی کبھی ہنگامی ادب کے قائل نہیں رہے۔ اُنھوں نے اپنے شعری رویے کو ظاہر کرتے ہوئے لکھا کہ:

> ''میں ہنگامی ادب کا کچھ زیادہ قائل نہیں۔ یہ کیسے ممکن ہے کہ ادھر ایک واقعہ ہوا اُدھر نظم تیار ہوگئی۔ یہ اُس وقت تو ممکن ہے جب ذہن پہلے سے اُس واقعہ کے لئے تیار ہو۔ تجربہ تخلیق کی منزل تک پہنچنے کے لئے صرف تحلیل و تجزیہ کے مراحل ہی سے نہیں گزرتا بلکہ شاعر کے مزاج سے بھی ہم آہنگ ہوتا ہے۔ اس کو ہضم کرنا اور رچانا بسانا بھی کہتے ہیں۔ اس کے لئے بعض اوقات کافی مدت درکار ہوتی ہے۔ جو حضرات ہضم کرتے اور رچانے بسانے کو غیر ضروری سمجھتے ہیں، اُن کے یہاں گہرائی اور گیرائی کے بجائے جذباتیت اور سطحیت کا پیدا ہو جانا لازمی ہے''۔ (۳۵)

جذبی کی شاعری کا ابتدائی دور ۱۹۲۹ء تا ۱۹۳۳ء تک ہے۔ اس دور میں اُن کے ہاں کلاسیکیت کا عنصر غالب دکھائی دیتا ہے۔ غم، حزن اور یاسیت کو اُنھوں نے روایتی انداز میں پیش کیا ہے۔

کلیات جذبی کی ابتدائی غزلوں میں یہ رنگ زیادہ دکھائی دیتا ہے۔ چند اشعار ملاحظہ ہوں:

غم کی تصویر بن گیا ہوں میں
خاطر درد آشنا ہوں میں
آہ پھر دل کی یاد آئی
ذرے ذرے کو دیکھتا ہوں میں

(۱۹۲۹ء)

تیری رسوائی کا ہے ڈر ورنہ
دل کے جذبات تو نہیں محدود

(۱۹۲۹ء)

اُٹھاتا تھا نقاب رُخ کسی نے
یہاں تک باخبر تھے اہل محفل

(۱۹۲۹ء)

تمہارے جلوؤں کی رنگینیوں کا کیا کہنا
ہمارے اُجڑے ہوئے دل میں ایک بہار تو ہے

(۱۹۳۰ء)

تمہارے حسن کے جلوؤں کی شوخیاں توبہ
نظر تو آتے نہیں دل پہ چھا جاتے ہیں

(۱۹۳۰ء)

عمر بھر یوں تو زمانے کے مصائب جھیلے
تیری نظروں کا مگر بار اُٹھایا نہ گیا

(۱۹۳۰ء)

اپنی ہستی کی حقیقت کیا میں دنیا پھونک دوں
کاش مل جائے وہ سوزِ غم جو پروانوں میں ہے

(۱۹۳۱ء)

ہم بھی تو سُن رہے تھے رعنائی گلستاں کی
بادِ خزاں سے جو کچھ کلیوں نے آرزو کی
ہاں اک نظر ادھر بھی او مسکرانے والے
تاریک ہیں فضائیں دنیائے آرزو کی

(۱۹۳۲ء)

عطا کیا ہے جو دل دردآشنا ہم کو
کرم کے پردے میں ظالم نہ آزما ہم کو

(۱۹۳۳ء)

اک بن گیا فرزانہ، اک ہو گیا سودائی
تھا جتنا جو ظرف اُس میں اتنی ہی شراب آئی

(۱۹۳۳ء)

مندرجہ بالا اشعار اور اُن کی غزلیں جذبی کی ابتدائی دور کی شاعری کے رُخ کا پتہ دیتے ہیں۔ جذبی نے ان غزلوں میں ضبط غم، خلشِ دل، شکوۂ بیداد، دردِ اشطار، بے تابیٔ غم، سوز غم، شکایت غمِ ہجراں، فریب شوق، خمار تشنگی، سوالِ شوق، بیچارگیٔ زیست، احساسِ غم گساری،

کیفیت ہجراں جیسے الفاظ وتراکیب استعمال کی ہیں۔اس دور میں جذبی خود شناسی اور خود فہمی سے گزر رہے تھے۔اساتذہ غزل کے نقشِ قدم پر چلتے ہوئے انھوں نے بھی چند ایک اچھے اشعار کہے لیکن ان کا کوئی شعر اس دور میں مقبول نہیں ہوسکا۔جذبی کی غزلوں میں منزل کا ذکر بہت ملتا ہے۔انسان کی جستجو رہتی ہے کہ وہ چین وسکون کے ساتھ خوشحال زندگی گزارے لیکن دنیا کے بیشتر انسانوں کواُن کی مرضی کی زندگی اور منزل نہیں ملتی۔منزل کی تلاش میں جذبی کہتے ہیں:

جہاں تک آخری نظریں تری مشکل سے پہنچی ہیں
وہی منزل کی حد ہے خواب منزل دیکھنے والے (۱۹۳۰ء)

اللہ رے بے خودی کہ چلا جارہا ہوں میں
منزل کو دیکھتا ہوا کچھ سوچتا ہوا

(۱۹۳۰ء)

اب تو منزل کی بھی کچھ پروانہیں
میں کہاں ہوں اے دلِ ناکامیاب

جذبی کی غزل گوئی کا دوسرا دور وہ ہے جس میں اُن کے یہاں فن کی پختگی، اسلوب کی بالیدگی اور سماجی مسائل سے آگہی دکھائی دیتی ہے۔وہ اپنی قلبی واردات کو ظاہر کرتے ہیں۔جذبی کو ابتداء میں جس منزل کی تلاش تھی۔اُس کے آثار اُنھیں دکھائی دینے لگے تھے۔ترقی پسندی کے سبب اُن کے یہاں رجائیت کا عنصر غالب دکھائی دیتا ہے۔ترقی پسند نظریات کو اپنانے کے سبب جذبی کا غم، غمِ ذات کائنات بن گیا۔رجائیت سے بھرپور جذبی کے اشعار اس طرح ہیں:

ہم اس اُمید پر نکلے ہیں ظلمت شب میں

چراغ کوئی سرِ رہگذر رہی ہو گا

ڈھونڈو تو کچھ ستارے ابھی ہوں گے عرش پر

دیکھو تو وہ حریف شب تار کیا ہوئے

۱۹۳۳ء میں جذبی نے ایک شاہکار غزل کہی۔ جس میں اُن کا غم آرٹ کی شکل اختیار کر لیتا ہے۔ غزل کے دو اشعار کافی مقبول ہوئے۔ اشعار اس طرح ہیں:

مرنے کی دعائیں کیوں مانگوں جینے کی تمنا کون کرے

یہ دنیا ہو یا وہ دنیا اب خواہش دنیا کون کرے

جب کشتی ثابت و سالم تھی ساحل کی تمنا کس کو تھی

اب ایسی شکستہ کشتی پر ساحل کی تمنا کون کرے

جذبی کے یہ اشعار خود اُن کی زندگی اور عہد کی عکاسی ہی نہیں کرتے بلکہ ہر زمانے میں غموں کا مارا انسان زندگی سے مایوس ہو کر ان اشعار میں اپنی زندگی کی تصویر دیکھ سکتا ہے۔ جذبی کی اس غزل میں فانی کا رنگ دکھائی دیتا ہے۔ جذبی کی اس طرح کی غزلوں پر تبصرہ کرتے ہوئے شارب ردولوی لکھتے ہیں:

''جذبی کا درد وہ درد ہے جو ہر محبت کرنے والا محسوس کرتا ہے۔ یہ صحیح ہے کہ جذبی کی یہ غزلیں روایتی غزلیں ہیں۔ ان کے بعض اشعار میں روایتی شکوہ و شکایت کا انداز بھی موجود ہے۔ لیکن انھیں اشعار سے جذبی کی انفرادیت اور شائستگی جنوں کا احساس بھی ہوتا ہے۔ ان غزلوں میں اس عہد کی مخصوص رومانیت ہے لیکن اس میں جذبی کا لب ولہجہ، اُن کے ہم عصر شعراء سے مختلف ہے''۔(۳۶)

جذبی کی اس غم اور اُن کے متذکرہ دو اشعار کے حوالے سے عبدالقوی دسنوی اپنے

خیالات کا اظہار یوں کرتے ہیں:

مرنے کی دعائیں کیوں مانگوں جینے کی تمنا کون کرے
یہ دنیا ہو یا وہ دنیا اب چاہت دنیا کون کرے

دراصل جذبی کا یہ شعر منظر عام پر آتے ہی اپنی خاص حزنیہ لے اور اثر و تاثیر کی وجہ سے بہت پسند کیا گیا تھا اور مشہور ہوا تھا۔ خاص طور سے اکثر نوجوانوں کی زبان پر رہتا تھا۔ دراصل یہ شعر جذبی نے نہایت افسردگی اور مایوسی کے عالم میں کہا تھا جس کی وجہ سے ایک خاص درد و کرب کا احساس ہوتا ہے یہ پوری غزل درد و کرب اور یاس و حرماں کے جذبات سے لبریز ہے۔ اور شاعر کے مایوس و مغموم اور شکست خوردہ دل کی کیفیات کی ترجمانی کرتی ہے اور دردمند دلوں کو اور زیادہ دردمند بناتی ہے"۔ (۳۷)

۱۹۳۴ء میں جذبی نے غزل کے دو اشعار کہے۔ اشعار اس طرح ہیں:

کسی سے حالِ دل بے قرار کہہ نہ سکا
کہ چشمِ یاس میں آنسو بھی آ کے بہہ نہ سکا
نہ آئے موت خدایا تباہ حالی میں
یہ نام ہوگا غمِ روزگار سہہ نہ سکا

جذبی نے یہ اشعار اُس وقت کہے تھے جب وہ زمانۂ طالب علمی میں شدید معاشی بحران کا شکار تھے اور ایک موقع پر سفر کے دوران بھوک و پیاس کے عالم میں اُنھوں نے وفور جذبات سے عاری ہوکر یہ اشعار کہے۔ خاص طور سے دوسرے شعر کے بارے میں اُنھوں نے تفصیلی واقعہ بھی سنایا جو جذبی کے حالات زندگی میں پیش کیا گیا۔

جذبی کی غزلوں میں عشق کے موضوع پر بھی اچھے اشعار ملتے ہیں۔ دیگر شاعروں کی طرح جذبی نے بھی عشق کے روایتی موضوعات کو پیش کیا۔ ۱۹۳۵ء میں اُنھوں نے ایک غزل کہی جس میں عشق کی مختلف کیفیات پیش کی گئیں۔ اس غزل کے چند اشعار اس طرح ہیں:

غموں کی دنیا کو روند ڈالیں نشاط دل پایمال کرلیں
نئی محبت نیا جنوں ہے خدایا کیا اپنا حال کرلیں
جو چار آنکھیں کرو تو جانیں نظر ملا کر ہنسو تو جانیں
قسم تمہاری اگر نہ تم کو شریک رنج و ملال کریں

ایک اور غزل میں جذبی عشق کے جذبات کا اظہار یوں کرتے ہیں:

تجھ سے نظر ملا کر دیوانہ ہو گیا میں
کچھ راز بن گیا کچھ افسانہ ہو گیا میں
اک بار اور دیکھا حسرت سے اُن کی جانب
پھر رفتہ رفتہ اُن سے بیگانہ ہو گیا میں

(۱۹۳۶ء)

۱۹۳۷ء کی ایک غزل میں جذبی نے گیت کے انداز میں چند اشعار کہے۔ ان اشعار میں ادھورے خوابوں کا ذکر ہے۔ جذبی کہتے ہیں:

اس حرص و ہوا کی دنیا میں ہم کیا چاہیں ہم کیا مانگیں
جو چاہا ہم کو مل نہ سکا جو مانگا وہ بھی پا نہ سکے
دنیا کی بلاؤں کا ہو بھلا، بے رحم خداؤں کا ہو بھلا
ہم حسن و محبت کے نغمے اے دوست بہت دن گا نہ سکے

۱۹۴۰ء کے بعد جذبی کی شاعری کا وہ دور شروع ہوتا ہے جب انھوں نے زندگی کے

بہتر خوابوں کو غزلوں میں پیش کیا۔ گرد و پیش کی حقیقتوں کو آشکار کیا۔ اس دور میں فیض کی شاعری کے چرچے تھے۔ جذبی نے فیض کا اثر قبول کیا۔ ترقی پسندی اور روایت سے وابستگی کو ظاہر کرتے اُن کے چند اشعار ملاحظہ ہوں:

یہ دل کا داغ جو چمکے تو کیسی تاریکی
اسی گھٹا میں چلیں ہم اسی گہن مس چلیں

یہ رنگ کیا ہے تری بزم مے کا پیرِ مُغاں
نہ خُم نہ شیشے نہ ساغر نہ جام آتے ہیں

شدید تر ہو جو احساسِ دردِ محرومی
تو یہ وہ تیر ہے جس کے لئے خطا ہی نہیں

جذبی نے اس دور کی شاعری میں اپنے لہجے پر کافی زور دیا۔ الفاظ سے زیادہ لہجہ اُن کی غزلوں کی شناخت بنتا گیا۔ اس کے لئے انھوں نے نئے نئے استعارے استعمال کئے۔ جیسے معرکہ ہائے چمن، نالۂ شب تاب، آسودگان سایہ دیوار، حریف الم لامتناہی، لغزش پائے ثبات، دیوانگئ شوق، تیشہ، سنگِ گراں وغیرہ۔ استعارے اُن کے سیاسی وسماجی افکار کو پیش کرنے میں معاون ثابت ہوتے ہیں۔

حصول آزادی میں ہندوستان کی سماجی زندگی کا اہم موڑ بھی ہے اور ادبی تاریخ کا بھی۔ شاعروں نے محسوس کیا کہ کافی قربانیوں، جدوجہد اور لڑائی کے بعد جو آزادی ملی وہ لوگوں کی توقع کے مطابق نہیں تھی۔ آزادی لوگوں کی خواہشات کے برعکس ثابت ہوئی۔ مسلسل غم کا اظہار کرنے والے خوشی کے موقع کو بھی غم کی نظر سے دیکھنے لگے۔ تقسیم ہندوستان کی آزادی کا المیہ ہے جس پر شاعری میں جذباتی انداز میں خیالات ظاہر کئے گئے۔ لیکن تقسیم کے باوجود ایک آزاد ملک میں جیسی زندگی کی رمق دوڑنا تھا ویسی دوڑ نہیں سکی۔ لوگ ماضی کو یاد کرنے لگے اور

معین احسن جذبی فکر و فن

مستقبل بھی تاریک ہونے کی بات کرنے لگے۔فیض نے کہا تھا کہ جس سحر کا انتظار تھا یہ وہ سحر تو نہیں۔حکومت کی حکمت عملی پر سوالیہ نشان اٹھائے گئے۔اُس دور کی غزل میں استفہامیہ انداز در آیا۔خود کلامی آ گئی۔ دیگر شعراء کی طرح جذبی نے بھی اس دور میں فنی لحاظ سے بے حد خوبصورت غزلیں کہیں۔ یہ وہ غزلیں ہیں جس کا مزہ نہ صرف اُس دور میں بلکہ آنے والے زمانے میں اور آج بھی محسوس کیا گیا اور کیا جاتا رہے گا۔ جذبی کی ان غزلوں سے چند منتخب اشعار پیش ہیں:

چمن میں آؤ ذرا سیر نو بہار کریں
گلوں کی طرح جگر چاک ، دل فگار کریں

کلی نے سر اُٹھایا لالۂ خونیں کفن بدلا
خزاں میں دیکھتے ہی دیکھتے رنگِ چمن بدلا

دانائے غم نہ محرمِ رازِ حیات ہم
دھڑکا رہے ہیں پھر بھی دلِ کائنات ہم

سب کچھ نصیب ہو بھی تو اے شورشِ حیات
تجھ سے نظر چرانے کی عادت کہاں سے لائیں

کوئی تو قاتل نادیدہ کا پتا دے گا
ہم اپنا زخم زمانے کو لاؤ دکھلائیں

ہجر کی رات تھی امکانِ سحر سے روشن
جانے اب اُس میں وہ امکانِ سحر ہو کہ نہ ہو

جذبی کی شاعری کا آخری دور حزن و ملال سے بھرا ہوا نہیں ہے بلکہ اُن کے درد و غم میں ایک ایسا آرٹ ہے جو دلوں کو چھو جاتا ہے۔۱۹۸۰ء کے بعد کی غزلوں کا رنگ ان اشعار

معین احسن جذبی فکر وفن

سے جھلکتا ہے۔

دل وجگر میں رہا اک قطرہ خوں جب تک
چمن پرست چمن کو نکھارتے رہے

(۱۹۸۱ء)

ان آنسوؤں میں ہمارے خدا معاف کرے
ملامت ستم بے حساب ہے کہ نہیں

(۱۹۸۲ء)

اُس بزم میں تو مے کا کہیں ذکر تک نہ تھا
اور ہم وہاں سے بے خود و سرشار آئے ہیں

(۱۹۸۲ء)

اک گوشۂ حیات میں ہنگامۂ حیات
اک گوشۂ حیات میں تنہائیاں بھی ہیں

(۱۹۸۴ء)

کچھ تو بتلاؤ ہم کو دیوانو!
دشت و در کے عذاب ہیں کیا کیا

(۱۹۸۵ء)

صبا گلوں سے یہ کہنا کہ بدگمان نہ ہوں
کسی سبب سے جو ہم ذکرِ رنگ و بو نہ کریں

(۱۹۸۶ء)

عجیب دھن تھی کہ ٹھہرے کہیں نہ دیوانے

وہ راحتوں کا چمن ہو کہ خارزارِ الم (۱۹۹۱ء)
جنوں تو خیر جنوں ہے خرد کے دور میں بھی
ہماری بے سروسامانیاں کبھی نہ گئیں

(۱۹۹۲ء)

بڑی لطیف فضاؤں میں لے گئی ہیں مجھے
کبھی کبھی وہ کسی دلنواز کی باتیں

(۱۹۹۳ء)

اب نہ سنے کوئی مرے دل کی صدا تو کیا کروں
نالہ تو کو، بہ کو، گیا آہ تو در بہ در گئی

(۱۹۹۴ء)

یہ ماہ وسال نے بخشے ہیں داغ اے ہمدم
جلے بجھے سے دلوں کے چراغ اے ہمدم

(۲۰۰۴ء)

اس طرح ہم دیکھتے ہیں کہ جذبی کی غزلوں میں ایک طرف غم اور حزن کا بیان ہے تو دوسری طرف حسن کے چرچے ہیں۔ فطرت کے نظارے ہیں۔ اُمید کی باتیں ہیں۔ اظہار بیان کی پختگی ہے۔ غرض اپنی زندگی کے آخری پڑاؤ میں قدم رکھتے رکھتے جذبی کی شاعری بھی فن کی بلندیوں کو چھوتی دکھائی دیتی ہے۔

جذبؔی کی غزل گوئی کی خصوصیات

جذبؔی کی غزلوں پر طائرانہ نگاہ ڈالتے ہیں تو اُن کے ہاں اظہار کی سلاست روانی، موضوعات کی ندرت، فکر کی گہرائی، خیالات کی تاثیر، فن کی پختگی اور دیگر خوبیاں اور کمالات دکھائی دیتے ہیں۔ جذبؔی کے کلام میں زندگی کے حقائق ہیں۔ معنی آفرینی ہے، اثر پذیری ہے۔ انہوں نے غزل کی روایت کو آگے بڑھایا۔ اُن کی غزلیں داخلی جذبات کی عکاس ہیں۔

اسلوب

جذبؔی نے بات کی پیشکشی کے لئے موزوں اور دل آویز الفاظ کا انتخاب کیا ہے۔ انھوں نے نئی نئی تراکیب بھی استعمال کیں۔ جس سے اُن کے ہاں تازگی کا احساس پیدا ہوتا ہے۔ جذبؔی نے شاعری میں جو تراکیب استعمال کی ہیں اُن پر کلاسیکیت کا رنگ غالب ہے۔ اُن کی غزلوں میں پائی جانے والی چند تراکیب اس طرح ہیں۔

دردآشنا، ضبطِ غم، خلشِ دل، دلِ ناکام، منزلِ مقصود، نقشِ پا، بیتابیٔ دل، آثارِ منزل، شمشیر قاتل، نقابِ رُخ، گم کردہ منزل، پاس منزل، شکوہ بیداد، داستانِ شب غم، قصۂ طولانی، دردانتظار، دل کا غمگسار، نگاہِ یاس، شکایت، غمِ ہجراں، راہِ محبت، جذبۂ خودداری، دلِ محزوں، حسن کے جلووٴں کی شوخیاں، داغِ غم، سیرِ بہاراں، چاکِ گریباں، ہستیٔ صہبا، درد آشنا، خمارِ تشنگی، دامانِ وحشت، دردِ پنہاں، دردِ فراق وغیرہ۔ جذبؔی کے کلام کی یہ تراکیب شاعر کی اظہار بیان پر قدرت اور اُس کی تخلیقی انفرادیت اور قدرت کا پتہ دیتی ہے۔

تشبیہہ کے اشعار

جذبؔی نے اپنی غزلوں میں جابجا تشبیہات استعمال کی ہیں۔ اپنے غم کے اظہار میں

اور حوادث زندگی کی مختلف کیفیات کے بیان میں اثر آفرینی پیدا کرنے کے لئے انھوں نے نادر تشبیہات استعمال کی ہیں۔ جن سے اُن کے کلام میں گہرائی بڑھ جاتی ہے۔ اُن کی غزلوں سے تشبیہہ والے یہ اشعار پیش ہیں۔

یہ تیرا جسمِ نازک بوسیدہ پیرہن میں
جسے گلِ فسردہ اُجڑے ہوئے چمن میں
گھیر لیں جیسے عروسِ نو کو ہم سن لڑکیاں
یوں تجھے گھیرے ہوئے ہیں نونہالانِ چمن

استعارے کے اشعار

جذبی کی غزلوں میں تشبیہہ کے علاوہ راست استعارے بھی ملتے ہیں۔ غزل میں استعارے کا استعمال رمز کے لئے استعمال ہوتا ہے۔ اُن کے اشعار میں استعارے ملاحظہ ہوں:

اے وہ عقاب جس سے تھی کوہ ودمن کی آبرو
آج اُسی عقاب کے بال اِدھر ہیں پر اُدھر
بڑے ناز سے آج اُبھرا ہے سورج
ہمالہ کے اونچے کلس جگمگائے

علامتیں اور رموز

جذبی کے اشعار میں موجود علامتوں اور رموز کو ملاحظہ کیجئے

اُن بجلیوں کی چشمک باہم تو دیکھ لیں
جن بجلیوں سے اپنا نشیمن قریب ہے

مہکا نہ کوئی پھول نہ چٹکی کوئی کلی
دل خون ہو کے صرف گلستاں ہوا تو کیا

رعایت لفظی کے اشعار

چاک ہی کرنا ہے تو دامانِ وحشت چاک کر
ورنہ کیا ہے دامنوں میں کیا گریبانوں میں ہے
ساقیا شیشوں میں تیرے ہے نہ پیمانوں میں ہے
وہ خمار تشنگی جو دل کے ارمانوں میں ہے

حُسنِ تعلیل کے اشعار

ہائے وہ تیرے تبسم کی ادا وقت سحر
صبح کے تارے نے اپنی جان تک کردی نثار
شرم کے مارے گلابی ہے ادھر روئے شفق
شبنم آگیں ہے اُدھر پیشانی صبح بہار

تصویر کشی

جذبی نے اپنی غزلوں میں اپنے فن کے ذریعہ امیجری یا تصویر کشی بھی کی ہے۔ فیض کی طرح اُنھوں نے بھی بعض مناظر کی دلکش تصویر کشی کی ہے۔ ایک غزل میں اُن کی امیجری ملاحظہ ہو:

جاگ اے نسیم! خندۂ گلشن قریب ہے
اُٹھ اے شکستہ بال! نشیمن قریب ہے

لو دے اُٹھا ہے ساز جفا کا ہر ایک تار
ہنگامِ رقصِ آتش و آہن قریب ہے

پیکر تراشی

جذبی نے اپنی غزلوں میں خوبصورت پیکر تراشے ہیں۔ اُن کی غزلوں کے پیکر حرکت کرتے ہیں۔ انھیں محسوس کیا جا سکتا ہے۔ جذبی کی پیکر تراشی کی چند مثالیں ملاحظہ ہوں:

اظہار محبت پر اس طرح وہ شرمائے
سب اُن کی حیاء میری آنکھوں میں اُتر آئی

آہ پھر دِل کی یاد آئی ہے
ذرے ذرے کو دیکھتا ہوں میں

کلی نے بڑھ کے پکارا گلوں نے پیار کیا
کبھی چمن سے جو سنہ فگار گزرے ہیں

دلِ بیتاب کی اک اک تڑپ محشر بداماں ہے
ذرا منہ پھیر لینا رقصِ بسمل دیکھنے والے

کیفیت ہجراں کی معراج ہے اے جذبی
محفل میں نظر آئے جب عالم تنہائی

ڈاکٹر شہپر رسول، جذبی کی پیکر تراشی کے بارے میں یوں رقم طراز ہیں:

''جذبی اپنے پیکروں کے ذریعہ صرف تصویری کیفیات کی عکاسی پر اکتفا نہیں کرتے بلکہ اپنے تخیل کی زرخیزی اور ذہنی تخلیقی محرکات کو اس طرح ہم آہنگ کرتے ہیں کہ ان کے الفاظ مرتعش جلوؤں کا روپ دھار لیتے ہیں۔ گویا وہ حسی

کیفیات کو نقش بھی کرتے ہیں اور اُن میں روح بھی پھونکتے ہیں''۔(۳۸)

جذبی کی غزل گوئی، اردو کی کلاسیکی، روایتی اور جدید غزل گوئی کی تمام تر خصوصیات سے معمور ہے۔ اُن کے ہاں فکر وفن میں زبردست توازن اور اعتدال ملتا ہے۔ جذبی کو اپنی شاعری پر اتنی مہارت حاصل تھی کہ وہ فکر وفن میں توازن برقرار رکھ سکیں۔ یہی وجہ ہے کہ وہ شاعری میں انفرادی مقام بنا سکے۔ جذبی نے غزل گوئی کے فن کا احترام کیا اور اُسے نعرے بازی یا مخصوص طرز فکر کے اظہار تک محدود نہیں رکھا۔ جذبی نے اپنی شاعری میں مشرقی اقدار کی پاسداری کی۔ اپنی غزلوں میں اُنھوں نے سنجیدگی کے ساتھ اپنے منفرد شعری رجحان، اندازِ بیان، لب ولہجہ اور اسلوب کو برقرار رکھا۔ فنی نقطہ نظر سے جذبی کی غزلوں پر نظر ڈالی جائے تو پتہ چلتا ہے کہ اُن کے کلام سے غزل گوئی کے فن کے سبھی پہلو عیاں ہوتے ہیں۔ تشبیہات و استعارات کی دلکشی، پیکر تراشی کے خوبصورت نمونے، صنائع لفظی وصنائع معنوی کی جزئیات، حسن تحلیل، رعایت لفظی، تضاد، رموز، علامتیں، تلازمے وغیرہ کی منفرد مثالیں اُن کی غزلوں میں جابجا ملتی ہیں۔ اُن کی تراکیب دولفظی، سہ لفظی، چہار لفظی اور اضافتوں پر مشتمل ہیں۔
معنوی اعتبار سے بھی جذبی کی غزلوں میں مختلف موضوعات کی نشاندہی کی جاسکتی ہے۔ ذیل میں چند موضوعات کے ذکر کے ساتھ اُن کے کلام سے اشعار کا انتخاب پیش کیا جارہا ہے۔

منزل کا ذکر

نہ جانے کوئی منزل نو رہی ہے
کہاں تک چلیں ظلمتوں کے سہارے

اے مرے ہمسفرو! اس کو تو منزل نہ کہو
آندھیاں اُٹھتی ہیں طوفان یہاں ملتے ہیں

عشق کی گرمی

آج بھی دل ہیں کہ ہو حشر کا دھوکہ جن پر
آج بھی لب ہیں کہ سرگرم فغاں ملتے ہیں

گردش ایام مصائب و آلام

وہی جفائیں وہی سختیاں وہی آفات
تمہیں بتاؤ کہ بدلے کہاں مرے دن رات

یقین محکم

شکست و فتح نصیبوں سے اب نہیں جذبی
کہ آج ہے دل پر ناتواں میں عزم و یقیں

کم مائیگی کا احساس

بیتے ہوئے دنوں کی حلاوت کہاں سے لائیں
اک میٹھے میٹھے درد کی راحت کہاں سے لائیں

حوصلے و عزائم

شریک محفل دار و رسن کچھ اور بھی ہیں
ستم گرو! ابھی اہل کفن کچھ اور بھی ہیں

فریبِ نظر

چمن پہ گزری سو گزری مگر یہ کیا کم ہے
کہ فاش ہو گئے جھوٹی بہار کے آئین

جذبیؔ کی زندگی کا بیشتر حصہ مصائب و آلام سہتے سہتے گزرا۔ انھوں نے درد کو جذب کرنا اور اُس کے ساتھ جینے کا ہنر سیکھ لیا تھا۔ میرؔ نے اپنے آپ کو غم و یاس میں ڈبو لیا تھا۔ میرؔ نے کہا تھا:

جو اس شور سے میر روتا رہے گا
تو ہمسایہ کاہے کو سوتا رہے گا

جذبیؔ نے مشکلات و مصائب پر آہ و بکا شور شرابہ نہیں کیا۔ بلکہ عزم اور حوصلے کے ساتھ مسائل کا سامنا کیا۔ زندگی کی گاڑی کو کھینچنے میں اپنے عزم و حوصلے کا اظہار ہے۔ انھوں نے جا بجا کیا ہے۔ چنانچہ جذبیؔ کہتے ہیں:

ہماری راہ میں جذبیؔ پہاڑ آئے پہ ہم
مثالِ ابرِ سرِ کوہسار گزرے ہیں
مزاج پوچھتے پھرتے ہیں ذرے ذرے کا
دلوں کی راہ سے کچھ خاکسار گزرے ہیں
تھا جن کے پاس زخم کا مرہم کہاں گئے
جو دل کو جوڑتے تھے وہ معمار کیا ہوئے
جذبیؔ نگاہ میں ہے برہنہ سری کی شان
ہم احترامِ طرّہ دستار کیا کریں

جذبی کے ہاں چھوٹی بحر اور بڑی بحر کی غزلیں ہیں۔ اُن کی غزلوں میں ترنم اور غنائیت اور تغزل پایا جاتا ہے۔ انھوں نے لفظوں کے استعمال میں سادگی اختیار کی۔ ان کے ہاں پر تکلف الفاظ، لفظی بازیگری یا پرشکوہ الفاظ نہیں ملتے۔ انھوں نے اپنا سارا زور جذبے کی شدت اور احساس کی تازگی پر خرچ کیا۔

جذبی کی غزلوں کے مطلع اور مقطعے بھی انفرادیت کے سبب شناخت رکھتے ہیں۔ ردیف اور قافیے کے خوبصورت التزام کے سبب اُن کی غزلوں میں ندرت دکھائی دیتی ہے۔ انفرادیت کے حامل جذبی کی غزلوں کے چند مطلع اور مقطعے اس طرح ہیں:

مطلع

ملی نگاہ تو حیرانیاں کبھی نہ گئیں
جو دل ملا تو پریشانیاں کبھی نہ گئیں

دلِ مسلسل ہو اگر خون تو غم ملتا ہے
کتنی مشکل سے یہاں دیدۂ نم ملتا ہے

مرنے کی دعائیں کیوں مانگوں جینے کی تمنا کون کرے
یہ دنیا ہو یا وہ دنیا اب خواہشِ دنیا کون کرے

مقطعے

مل گیا اُن کا نقشِ پا جذبی
ہو گیا جس جگہ میں سر بہ سجود

کیفیت ہجراں کی معراج ہے اے جذبی

محفل میں نظر آئے جب عالم تنہائی

فسردگی تو نہ تھی بے سبب مگر جذبی

ہم اپنے ڈوبتے دِل کو اُبھاتے ہی رہے

جذبی کا دیگر شعراء سے تقابلی مطالعہ

جذبی نے اپنے شعری سفر میں اپنی انفرادیت برقرار رکھنے کی کوشش کی۔ لیکن اُن کی شاعری پر اردو کے دیگر شعراء کے اثرات محسوس کیئے جاسکتے ہیں۔ جذبی نے اپنے شعری مزاج کی تعمیر میں فانی، جگر، اصغر گونڈوی، حسرت، اقبال وغیرہ کے کچھ کچھ اثرات قبول کیئے ہیں۔ اُن کے چند اشعار ان شعراء کے کلام سے میل کھاتے ہیں غالب نے کہا تھا:

زندگی اپنی جب اس شکل سے گزری غالب

ہم بھی کیا یاد کریں گے کہ خدا رکھتے تھے

(غالب)

جذبی اسی خیال کو کچھ اس رنگ میں پیش کرتے ہیں:

یہ زندگی جو بسر ہو رہی ہے اے جذبی

خدا ملے تو یہ پوچھوں عذاب ہے کہ نہیں

(جذبی)

فانی نے غم کو آرٹ کے طور پر پیش کیا تھا۔ فانی کا حزن وملال بھی اپنے اندر ایک الگ شان رکھتا ہے۔ اپنے ایک مقبول شعر میں فانی نے زندگی کے مصائب وآلام یوں بیان کیا تھا:

ہر نفس عمر گزشتہ کی ہے میت فانی

زندگی نام ہے مر مر کے جئے جانے کا (فانی)

جذبی نے اپنی شاعری میں سب سے زیادہ فانی کا اثر قبول کیا ہے۔مصائب وآلام سے بھری زندگی گزارنے میں جو دشواری ہوتی ہے اُس کے درد کے اظہار کے لئے جذبی نے بھی اپنا یہ مشہور شعر کہا ہے۔جذبی کہتے ہیں:

نہ آئے موت خدایا تباہ حالی میں
یہ نام ہوگا غم روزگار سہہ نہ سکا

(جذبی)

جذبی کی فانی کے رنگ میں ڈوبی ہوئی مشہور غزل بھی ہے۔جس کے دو اشعار جذبی کی شناخت بن گئے۔جذبی کہتے ہیں:

مرنے کی دعائیں کیوں مانگوں جینے کی تمنا کون کرے
یہ دنیا ہو یا وہ دنیا اب خواہش دنیا کون کرے
جب کشتی ثابت وسالم تھی ساحل کی تمنا کس کو تھی
اب ایسی شکستہ کشتی پر ساحل کی تمنا کون کرے

۱۹۳۳ء میں کہی گئی اس مقبول غزل پر فانی کے اثرات واضح دکھائی دیتے ہیں۔اس غزل سے جذبی کو بہت شہرت ملی۔غزل میں درد اور کرب بھی ہے مایوسی اور افسردگی ہے۔جذبات و احساسات ہیں۔لیکن غم کے جذبات کو جس فنکاری سے پیش کیا گیا وہ جذبی کا شعری کمال لگتا ہے۔

جذبی نے حزن ویاس کے ایک اور نامور شاعر اصغر گونڈوی سے بھی اثرات قبول کئے۔اصغر کا ایک شعر ہے:

داستاں اُن کی اداؤں کی ہے رنگیں لیکن
اس میں کچھ خونِ تمنا بھی ہے شامل میرا (اصغر)

اصغر کے لہجے میں جذبی کا یہ شعر دیکھئے:

اُن کے بھیگے ہوئے بالوں میں جو ہے عالمِ کیف
کچھ وہی کیف مرے دیدۂ نمناک میں ہے (جذبی)

جگر نے اپنی شہرت اور اپنی بربادی کی داستان اس شعر میں اس طرح بیان کی:

سب کو مارا جگر کے شعروں نے
اور جگر کو شراب نے مارا

(جگر)

جذبی اسی خیال کو یوں بیان کرتے ہیں:

جانے کیا سوال کیا تھا جواب
ہاں ادائے جواب نے مارا

اقبال نے ایک شعر میں بڑی سادگی سے اپنے جذبۂ عشق کو یوں بیان کیا تھا:

ترے عشق کی انتہا چاہتا ہوں
مری سادگی دیکھ کیا چاہتا ہوں

(اقبال)

اس سادگی سے جذبی اپنے جذبات کا اظہار یوں کرتے ہیں:

جب محبت کا نام سنتا ہوں
ہائے کتنا ملال ہوتا ہے (جذبی)

جذبی کے رنگ کا دوسرے شعراء سے تقابل کریں تو اندازہ ہوتا ہے کہ جذبی نے صرف انداز اختیار کیا ہے۔ لیکن موضوعات اور انداز بیان میں انھوں نے ندرت اور اپنی انفرادیت برقرار رکھی ہے۔

جذبی کی غزلوں میں سیاسی رنگ

جذبی کی غزل گوئی جن ادوار سے گزری اُس وقت ہندوستانی سیاست میں جدوجہد آزادی کی تحریکات اہم رہی ہیں۔ آزادی کے بعد کے حالات پر بھی شعراء نے دبے لفظوں میں اپنے خیالات ظاہر کئے۔ جذبی نے اپنی نظموں نیا سورج، تقسیم اور فیض وسجاد ظہیر کی گرفتاری پر سیاسی نوعیت کی نظمیں کہی ہیں۔ غزل میں بھی انھوں نے سیاسی اشارے کئے ہیں۔ تاہم یہ اشارے غزل کے فن کو متاثر نہیں کرتے فن اور مقصد کا اجتماع جذبی کے علاوہ فیض کے یہاں بھی دکھائی دیتا ہے۔ ذیل میں جذبی کے وہ اشعار پیش کئے جارہے ہیں جن سے سیاسی اشارے اخذ کئے جاسکتے ہیں۔

شریک محفل دار و رسن کچھ اور بھی ہیں
ستم گرو! ابھی اہل کفن کچھ اور بھی ہیں

اے موجِ بلا اُن کو بھی ذرا دو چار تھپیڑے ہلکے سے
کچھ لوگ ابھی تک ساحل سے طوفان کا نظارا کرتے ہیں

دلوں میں آگ نگاہوں میں آگ باتوں میں آگ
کبھی تو یوں بھی نکلتی ہے غمزدوں کی بارات

اُن بجلیوں کی چشمک باہم بھی دیکھ لیں
جن بجلیوں سے اپنا نشیمن قریب ہے

جذبی کے اس طرح کے اشعار میں پائے جانے والے رمز اور گہرائی کا ذکر کرتے ہوئے شارب ردولوی لکھتے ہیں:

”جذبی کی نظم ہو یا غزل اس کی سب سے بڑی خصوصیت اس کا گہرا اور

لطیف تاثر ہے جو جذبے کی اوپری سطح کے بجائے اندرونی سطح میں ایسا لطیف ارتعاش پیدا کرتا ہے جس کو محسوس تو کیا جاسکتا ہے بیان کرنا مشکل ہے۔اس لئے کہ وہ براہِ راست کوئی بات نہیں کرتے بلکہ ان مقامات کو چھوکر گزر جاتے ہیں۔ جو لطیفِ احساسات کو بیدار کرتی ہیں اور ایک اچھی غزل کی یہی خصوصیت بھی ہے وہ اشارہ کرتی ہے تفصیل بیان نہیں کرتی۔اشارہ جتنا بلیغ ہوگا شعر میں اتنی ہی معنویت وسعت وتہہ داری ہوتی''۔(۳۹)

اُردو غزل میں جذبی کا مقام

جذبی کی غزلیں اپنے عہد کی ترجمان ہیں۔ان غزلوں میں اپنے دور کی روح جلوہ گر ہے۔جذبی کی غزلوں میں حقیقت نگاری، ارضیت، واقعیت سبھی کچھ ہے۔جذبی کی غزل گوئی کے اجتماعی تاثرات پیش کرتے ہوئے مشتاق صدف اپنے خیالات کا اظہار یوں کرتے ہیں:

''جذبی کا مزاج شاعرانہ، دماغ عارفانہ اور مسلک قلندرانہ تھا اور انھوں نے اپنے فکر وفن کو بھی اسی مزاج سے ہم آہنگ کیا۔زندگی کی تلخ سچائیوں اور انسانی تہذیبی قدروں کی پیش کشی کو انھوں نے ترجیح دی۔ ان کے یہاں موضوعات میں رنگارنگی ہے۔اُن کی شاعری ضبط وتحمل اور انکسار سے عبارت ہے۔حزن وملال یاس وحرماں اُن کا بنیادی رنگ ہے تو رجائیت اُن کے کلام میں رچی بسی ہے۔انھوں نے داخلی جذبات ویاسیت کی پاسداری کی تو روایت کا لحاظ بھی رکھا۔اور کشتِ رومانیت کی آبیاری بھی کی۔انھوں نے کبھی کسی کی ترغیب اور تنبیہہ قبول نہیں کی بلکہ جو کچھ محسوس کیا اسے شعری پیکر عطا کیا۔کلام میں اعتدال پسندی اور توازن ہر جگہ قائم ہے۔اُن کے اشعار میں ایسی تازگی'

رکھ رکھاؤ، بشاشت اور تمکنت ہے جس سے اُن کی پوری کائنات روشن دکھائی دیتی ہے۔ اُن کی شاعری ابہام انتشار اور تشکیک سے پاک ہے۔ البتہ جذباتیت اور جھنجھلاہٹ سے اُن کی شاعری کہیں کہیں متاثر ضرور نظر آتی ہے۔ لیکن بہت زیادہ نہیں جذبی اپنے مدھم سُر، نرم و نازک رموز و ملائم سادگی اظہار اور اپنی جڑوں سے گہری وابستگی کے سبب دور سے پہچانے جاتے ہیں۔ یہ خوبیاں انھوں نے اپنے بزرگوں سے حاصل کیں۔ غور کیجئے کہ اُن کی شاعری میں زندگی کی پاکیزگی اور کثافت، دونوں پوری طرح سمٹ آئی ہے۔ اس لحاظ سے بیسویں صدی کے شعری اُفق پر جذبی اپنے دوسرے بڑے اور اہم ہم عصروں میں بہت مختلف اور یگانہ نظر آتے ہیں''۔ (۴۰)

جذبی کی غزل گوئی کی تمام خصوصیات کا جائزہ لینے سے یہ مجموعی تاثر قائم ہوتا ہے کہ انھوں نے اُردو غزل کی آبرو بڑھائی ہے اور غم و یاسیت سے بھری اپنی فنکارانہ شاعری کے ذریعہ اردو غزل کے ورثہ کو مالا مال کیا۔ میر، درد، مومن، فانی، اصغر وغیرہ نے اردو غزل کی جو روایات چھوڑی ہیں جذبی نے انھیں آگے بڑھایا اور غزل کی دنیا میں اپنی منفرد شناخت چھوڑی۔

جذبی بہ حیثیت محقق اور نقاد

اُردو کے نامور شاعر معین احسن جذبی ایک اچھے محقق اور نقاد بھی تھے۔ اُردو شعر و ادب کی تاریخ میں جذبی کی شناخت ترقی پسند تحریک سے وابستہ ایک منفرد شاعر کے طور پر ہے۔ لیکن بہت کم اس حقیقت سے واقف ہیں کہ جذبی ایک وسیع تر مطالعے کے حامل محقق اور ایک اعتدال پسند نقاد بھی تھے۔ جذبی کی تحقیقی و تنقیدی صلاحیتیں اُن کے تحقیقی مقالہ ''حالی کا سیاسی شعور'' سے جھلکتی ہیں۔ حالی غالب کے شاگرد سرسید کے بااعتماد رفیق کار، اچھے شاعر، جدید اُردو تنقید کے بانی اور سوانح نگار تھے۔ جدید اُردو تنقید میں حالی اپنی تنقیدی بصیرت اور ادب برائے زندگی فلسفہ کے حامی کے طور پر جانے جاتے ہیں۔ لیکن حالی اپنا کوئی سیاسی شعور رکھتے تھے۔ اُن کے کوئی سیاسی نظریات تھے اور یہ شعور نظریات اُن کے ہاں کہاں سے آیا اور اُسے انھوں نے اپنی تخلیقات میں کس طرح پیش کیا۔ حالی کی شخصیت کے ان پہلوؤں سے عام اُردو کے حلقے واقف نہیں تھے۔ جذبی نے ''حالی کا سیاسی شعور'' کے عنوان سے تحقیقی مقالہ لکھ کر حالی کے بارے میں نئے نظریات پیش کیے۔ جذبی کی اس کوشش کو اردو تنقید نے زیادہ اہمیت نہیں دی لیکن اس مقالے کو لکھ کر جذبی بہ حیثیت محقق اور نقاد مشہور ہوئے۔

جذبی علی گڑھ مسلم یونیورسٹی میں اردو لکچرر منتخب ہوئے۔ انھیں اپنی تدریسی ضرورتوں کے تحت پی ایچ ڈی کرنا پڑا۔ چنانچہ انھوں نے اپنے نگران پروفیسر رشید احمد صدیقی کے مشورے سے اپنے تحقیقی مقالہ کا عنوان ''حالی کا سیاسی شعور'' طے کیا اور اس موضوع پر ایک مبسوط مقالہ لکھا جس پر جذبی کو ڈاکٹریٹ کی ڈگری ملی۔ جذبی کا یہ مقالہ ۱۹۵۹ء میں شائع ہوا۔ جذبی کے تحقیقی و تنقیدی مقالے پر نظر ڈالنے سے قبل یہ دیکھا جائے گا کہ تحقیق کسے کہتے ہیں،

اس کی مبادیات کیا ہے تنقید کیا ہے اور تنقید کے تقاضے کیا ہیں۔

تحقیق کی تعریف

تحقیق کے معنی حقائق کی کھوج، تفتیش، دریافت، چھان بین اور تلاش کے ہیں۔ تحقیق عربی زبان کے لفظ ''حق'' سے مشتق ہے جس کے معنیٰ حق کو ثابت کرنا یا حق کی طرف پھیرنے کے ہیں۔ حق کے معنیٰ سچائی کے ہیں اور اس طرح تحقیق سچ یا حقیقت کی دریافت کا عمل ہے۔ اُردو کے مختلف نقادوں اور ماہرینِ فن نے تحقیق کی مختلف تعریفیں کی ہیں۔ ڈاکٹر سید عبداللہ لکھتے ہیں:

> ''تحقیق کے لغوی معنیٰ کسی شئے کی حقیقت کا اثبات ہے۔ اصطلاحاً یہ ایک ایسے طرزِ مطالعہ کا نام ہے جس میں موجود مواد کے صحیح یا غلط کو بعض مسلمات کی روشنی میں پرکھا جاتا ہے۔ ۴۱؎

تحقیق کے بارے میں قاضی عبدالودود کی رائے ہے:

> ''تحقیق کسی امر کو اس کی اصلی شکل میں دیکھنے کی کوشش ہے۔ ۴۲؎

پروفیسر گیان چند جین تحقیق کے بارے میں لکھتے ہیں:

> ''ریسرچ ایک حقیقت پنہاں یا حقیقت مبہم کو افشاء کرنے کا باضابطہ عمل ہے اور اسی تعریف سے تحقیق کا مقصد بھی صاف ہو جاتا ہے۔ نامعلوم یا کم معلوم کو جاننا، یعنی جو حقائق ہماری نظروں کے سامنے نہیں ہیں انھیں کھوجنا جو سامنے تو ہیں لیکن دھندلے ہیں۔ ان کی دھند دور کر کے انھیں آئینہ کر دینا''۔ ۴۳؎

> ''تحقیق کے لغوی معنیٰ کسی شئے کی حقیقت کا پتہ لگانا ہے۔ خواہ وہ امتدادِ زمانہ کے ہاتھوں مدفون حقائق کو روشنی میں لانا ہو یا موجود مواد کو از سر نو ترتیب دینا''۔ ۴۴؎

تحقیق کی مختلف تعریفوں اور توضیحات کے مطالعہ سے پتہ چلتا ہے کہ تحقیق حرکت و

عمل وزندگی کی علامت ہے۔ اگر تحقیق رک جائے تو زندگی بھی رک جاتی ہے۔ اُردو میں ادبی تحقیق کے ضمن میں مصنفین اوران تحقیقات کی بازیافت ادبی تحریکات، صحت متن کی تحقیق و تدوین، لسانی حقیقتوں کی کھوج، جس میں قدیم زبان، محاورات، عروض ورسم الخط وغیرہ شامل ہیں جیسے اُمور پر بحث کی جاتی ہے اور بعد تحقیق ادب کے سرمائے میں اضافہ کی کوشش کی جاتی ہے۔ تحقیق میں کسی موضوع کے انتخاب کے بعد قائم کردہ مفروضات سے حقائق تک پہنچے کی کوشش کی جاتی ہے۔ تحقیق کبھی بھی حتمی اور فیصلہ کن نہیں ہوتی۔ ایک تحقیق مزید تحقیق کی راہیں کھولتی ہیں۔ تحقیق کا فن صبر آزما فن ہے۔ اس کے لیے جگر کاری کی ضرورت پڑتی ہے۔ ڈاکٹر شارب ردولوی لکھتے ہیں:

> ''یہ کام آسان نہیں ہے اس میں بڑی جگر کاری، محنت اور صبر کی ضرورت ہے۔ جلد اکتا جانے والا انسان تحقیق کی راہ میں زیادہ آگے نہیں بڑھ سکتا۔ اس لیے کہ حقائق کی تلاش بہت دشوار کام ہے۔[45]

بعض لوگ تحقیق کو بے کار کام اور گڑے مردے اکھاڑنے کا کام سمجھتے ہیں اور اس کی اہمیت کو کم کرنے کی کوشش کرتے ہیں۔ مشہور نقاد ڈاکٹر محمد احسن فاروقی بھی اسی قبیل سے تعلق رکھتے ہیں۔ تحقیق کے فن کے بارے میں وہ لکھتے ہیں:

> .... تحقیق ایک قسم کی منشی گیری ہے۔ اس کے لیے وہ خصوصیات کافی ہیں جو کسی معمولی ذہن کے انسان میں ہوں۔ اس میں جدت طبع، قوت اختراع کی ضرورت نہیں۔ محض ایک کام سے لگ جانا ہے اور ٹکے بندھے طریقے پر ایک لکیر پر چلتے رہنا ہے پھر اس میں جس قسم کی محنت درکار ہے اس کو اعلیٰ ذہن اور اعلیٰ تخیل رکھنے والا انسان کبھی قبول نہ کرے گا۔ تحقیق کرنے والے کی حیثیت ایک مزدور کی سی ہوتی ہے جو اینٹیں اُٹھا کر لاتا ہے اور ان کو جوڑ کر دیوار

معین احسن جذبی فکر و فن ﴿137﴾

بناتا ہے۔ ۴۶

ڈاکٹر محمد احسن فاروقی کے تحقیق کے بارے میں اس طرح کے منفی اور بیزار نظریات موجودہ دور کی جامعاتی تحقیق پر پورے اُترتے ہیں۔ جب کہ آج کل جامعات میں تحقیق کا معیار صرف سند کی خاطر تحقیقی مقالے لکھوانا ہی رہ گیا ہے۔ جب کہ حقیقت یہ ہے کہ تحقیق اس کی اہمیت کے احساس اور پوری لگن سے کی جائے تو اس سے بڑے معنیٰ خیز نتائج برآمد ہو سکتے ہیں۔

تحقیق کا فن بذاتِ خود تنہا نہیں ہوتا بلکہ اس کے ساتھ تخلیق اور تنقید کا رشتہ بھی جڑا ہوتا ہے۔ تحقیق اور تنقید، تخلیق کے بغیر ممکن نہیں کیوں کہ ایک تخلیق وجود میں آنے کے بعد ہی اس کے بارے میں تحقیق کی جاتی ہے اور تنقید کے ذریعہ اس کے مقام کا تعین کیا جاتا ہے لیکن ان تینوں میں اولیت کا مسئلہ ماہرین کے نزدیک زیرِ تصفیہ ہے۔ بعض لوگوں کا خیال ہے کہ جب تک انسان میں تنقیدی رجحان نہ ہو، چیزوں میں ردو انتخاب کی صلاحیت نہ ہو وہ کوئی تخلیق پیش نہیں کرسکتا۔ اس طرح تخلیق سے پہلے تنقیدی شعور کارفرما دکھائی دیتا ہے۔ اسی طرح تحقیق کے دوران بھی بہت سی موجود اشیاء میں صحیح چیزوں یا باتوں کا انتخاب ایک اچھے محقق کی تنقیدی صلاحیت کی نشاندہی کرتا ہے۔ تحقیق و تنقید کے مابین پائے جانے والے رشتہ کے بارے میں ڈاکٹر شارب ردولوی لکھتے ہیں:

> تنقید و تحقیق کو ہم معنیٰ یا ایک دوسرے کے مترادف سمجھنا یا ایک دوسرے سے قطعاً بے تعلق سمجھنا غلط ہے۔ اس لیے کہ بغیر تنقیدی شعور اور تنقیدی بصیرت کے تحقیق مکمل نہیں ہوسکتی اور اگر کوئی تحقیق بغیر تنقیدی بصیرت کے ہے تو وہ معاشیات اور مالیات کے اعداد و شمار کی طرح ہوگی۔ جس سے معنیٰ خیز نتائج کی توقع نہیں کی جاسکتی۔۔۔ تحقیق بغیر تنقید کے مکمل نہیں ہے اور تنقید میں تحقیق

سے بعض معنیٰ خیز نتائج رونما ہوتے ہیں''۔[47]

تحقیق و تنقید کے مابین اس رشتے سے پتہ چلتا ہے کہ ایک کامیاب محقق کے لیے ایک اچھا نقاد ہونا بھی ضروری ہے۔ اُردو تحقیق کے ابتدائی نقوش میں تنقیدی شعور کی کمی پائی گئی ہے۔ لیکن جیسے جیسے وسائل بڑھے اور زبان ترقی پاتی گئی تحقیق کے معیارات میں بھی تبدیلی آئی اور تنقیدی شعور کو بروئے کار لاتے ہوئے اُردو کے محققین نے سائنٹفک انداز میں تحقیق کی اور اپنے تحقیقی کاموں میں بہت کم خامیاں چھوڑیں۔ آزادی کے بعد اُردو تحقیق میں ہونے والی پیش رفت کے بارے میں ڈاکٹر شارب ردولوی لکھتے ہیں:

> ''آزادی کے بعد اُردو میں تحقیقی کاموں کی رفتار میں کافی اضافہ ہوا ہے اور بہت سی اہم چیزیں سامنے آتی ہیں۔ جن سے ایک طرف ادب کے سرمایہ میں اضافہ ہوا ہے اور دوسری طرف لوگوں کی معلومات میں۔ ان محققین میں بیشتر ایسے ہیں جو تنقید و تحقیق کو برابر اہم سمجھتے ہیں اور تنقیدی شعور کے ساتھ تحقیقی فیصلہ کرتے ہیں۔ اس طرح تحقیق بھی تنقید کی ایک روایت بن جاتی ہے۔[48]

تحقیق کی مختلف تعریفوں، تحقیق کا فن اور اُس کی مبادیات، تحقیق کی روایت اور تخلیق، تحقیق اور تنقید کے مابین آپسی رشتے کے بارے میں تفصیلات جاننے کے بعد اب دیکھا جائے گا کہ تنقید کسے کہتے ہیں اور تنقید کی مبادیات کیا ہیں۔ اور ایک محقق کے لئے تنقیدی شعور کا حامل ہونا کیوں ضروری ہے۔

تنقید کی تعریف

لفظ تنقید ''نقد'' سے مشتق ہے۔ جس کے معنیٰ جانچنا، پرکھنا یا کھوج کے ہیں۔ اصطلاح ادب میں کسی فن پارے یا تخلیق کے محاسن و معائب بیان کرتے ہوئے ادب میں اس کے مقام کا تعین کرنا تنقید کہلاتا ہے۔ ہر زمانے میں تنقید کی مختلف تعریفیں پیش کی گئی ہیں۔ کسی نے ادب کا مقصد مسرت و حظ پہنچانا بتایا اور تنقید کا کام تخلیق میں مسرت کے پہلوؤں کو تلاش کرنا بتایا

۔کسی نے ادب کو تفسیرِ حیات سے تعبیر کیا اور زندگی کے تغیر و تبدل کے زیرِ اثر ادب میں رونما ہونے والے مسائل اور تبدیلیوں کو دیکھنا تنقید کے لیے لازم قرار دیا۔تنقید چوں کہ مغرب کی دین ہے۔اس لیے تنقید کی تعریف میں مغربی افکار بھی پیش نظر رہے۔امریکہ کی مشہور ڈکشنری Vebesters New International کے دوسرے ایڈیشن میں تنقید کی تعریف کسی فنی یا ادبی تخلیق کو علمیت اور قابلیت کے ساتھ پرکھنے کے فن کو تنقید قرار دیا گیا ۔۴۹ Winchester کے بموجب ''تنقید کسی ادبی تخلیق کی داشورانہ ستائش کا نام ہے''۔جس میں اس کی قدر و قیمت کا منصفانہ طور پر متعین جاتا ہے۵۰ Shumaker کے بموجب تنقید ادب میں کسی بھی نوعیت کے دانشورانہ مباحث کا نام ہے''۔۵۱ تنقید کی ان تعریفوں کے علاوہ جہاں تک تخلیق اور تنقید کا سوال ہے کسی ادب پارے کی تخلیق کے ساتھ ہی تنقیدی عمل بھی شروع ہو جاتا ہے کیوں کہ بیش تر تخلیقات خوب سے خوب تر کی تلاش کے بعد ہی وجود میں آتی ہیں۔ اسی خیال کو پیش کرتے ہوئے ڈاکٹر شارب ردولوی لکھتے ہیں:

> ''آج زندگی ہر وقت رواں دواں ہے۔اس میں ہر لمحہ ایک نئے نظریے اور نئی فکر کا اضافہ ہوتا رہتا ہے۔اس کے امکانات اب محدود نہیں۔اس لیے ناقص اور بہتر کی تمیز کے لیے تنقید ضروری ہے۔تنقیدی شعور کے بغیر نہ تو اعلیٰ ادب کی تخلیق ہو سکتی ہے اور نہ فنی تخلیق کی قدروں کا تعین ممکن ہے۔اس لیے اعلیٰ ادب کی پرکھ کے لیے تنقید لازمی ہے''۔۵۲

جس طرح ہر زمانے میں ادبی قدریں بدلتی رہتی ہیں۔اسی طرح ادب کی پرکھ کے تنقیدی اُصولوں میں بھی تبدیلی آتی رہی۔لیکن تنقید مجموعی طور پر آفاقی اور ادب کے لیے ضروری ہے۔ کیوں کہ یہ انسان کے ذہن وفکر کو روشنی عطا کرتی ہے اور ادبی راہوں کو ہموار اور منزل کو متعین کرتی ہے۔اُردو میں تنقید کے ابتدائی نقوش تذکروں میں ملتے ہیں۔حالی نے اپنے ''مقدمہ شعر و شاعری

''کے ذریعہ جدید اُردو تنقید کی بناڈالی۔ رفتہ رفتہ تنقید کی دبستان وجود میں آئے اور رومانی تنقید جمالیاتی تنقید' سائنٹفک تنقید' تاثراتی تنقید' نفسیاتی تنقید اور تقابلی تنقید جیسے دبستان اُردو تنقید کے دامن کو وسیع کرتے رہے۔

تنقید کے ابتدائی نظریہ تعریف' تشریح اور تجزیے کی شکل میں ہیں۔ سائنٹفک تنقید ادیب اور فن کار کے تمام پہلوؤں پر بحث کرتی ہے اور اس کے ذریعہ تخلیق میں زمانے کے سماجی حالات اور خیالات کا عکس تلاش کیا جاسکتا ہے۔ جمالیاتی تنقید میں کسی بھی ادبی تخلیق کے مطالعے یا جائزے سے ذہن پر پڑنے والے تاثر کو اہمیت دی جاتی ہے اور تخلیق میں حظ' مسرت اور حسن کے پہلو تلاش کیئے جاتے ہیں۔ نفسیاتی تنقید میں فرد پر زور دیا جاتا ہے اور تخلیق کار کی نفسیاتی الجھنوں اور تشنگیوں کو تلاش کیا جاتا ہے۔ اس تنقید کا نظریہ یہ ہے کہ انسان کی دبی ہوئی خواہشات ادب اور آرٹ کی شکل میں رونما ہوئی ہیں۔ تاثراتی تنقید میں کسی بھی ادبی تخلیق کے مطالعے یا جائزے سے ذہن پر پڑنے والے تاثر کا جائزہ لیا جاتا ہے۔ مارکسی تنقید میں ادب کا تعلق زندگی سے دیکھا جاتا ہے کہ اعلیٰ ادب وہی ہے جو اپنے عہد کی سچی تصویر پیش کرتا ہے اور انسانی مقاصد کی ترجمانی کرتا ہے۔

تنقید کے ان دبستانوں کے علاوہ تنقید کا تعلق تحقیق اور تخلیق سے بھی جوڑا گیا ہے اور کہا گیا کہ تحقیق کے بغیر تنقید ممکن نہیں اور تنقید کے لیے تخلیق کی ضرورت ہے اور اچھی تخلیق کے لیے اچھے تنقیدی شعور کی بھی ضرورت ہوتی ہے۔ تنقید کی تعریف اور تنقید کے مختلف دبستانوں کے جائزے اور تنقید کے تحقیق اور تخلیق سے تعلق پر نظر ڈالنے کے بعد آیئے دیکھیں کہ معین احسن جذبی اپنی کتاب ''حالی کا سیاسی شعور'' کی روشنی میں بہ حیثیت محقق اور نقاد کس مقام پر ہیں۔ اوران کی اس تخلیق کی ادبی اہمیت کیا ہے۔

جذبی کی تصنیف ''حالی کا سیاسی شعور'' کا تنقیدی جائزہ

معین احسن جذبی کی تحقیقی وتنقیدی کتاب ''حالی کا سیاسی شعور'' ۱۹۵۹ء میں شائع ہوئی۔ کتاب کے آغاز میں انتساب کے طور پر تعارفی کلمات پیش کرتے ہوئے جذبی لکھتے ہیں

''اس مقالے کی تیاری میں جہاں میں پروفیسر رشید احمد صدیقی کا رہین منت ہوں وہاں پروفیسر شیخ عبدالرشید (سابق صدر شعبہ تاریخ) ڈاکٹر عبدالعلیم (صدر شعبہ عربی اسلامیات) اور پروفیسر آل احمد سرور (صدر شعبہ اردو) کے گراں قدر مشوروں کو بھی فراموش نہیں کرسکتا۔ ۵۳

کتاب کا ابتدائی تعارفی مضمون ''تقریب'' کے عنوان سے ڈاکٹر سید عابد حسین نے لکھا ہے جس میں اُنھوں نے کتاب کے موضوع کے انتخاب میں جذبی کی موزونیت ظاہر کی اور لکھا کہ کسی شاعر کے کلام کو موضوع بنا کر تحقیقی مقالہ لکھنا خطرے سے خالی نہیں۔ لیکن جذبی صاحب چونکہ خود شاعر ہیں اس لئے اُن سے اُمید ہے کہ وہ موضوع کے ساتھ انصاف کریں گے۔ چنانچہ عابد حسین نے لکھا کہ جذبی نے اس مقالے میں حالی کے ساتھ کہیں بھی زبردستی نہیں کی۔ اس مقالے کی اہم خصوصیت بیان کرتے ہوئے عابد حسین لکھتے ہیں:

'' جذبی صاحب کا اصل دعویٰ جسے ثابت کرنے کے لئے یہ مقالہ لکھا گیا یہ ہے کہ حالی کے سیاسی خیالات کو سرسید کے خیالات کی صدائے بازگشت کہنا غلط ہے۔ شروع میں اُن کا تصورِ سیاست کسی حد تک سرسید سے متاثر تھا۔ لیکن آگے چل کر انھوں نے اپنی الگ راہ اختیار کرلی۔ ان عوامل کو جنھوں نے حالی کے سیاسی افکار کی نشو ونما پر اثر ڈالا جذبی صاحب نے مناسب ترتیب وتفصیل کے ساتھ بیان کیا ہے۔ جذبی صاحب کی ستھری زبان اور سدھے ہوئے اندازِ

بیان نے اسے اور دلچسپ بنادیا ہے۔ ۵۴؎

سید عابد حسین نے ایک اہم بات کی طرف توجہ دلائی کہ حالی کے سیاسی خیالات اُن کے اپنے ہیں۔ سرسید کے خیالات کی نقل نہیں اور حالی کے سیاسی خیالات کو اُن کے اشعار سے اخذ کرتے ہوئے جذبی نے نئی تحقیق کی ہے۔

کتاب میں ''تعارف'' کے عنوان سے اگلا مضمون شعبہ تاریخ علی گڑھ مسلم یونیورسٹی کے پروفیسر خلیق احمد نظامی کا ہے۔ مضمون کے آغاز میں اُنھوں نے اٹھارویں صدی کے ہندوستان کے حالات بیان کئے اور اس دور میں مسلمانوں کے سیاسی وسماجی زندگی کے عروج وزوال کی طرف اشارے کئے۔ حالی کے سیاسی خیالات اور اُن کی پیشکشی میں جذبی کی کوششوں کا ذکر کرتے ہوئے خلیق احمد نظامی لکھتے ہیں:

''حالی کے متعلق عام طور پر یہ خیال کیا جاتا ہے کہ سرسید کے ساتھ اُن کا معاملہ ''استاد ازل'' کا تھا اور اُن کے خیالات سرسید کے خیالات کی صدائے بازگشت تھے۔ جذبی صاحب نے نہایت مدلل طریقہ پر ثابت کیا ہے کہ یہ خیال صرف ایک حد تک صحیح ہے۔ حالی اگر چہ سرسید ہی کے توسط سے اپنے دور کے بیشتر مسائل سے روشناس ہوئے لیکن ان مسائل پر وہ اپنی رائے بھی رکھتے تھے اور عام طور پر سرسید کے نقطہ نظر سے نہیں دیکھتے تھے۔ حقیقتاً حالی نے تعلیمی، مذہبی، سماجی مسائل پر خود بڑا غور وفکر کیا تھا اور خود اپنے نتائج پر پہنچے تھے۔ اُن کی مخصوص انفرادیت جگہ جگہ جھلکتی ہے تو اُن کی کسر نفسی اور سرسید سے عقیدت نے اس انفرادیت کو نمایاں نہیں ہونے دیا۔ جذبی صاحب نے جس طرح اس انفرادیت کو اُبھارا ہے اور حالی کے خیالات کو ایک مربوط اور منظّم صورت میں پیش کیا ہے اِس سے اُن کی دقت نظر اور گہرے مطالعے کا پتہ چلتا ہے''۔ ۵۵؎

ابتدائی تعارفی مضامین کے بعد کتاب میں ''حرف اول'' کے نام سے جذبی نے افتتاحی کلمات لکھے اور اس کتاب کے لکھنے کی غرض و غایت بیان کی۔ چنانچہ جذبی نے لکھا کہ حالی کے تعلق سے یہ عام رائے قائم کی گئی کہ اُن کے تمام خیالات سرسید سے ماخوذ ہیں۔ یہ بات کچھ حد تک صحیح نہیں۔ حالی کی کسر نفسی بھی ایک وجہ ہے۔ حیات جاوید اور ''مسدس'' میں سرسید کے تعلق سے حالی نے اپنے خیالات بھی پیش کئے۔ اپنی اس کوشش کا خلاصہ پیش کرتے ہوئے جذبی لکھتے ہیں:

''حالی کے سیاسی شعور کا کھوج لگانے میں اس بات کا بھی احساس ہوا کہ ان کے خیالات ایک منظّم صورت رکھتے ہیں۔ اُن کے اس شعر پر بار بار نظر پڑتی تھی:

ہم آج بیٹھے ہیں ترتیب کرنے دفتر کو
ورق جب اُس کا اُڑا لے گئی صبا ایک ایک

لیکن شاعری میں خیالات عام طور سے بکھرے ہوئے ہوتے ہیں۔ کوئی بات کہیں کچھ ہوتی ہے اور کہیں کچھ۔ وہ بھی اشاروں کنایوں میں خوش قسمتی سے ان اشاروں کنایوں کی تفسیر و تعبیر زیادہ تر خود حالی کے مضامین میں مل گئی۔ اس کی وجہ سے نہ صرف یہ کہ اُن کے خیالات کو ایک لڑی میں پرو دیا جا سکا بلکہ بیشتر اُن کی ترجمانی خود اُن ہی کے الفاظ میں ہوگئی۔ آخر میں یہ عرض کرنا ہے کہ حالی کی شاعری میں حالی کے سیاسی شعور کو متعین و ممیّز کرنے کی کوشش کا نتیجہ یہ مقالہ ہے اور اس کے جواز میں یہ کہنا بھی بے محل نہ ہوگا کہ اس نوعیت کی بحث اس پیمانے پر اس سے پہلے نہیں کی گئی'' ۵۶

تحقیقی کتاب ''حالی کا سیاسی شعور'' میں شامل ابواب کے عنوانات اس طرح ہیں۔

(۱) برطانوی تسخیر کے اثرات (۲) مسلمانوں کی طرف سے انگریزی تسلط کی مخالفت (وہابی

تحریک) (۳) انگریزوں اور مسلمانوں کے درمیان مفاہمت کی کوشش (سرسید کی تحریک) (۴) حالی کے سیاسی شعور کی ابتداء (۵) قدیم اور جدید نظام حکومت کا تصور (٦) حالی اور سماجی اصلاحات (۷) سیاست و کتابیات۔

تحقیقی مقالہ ''حالی کا سیاسی شعور'' کے پہلے باب میں پس منظر کے طور پر جذبی نے ''برطانوی تسخیر کے اثرات'' کے عنوان سے ہندوستان پر برطانوی اقتدار کے حالات بیان کیے۔اس باب کے آغاز میں جذبی نے انگریز اقتدار کی اس لحاظ سے ستائش کی کہ انگریزوں نے ہندوستان میں ستی کی رسم، ٹھگی، غلامی اور بچہ مزدوری کو ختم کرنے اور تعلیم کو عام کرنے کی راہ میں نمایاں خدمات انجام دیں اوران خدمات کو ہندوستان کے ترقی پسند طبقہ نے سراہا تھا۔تاہم ہندوستان کے سماجی ڈھانچے میں ہورہی شکست و ریخت، ملک میں بڑھنے والی بے روزگاری اور بدامنی کے لئے انھوں نے انگریزوں کو ذمہ دار ٹھہرایا۔

۱۸۵۷ء کے بعد رونما ہونے والے حالات کا جائزہ لیتے ہوئے جذبی نے ڈاکٹر سید محمود کے حوالے سے لکھا کہ انگریزوں کی آمد سے قبل ہندوستان میں حاکم اور رعایا اپنی اپنی خدمات تندہی سے انجام دیتے تھے۔لیکن انگریزوں کی آمد مغربی تعلیم کے حصول کے ساتھ مغرب پرستی کے تصورات نے ہندوستان کی قومی اکائی کو شدید نقصان پہونچایا۔حکمراں طبقہ کی انگریزوں کے روبرو شکست کے بعد نئی نسل کی کمزوری بیان کرتے ہوئے حالی لکھتے ہیں:

> ''جہاں تک اس جماعت کا تعلق ہے جو سوشیل اور پولیٹکل لیڈروں، ریاست کے موروثی ملازموں اور زمینداروں پر مشتمل تھی، وہ سیاسی قوت کی شکست کے ساتھ برباد ہوگئی۔اُن کے لڑکے جو اس تباہی سے بچ گئے تھے، عام طور سے پست ہمتی کا شکار ہوکر کاہلی اور بدچلنی کی زندگی بسر کرنے لگے اور ملکیت کے عوض میں جو خدمات اُن پر واجب تھیں اُن سے تقریباً کنارہ کشی

اختیار کرلی۔ یہ موروثی بے منصب جائیدادوں کے مالک جو اولوالعزمی کے جوہر سے محروم ہو چکے تھے نئے سیاسی نظام کے سرگرم حامی بن گئے کیونکہ یہ نیا نظام اُن کے لئے شہرت طلبی یا اقتدار پسندی سے دور ایک تن آسان زندگی کا ضامن تھا''۔۵۷؎

جذبی نے ایک مورخ اور سماجی ماہر کے طور پر اُس دور کے حالات کا تجزیہ کیا۔ انگریزوں نے جب ہندوستان میں قدم رکھا اور یہاں کی سیاست میں دلچسپی لینی شروع کی تو اُن کے سامنے اقتدار پر مسلمان دکھائی دیئے۔ مسلمانوں نے ہندوستان پر کئی سو سال حکومت کی لیکن انھوں نے کبھی یہ احساس نہیں ہونے دیا کہ وہ مذہب کی بنیاد پر کسی سے کم یا زیادہ اچھا یا بُرا برتاؤ کرتے ہیں لیکن انگریزوں نے ہندوستان میں قدم رکھتے ہی شاطرانہ چال چلی اور ہندوستانی قوم کو دو نظروں سے دیکھنے لگے۔ ایک مسلمان دوسرے ہندو۔ انگریزوں کو مسلمان اقتدار پر قابض، طاقتور قوم لگے۔ چنانچہ اُنھوں نے مذہبی نفاق پیدا کرتے ہوئے ہندوؤں کے ساتھ ہمدردی شروع کی اور مسلمانوں سے کھلی نفرت کا ثبوت دیا۔ جذبی نے انگریزوں کی مسلمانوں سے کھلی نفرت کی کئی مثالیں دیں۔ چنانچہ ۱۸۴۳ء میں ہندوستان آئے برطانوی گورنر جنرل لارڈ النبرا کا بیان یوں پیش کیا:

''میں اس عقیدے کی طرف سے آنکھیں بند نہیں کرسکتا کہ یہ قوم (مسلمان) بنیادی طور پر ہماری مخالف ہے۔ اس لئے ہماری صحیح پالیسی یہ ہے کہ ہم ہندوؤں کو اپنا طرفدار بنائیں''۔۵۸؎

جذبی نے آگے مسلمانوں پر انگریزوں کے ظلم وستم کی داستان تفصیل سے بیان کی جس میں اُنھوں نے کہا کہ انگریزوں نے جائزہ لے لیا تھا کہ مسلمان حصول آمدنی کے محکمہ جات دیوانی، پولیس، عدالت اور فوج میں چھائے ہوئے تھے۔ انگریزوں نے ان محکموں کا

نظام ختم کردیا اور مسلمان بڑی تعداد میں بے روزگار ہو گئے۔ مسلمانوں پر عرصہ حیات تنگ کر دینے کے بارے میں جذبی لکھتے ہیں:

طبابت، وکالت اور دیگر غیر سرکاری پیشے جن پر مسلمان تمام و کمال قابض تھے وہ بھی حکومت کی مسلم کش پالیسی، انگریزی تعلیم اور طب مغربی کے اجراء کی بدولت مسلمانوں کے ہاتھ سے جاتے رہے اور رفتہ رفتہ نوبت یہاں تک پہنچی کہ اگر کچھ اسامیاں خالی ہوتیں تو اشتہار میں اس بات کی وضاحت کر دی جاتی کہ ہندوؤں کے علاوہ کسی اور کو نہیں دی جائیں گی۔ یعنی جہاں تک ملازمتوں کا تعلق ہے مسلمانوں کی اہلیت یا نا اہلی کا کوئی سوال ہی نہ تھا''۔ ۵۹

جذبی نے اپنے تحقیقی مقالے کے پہلے باب میں عمومی طور پر انگریزوں کی ہندوستان میں پالیسی کا ذکر کیا جس کے تحت مسلمانوں کی طاقت کو معاشی اور سیاسی طور پر کم کرنا تھا۔ مقالے کے اگلے باب میں جذبی نے ''مسلمانوں کی طرف سے انگریزی تسلط کی مخالفت (وہابی تحریک)'' کے عنوان سے انگریزوں کے خلاف مسلمانوں کے ردعمل کے حالات بیان کئے۔ جذبی نے اس باب کے آغاز میں لکھا کہ اورنگ زیب کے ہندوستان میں مغلیہ حکومت کو زوال آنا شروع ہو گیا۔ کمزور حکمرانی کے سبب انگریزوں کے بشمول دوسری طاقتوں نے سر اُٹھانا شروع کیا۔ جاگیردارانہ نظام کو زوال آتا گیا۔ سوداگر اور دستکار اپنا اثر و رسوخ دکھانے لگے۔ ان حالات میں سماجی توازن کے قیام کے لئے شاہ ولی اللہ (۱۷۰۲-۱۷۶۲ء) نے وہابی تحریک چلائی۔ شاہ ولی اللہ کے افکار کا خلاصہ پیش کرتے ہوئے جذبی لکھتے ہیں:

''شاہ ولی اللہ کی تحریک دراصل سوداگروں اور کاریگروں کی تحریک تھی۔ یہ طبقہ ہمیشہ سے جاگیرداروں اور امیروں کے رحم و کرم پر تھا۔ شاہ صاحب کے بنیادی اُصولوں پر نظر ڈالئے تو یہ معلوم ہوتا ہے کہ جیسے وہ اسے کمتری کے

احساس اور طبقہ اعلیٰ کے دستبرد سے نکالنے اور اُسے سوسائٹی میں صحیح جگہ دینے کی کوشش کر رہے ہوں۔ مثلاً وہ قرآنی تعلیمات کے مطابق زندگی بسر کرنے پر سب سے زیادہ زور دیتے ہیں۔ اور ظاہر ہے کہ قرآنی تعلیمات، اُخوت و مساوات کے اُصولوں کو اہمیت دیتی ہیں۔ اسی طرح وہ اجتماعی اخلاق کو اقتصادی حالات کے تابع قرار دیتے ہوئے اقتصادی توازن یا مساوات کی اہمیت ذہن نشین کرانا چاہتے ہیں۔ خلافت راشدہ کے عہد کی سادہ معاشرت اختیار کرنے کی تلقین میں بھی یہی نکتہ پوشیدہ ہے کہ صنعتی طبقہ اپنا معیار زندگی اتنا کم کر دے کہ دوسروں کا دست نگر نہ رہے۔ الغرض اُخوت و مساوات کی یہ انقلاب آفریں تحریک جاگیرداروں کی مطلق العنانی پر بڑی کاری ضرب تھی"۔ ۶۰

جذبی نے شاہ ولی اللہ کے افکار کو پیش کرتے ہوئے اُن کے اس مقصد کی طرف بھی اشارہ کیا کہ شاہ صاحب کا بنیادی مقصد ہندوستان میں اسلامی حکومت کا قیام عمل میں لانا تھا۔ اسی لئے انھوں نے ایک مضبوط حکمران احمد شاہ ابدالی کو ہندوستان پر حملے کی دعوت دی تاکہ ہندوستان سے مغلیہ سلطنت کے زوال کے بعد قائم ہونے والی مرہٹوں اور جاٹوں کی چھوٹی چھوٹی حکومتوں کا خاتمہ ہو جائے۔ ابدالی نے ہندوستان پر شدید حملہ تو کیا لیکن وہ اپنی حکومت قائم نہیں کر سکا۔ وہ ہندوستان کی دولت لوٹ کر چلا گیا۔ جذبی نے لکھا کہ شاہ ولی اللہ نے قرآن کا ترجمہ فارسی میں کیا تاکہ اس دور کے فارسی جاننے والے قرآن کے مطالب کو آسانی سے سمجھ سکیں اور قرآنی تعلیمات کے مطابق زندگی اختیار کریں۔ جذبی کہتے ہیں کہ اسلامی مملکت کا خواب شاہ صاحب نے دیکھا تھا۔ اُن کی زندگی میں وہابی تحریک کی بنیاد پڑی اور جذبی کے بموجب اُن کے آنے والے جانشین شاہ عبدالعزیز (۱۸۲۴-۱۷۴۶ء) اُن کے بھائی شاہ عبدالقادر، شاہ رفیع الدین، شاہ عبدالعزیز کے بھتیجے شاہ محمد اسمٰعیل، شاہ کے مرید سید

معین احسن جذبی فکر وفن 148

احمد شہید، مولانا ولایت علی اور دیگر نے اس تحریک میں شدت پیدا کی۔ قرآن کے فارسی کے علاوہ اردو تراجم کئے گئے۔ ایک فتوے کے ذریعے کلکتے سے دِلّی تک انگریزوں کے زیر اقتدار علاقے کو دارالحرب قرار دیا گیا، جہاد کا اعلان کیا گیا۔ مسلمان، سکھوں کے خلاف صف آراء ہوئے۔ انگریز چاہتے تھے کہ ہندوستان کی دو بڑی قومیں آپس میں لڑتے ہوئے کمزور ہوجائیں۔ جذبی نے لکھا کہ تحریک کے کرتا دھرتاؤں نے افغانوں کی مدد بھی لی تاکہ ہندوستان میں انگریزوں کے خلاف طاقت بڑھائی جائے اور شمال میں مسلم حکومت قائم ہو۔ بنگال میں بغوت کی گئی۔ شمال میں شورش کی گئی لیکن علماء کی یہ تحریک انگریزوں کی منظّم فوجی طاقت کے آگے ٹک نہیں سکی اور ہندوستان میں وہابی تحریک علماء کی گرفتاریوں کے سبب کمزور پڑ گئی۔ جذبی تحریک کے زوال کے اسباب بیان کرتے ہوئے لکھتے ہیں:

> ''حکومت نے بنگال اور سرحد کی شورشوں سے خوف زدہ ہوکر دار و گیر شروع کردی۔ سنہ ۱۸۶۴ء میں مولانا یحییٰ علی مولانا احمد اللہ عظیم آبادی، مولانا جعفر تھانیسری وغیرہ جو اس بغاوت کے روح رواں تھے گرفتار کر لئے گئے اور انھیں دائم الحبس بہ عبور دریائے شور کی سزا دی گئی۔ بنگال اور بہار میں گرفتاریوں کا سلسلہ ۱۸۷۲ء تک جاری رہا۔ اس طرح غیر ملکی حکومت کے خلاف مسلمانوں کی ایک انتہائی باغیانہ تحریک کا خاتمہ ہوا۔ اس تحریک کی سب سے بڑی کمزوری یہ تھی کہ یہ اپنی مذہبی نوعیت کی بناء پر صرف مسلمانوں تک محدود رہی۔ اس کے علم برداروں نے اسلامی حکومت قائم کرنے کی فکر میں ہندوؤں کو اپنے ساتھ لانے کی کوشش نہیں کی۔ حالانکہ عام ہندو بھی اس غیر ملکی حکومت کو اتنی ہی نفرت سے دیکھتا تھا جتنا کہ مسلمان۔ لیکن دوسری طرف اس تحریک نے انگریزوں کو مسلمانوں کے مسائل پر ٹھنڈے دل سے غور کرنے پر

مجبور کیا۔ ہنٹر نے ۱۸۷۱ء میں اپنی مشہور کتاب ''ہمارے ہندوستانی مسلمان'' میں ان تمام حالات و واقعات کا جائزہ لیا ہے جو مسلمانوں کی بے اطمینانی کا باعث تھے اور اس نتیجہ پر پہنچتا ہے کہ وہابیوں یا عام مسلمانوں میں باغیانہ رجحانات کی پرورش اُس وقت تک ہوتی رہے گی جب تک وہ معاشی ابتری اور حکومت کی بے اعتنائی کا شکار رہیں گے''۔۶۱

جذبی نے وہابی تحریک کے عروج و زوال کی داستان کے تمام اہم گوشوں کو اس باب میں روشن کرنے کی کوشش کی۔ انگریز مورخین اور اُن کی کتابوں کے اُردو ترجموں کے حوالہ سے انھوں نے یہ واضح کرنے کی کوشش کی کہ اٹھارویں صدی کے ہندوستان میں اقتدار کی رسہ کشی کے دعویداروں میں مسلمانوں نے بھی کوشش کی۔۔ یہ کوشش مغلوں کی طرف سے نہیں بلکہ مقامی مذہبی گروپوں کی طرف سے تھی۔ وہابی تحریک اپنے وقت کی پیداوار تھی۔ اس تحریک کی کوششوں سے مذہبی اقدار کی اچھی خاصی تبلیغ ہوئی اور اسلامی تعلیمات عام ہوئیں۔ انگریزوں کے خلاف رائے عامہ ہموار ہوئی اور جدوجہد آزادی کے ابتدائی نقوش واضح ہوئے۔

جذبی نے اپنے تحقیقی مقالے کے اگلے باب میں ''انگریزوں اور مسلمانوں کے درمیان مفاہمت کی کوشش (سرسید کی تحریک)'' کے عنوان سے اپنے خیالات پیش کئے۔ انیسویں صدی کی ہندوستان کی تاریخ میں سرسید احمد خاں بہت بڑے مصلح قوم کے طور پر سامنے آئے۔ سرسید نے اپنی مخصوص پالیسیوں سے ہندوستان کی سماجی زندگی پر اور خاص طور سے مسلمانوں کی سماجی اور تہذیبی زندگی پر گہرے اثرات چھوڑے۔ سرسید نے اپنی تعلیم و تربیت اور فکر کی روشنی میں حالات کا جس طرح جائزہ لیا اس کا خلاصہ جذبی نے بڑے مبسوط انداز میں یوں پیش کیا:

''سرسید نے ۱۸۵۷ء کی بغاوت میں مسلمانوں کی تباہی کو دو باتوں پر

محمول کیا۔ پہلی یہ کہ اُن میں تعلیم وتربیت نہیں تھی۔ دوسری یہ کہ انگریزوں سے جن کو خدا نے ہم پر مسلط کیا ہے میل جول اور اتحاد نہ تھا اور باہم ان دونوں میں مذہبی اور رسمی منافرت بلکہ مثل آب زیر کا عداوت کا ہوتا تھا۔ چنانچہ انھوں نے مسلمانوں کی عام بہبودی کے لئے تعلیم وتربیت اور انگریزوں سے ربط واتحاد پر خاص طور سے زور دیا''۔۶۲

سرسید نے مسلمانوں کو تعلیم سے آراستہ کرانے میں ہی اُن کی بھلائی محسوس کی تھی۔ دوسری طرف وہ نہیں چاہتے تھے کہ مسلمان انگریزوں سے مخالفت مول کر بدنام ہو جائیں۔ چنانچہ جذبی نے سرسید کی تقاریر، اُن کے افکار اور خیالات پیش کرتے ہوئے واضح کیا کہ سرسید نے مسلمانوں کے معاشی اور سیاسی مسائل کے حل کے لئے انگریزوں کی قربت کو پسند کیا تھا۔ سرسید نے اپنی تحریروں سے یہ واضح کرنے کی کوشش کی کہ انگریزوں کے خلاف بغاوت کے لئے مسلمان ذمہ دار نہیں تھے۔ جذبی نے لکھا کہ سرسید نے اپنی تصنیف ''اسباب بغاوت ہند'' میں وہ تمام حالات بیان کئے جو بغاوت کا سبب بنے۔ سرسید کی اس تصنیف میں پیش کردہ خیالات بیان کرتے ہوئے جذبی لکھتے ہیں:

''جو اسباب انھوں نے بتائے ہیں اُن میں بڑی صداقت ہے۔ مثلاً اُمور مذہبی میں مداخلت، زمینداروں اور تعلقوں کی ضبطی، عدالتوں کی بدانتظامی، طریقہ تعلیم کی خرابی، نامناسب آئین، مفلسی، اعلیٰ ملازمتوں سے محرومی، مسلمانوں کی بے روزگاری اور اُن کی نفسیاتی کیفیت وغیرہ۔ اس میں شک نہیں کہ انھوں نے اس پُر آشوب دور میں جبکہ مسلمانوں پر حکومت کا شدید عتاب نازل ہورہا تھا بڑی جرأت سے کام لیا اور بغاوت کی ساری ذمہ داری خود انگریزی حکومت کی خامیوں اور بدعنوانیوں کے سر ڈال دی''۔۶۳

جذبی نے سرسید کی تصنیف ''اسباب بغاوت ہند'' کے حوالے سے سرسید کی ان کوششوں کا ذکر کیا جو انھوں نے مسلمانوں کے بارے میں انگریزوں کو اپنی رائے تبدیل کرانے کے لئے کی تھیں۔ لیکن جذبی نے سرسید کی ان حرکتوں پر کڑی تنقید کی جس میں سرسید نے مسلمانوں کو بری کرانے کے لئے جھوٹ اور مبالغہ سے کام لیا۔ جذبی کی سرسید پر تنقید ملاحظہ ہو:

> ''یہ بھی حقیقت ہے کہ انھوں نے بغاوت کے کردار کو مسخ کیا۔ اُن کا یہ کہنا کہ بغاوت قومی نہیں تھی، اس حقیقت کو جھٹلانا ہے کہ اس میں ہر مذہب، ہر ملت اور ہر طبقے کے لوگ شریک تھے۔ اس طرح جہاد کے فتوے کو جعلی قرار دینا اصل واقعہ پر پردہ ڈالنا ہے۔ سینکڑوں عالموں کو پھانسی اور حبس دوام کی سزائیں اور پھر مولانا فضل حق خیر آبادی کا انگریزی عدالت میں یہ بیان حقیقت کے رُخ سے نقاب اٹھانے کے لئے کافی ہے'' وہ فتویٰ صحیح ہے، میرا لکھا ہوا ہے اور آج اس وقت بھی میری وہی رائے ہے''۔ مسلمانوں کو بری کرنے کی کوشش میں سرسید نے یہ بھی کہا کہ بغاوت کی تمام تر ذمہ داری ہندوؤں سے منسوب کردی۔ ۶۴

سرسید کے بارے میں جذبی کے ان نتائج سے اندازہ ہوتا ہے کہ وہ ایک اعتدال پسند نقاد تھے اور جہاں ضرورت ہو حق بات کہنے سے نہیں کتراتے تھے۔ اور یہ دیکھا گیا ہے کہ حق بات ہمیشہ کڑوی ہوتی ہے۔ سرسید نے انگریزی تعلیم حاصل کی تھی اور ایک دردمند انسان کا دل رکھتے تھے۔ مذہب اسلام کے بارے میں وہ سائنٹفک نقطہ نظر رکھتے تھے۔ چنانچہ ایک بڑے فائدے کی خاطر اور مسلمانوں کو انگریزوں کے عتاب سے بچانے کی خاطر اگر انھوں نے کچھ جھوٹ بھی کہا ہو وہ مصلحت کی خاطر ہوگا۔ تاہم جذبی حالی کے سیاسی شعور کے مطالعے کے پس منظر میں سرسید کے رول کو اعتدال پسند نقطہ نظر سے دیکھتے ہیں اور مسلمانوں کے مصلح اور

ہندوستان میں مسلمانوں کی تعلیم و ترقی کے معمار سر سید کے کردار پر تنقید کرنے سے نہیں چوکتے۔

جذبیؔ سر سید کی خدمات کو اُن کی تصانیف کے حوالے سے پیش کرنے کی کوشش کرتے ہیں۔ چنانچہ اُنھوں نے سر سید کی جانب سے شروع کردہ رسالہ ''لائل محمڈنس آف انڈیا'' میں تحریر کردہ اُن کے مضامین کے حوالے سے لکھتے ہیں کہ اس رسالے کے ذریعہ سر سید نے اُن مسلمانوں کے کارناموں کو اُجاگر کیا جنھوں نے بغاوت میں انتہائی خطرات کے باوجود انگریزوں کا ساتھ دیا تھا۔ اس سے سر سید انگریزوں کے روبرو یہ ثابت کرنا چاہتے تھے کہ بغاوت میں مسلمانوں کی شرکت قومی حیثیت کی نہیں تھی۔ اس لئے حکومت کا عتاب ساری مسلم قوم نہیں بلکہ وہ لوگ ہیں جنھوں نے بغاوت میں حصہ لے کر بقول جذبیؔ نمک حرامی اور ناشکری کا ثبوت دیا تھا۔ جذبیؔ نے آگے لکھا کہ سر سید نے ایک خاص مقصد کے تحت بائبل کی تفسیر لکھی۔ سر سید یہ واضح کرنا چاہتے تھے کہ مسلمان عیسائیوں یا اُن کی حکومت کے بدخواہ نہیں ہو سکتے اور یہ کہ اسلام تلوار کے زور پر نہیں پھیلا۔

جذبیؔ سر سید کے ''خطبات احمدیہ'' کے حوالے سے لکھتے ہیں کہ ان خطبات سے سر سید نے یہ ظاہر کیا کہ اسلام تہذیب اور شائستگی کا مذہب ہے۔ سر سید نے مسلمانوں کی تعلیم معاشرت اور مذہب کے سدھار کی طرف زیادہ توجہ دی۔ سر سید کی اصلاحی تحریک کا اہم جز اُن کا رسالہ ''تہذیب الاخلاق'' ہے۔ یہ رسالہ ۱۸۷۰ء میں جاری ہوا۔ تہذیب الاخلاق میں سر سید اور اُن کے رفقاء کے تحریر کردہ مضامین کی اشاعت کی غرض و غایت بیان کرتے ہوئے جذبیؔ لکھتے ہیں:

> ''تہذیب الاخلاق نے جاگیرداری دور کی زوال آمادہ تہذیب و معاشرت پر سخت حملے کئے اور مسلمانوں کو مغربی تہذیب اختیار کرنے پر مائل کیا۔ سر سید جانتے تھے کہ آج قوموں کی ترقی کا مدار عقلیت اور سائنس پر ہے اور

مسلمانوں کو اگر اپنی موجودہ پستی سے اُبھارنا ہے تو لبرل تہذیب کو جو ان تصورات کی حامل ہے اپنائے بغیر چارہ نہیں۔اس خیال کے تحت اُنھوں نے جاگیرداری دور کے فرسودہ اخلاق و معاشرت کو عقلیت اور نیچر کی کسوٹی پر پرکھا۔انیسویں صدی کے مغرب کی قدروں کو سامنے رکھ کر جہاد، غلامی اور عورتوں کی محکومی کی مذمت کی اور اس طرح تعصب تقلید اور بیہودہ رسم ورواج کی بندشوں کو ڈھیلا کیا۔سرسید کو اس سلسلے میں اپنے دوستوں سے بھی بڑی مدد ملی۔جن کے مضامین تہذیب الاخلاق کے صفحات میں اُن کی تائید اور حمایت کرتے تھے۔تہذیب الاخلاق اگرچہ معاشرت کی اصلاح سے متعلق تھا لیکن مذہبی نقطہ نظر سے بھی اس کی اہمیت ثابت کرنا ضروری تھا۔تہذیب الاخلاق نے کافی گہرے نقوش چھوڑے''۔۶۵

جذبی نے اس باب میں سرسید کی خدمات اور اُن کے افکار کو تفصیلی طور پر بیان کیا۔ سرسید کے کارنامے بےشمار تھے۔تہذیب الاخلاق کے ذکر کے بعد جذبی نے سائنٹفک سوسائٹی کے قیام کے ضمن میں سرسید کی خدمات بیان کیں۔جبکہ سرسید نے یہ سوسائٹی انگریزی علوم و فنون کی کتابوں کا اردو میں ترجمہ کرنے کیلئے قائم کی تھی۔سرسید کا سب سے اہم کارنامہ علی گڑھ اسکول، کالج اور یونیورسٹی کا قیام تھا۔جذبی نے علی گڑھ کالج اور یونیورسٹی کے قیام اور اُس کی کارگذاری بیان کرتے ہوئے سرسید اور انگریزوں کے روابط کو بھی بیان کیا۔جبکہ سرسید نے کالج کے قواعد میں یہ بات شامل رکھی تھی کہ کالج کے اسٹاف میں مسلمانوں کے ساتھ انگریز اسٹاف کو بھی لیا تاکہ مسلمانوں اور انگریزوں میں اتحاد کا اظہار ہوسکے۔سرسید کی تعلیمی پالیسی کے ذکر کے بعد جذبی نے اُن کی سیاسی پالیسی کا تذکرہ مفصل طور پر کیا۔جس میں کانگریس کا قیام، ہندوستان میں جدوجہد آزادی کی تحریک کا فروغ اور دیگر عوامل شامل ہیں۔سرسید نے

اس دور میں مسلمانوں کے لئے قوم کا لفظ استعمال کیا تھا اور قومیت کے تصور سے ابنائے وطن کو آشنا کیا۔ ۱۸۸۶ء میں سرسید نے محمڈن ایجوکیشنل کانفرنس قائم کی۔ جس کا مقصد مسلمانوں کی عام تعلیمی اصلاح تھا۔ جذبی نے یہ خیال ظاہر کیا کہ سرسید نے علی گڑھ یونیورسٹی میں مختلف علاقوں سے آئے طلباء کو ایک رنگ میں پیش کرتے ہوئے اُن میں قومیت کا تصور اُجاگر کیا۔ جبکہ طلباء کے لئے لازمی تھا کہ وہ یونیورسٹی کا مخصوص یونیفارم زیب تن کریں۔ مردوں کے مقابلے میں عورتوں کی انگریزی تعلیم کی سرسید نے مخالفت کی تھی۔ سرسید کے اس خیال کو قدامت پرستی تصور کرتے ہوئے جذبی لکھتے ہیں:

> ''سرسید بعض معاملات میں قدامت پرست اور تنگ نظر بھی تھے۔ مثلاً موجودہ حالات میں وہ عورتوں کے پردے کے حامی تھے اور اُن کی انگریزی تعلیم کے مخالف وہ عورتوں کے لئے اخلاق اور دینیات کی تعلیم ہی کافی سمجھتے تھے۔ اُن کا عقیدہ تھا کہ عورتوں سے پہلے مردوں کا تعلیم یافتہ ہونا ضروری ہے۔ اس کے بعد وہ خود عورتوں کو تعلیم سے آراستہ کرلیں گے جہاں کے مرد تعلیم یافتہ ہوگئے ہیں وہاں کی عورتیں بھی تعلیم یافتہ ہوگئی ہیں''۔ ۶۶

جذبی نے سرسید کی مخالفت کے احوال بیان کرتے ہوئے لکھا کہ ابتداء میں بعض مذہبی حلقوں کی جانب سے سرسید کے جدید نظریات کی مخالفت کی گئی اور خود سرسید کی ذات کو بھی نشانہ بنایا گیا۔ لیکن گزرتے وقت کے ساتھ قدیم روایتیں اور نئے اقدار میں ہم آہنگی پیدا ہوتی گئی اور سرسید کی مخالفت میں کمی واقع ہوئی۔ سرسید کی اردو خدمات بھی اُن کے کارناموں کا اہم حصہ ہیں۔ علی گڑھ تحریک کے ضمن میں سرسید اور اُن کے رفقاء نے اردو نثر میں مضامین لکھ کر اُسے سادگی سے ہمکنار کیا تھا اور یہ کام سرسید نے شروع کیا تھا۔ سرسید کی اردو ادب کے فروغ سے متعلق خدمات کا احاطہ کرتے ہوئے جذبی یوں رقم طراز ہیں:

''سرسید کی داستان نامکمل رہ جائے گی اگر ہم شعروادب کی دنیا میں اس انقلاب کا ذکر نہ کریں جو اُن کی توجہ کا رہین منت ہے۔ اُنھوں نے مختلف النوع موضوعات پر قلم اُٹھا کر زبان کو ہر قسم کے خیالات کی ادائیگی کے قابل بنایا۔ تکلف اور تصنع کے بجائے سادگی اور سلاست کو رواج دیا۔ اس طرح اردو کو جہاں تک نثر کا تعلق ہے سرسید کی بدولت پہلی بار وسعتیں نصیب ہوئیں۔ اُن کی تحریر ایک عرصے تک نثر لکھنے والوں کے لئے نمونہ بنی رہی حالیؔ، شبلیؔ، سبھی اُن کے خوشہ چیں ہیں۔ نظم بھی اُن کی کچھ کم احساس مند نہیں۔ مولانا محمد حسین آزادؔ اگرچہ نئی اور نیچرل شاعری کے بانی ہیں لیکن اس کے رُخ کو سادگی اور افادیت کی طرف موڑنے میں سرسید کا بہت بڑا ہاتھ ہے''۔ ۶۷

سرسید کی اردو ادب کے لئے کی گئی خدمات کے احاطے کے ساتھ سرسید سے متعلق کتاب کا یہ باب اختتام پذیر ہوتا ہے۔ اس باب میں جذبیؔ نے سرسید کی تمام سیاسی، سماجی، ادبی و دیگر خدمات کا احاطہ کیا۔ جہاں مناسب سمجھا وہاں پر سرسید پر نکتہ چینی بھی کی اور سرسید کی زندگی اور اُن کے افکار سے متعلق کچھ نئے پہلو سامنے لانے کی کوشش کی۔ جذبیؔ کے تحقیقی مقالے ''حالی کا سیاسی شعور'' کے پس منظر میں سرسید کی ان خدمات کا تعارف حالیؔ کے افکار کو بہتر طور پر سمجھنے میں معاون ثابت ہوتا ہے۔ حالیؔ سرسید کے رفیق کار تھے۔ تو دوسری طرف سرسید حالیؔ کے مُربی تھے۔ سرسید کی فرمائش پر حالیؔ نے ادب برائے زندگی کا نظریہ قائم کیا اور اُس نظریے کی ترویج کے لئے اپنی مشہور نظم ''مد و جزر اسلام''، رباعیات، غزلیں اور نظمیں کہیں۔ مقدمہ شعر و شاعری جیسی اہم تنقیدی کتاب لکھی اور تین سوانحی کتابیں حیات جاوید، یادگار غالب اور حیات سعدی تحریر کیں۔ جذبیؔ کا بنیادی کام حالیؔ کے سیاسی شعور کی کھوج تھا۔ اس کے لئے انھوں نے حالیؔ کی شخصیت پر اثر انداز شخصیت سرسید احمد خاں، اُن کے عہد اور اُن

معین احسن جذبی فکر و فن 156

کی خدمات کا جائزہ لیا۔

تحقیقی وتنقیدی کتاب ''حالی کا سیاسی شعور'' کے اگلے باب کا نام ''حالی کے سیاسی شعور کی ابتداء'' ہے۔ ابھی تک جذبی نے حالی کے فن اور شخصیت پر اثر انداز ہونے والے حالات اور عوامل کا تفصیلی تجزیہ پیش کیا تھا۔ ''حالی کے سیاسی شعور کی ابتداء'' والے باب سے وہ کتاب کے اصل موضوع کی طرف آتے ہیں۔ چنانچہ اس باب کے ابتداء میں جذبی، حالی کے خاندان، پیدائش اور بچپن کے حالات پیش کئے اور لکھا کہ حالی کی پرورش متوسط نچلے طبقے کے گھرانے میں ہوئی۔ اس لئے اُن کی شخصیت میں محنت، مستقل مزاجی، سادگی، دل سوزی اور رواداری کے عناصر غیر شعوری طور پر داخل ہوگئے اور اُن کے کردار کا حصہ بن گئے۔ جذبی نے حالی کے جائے پیدائش پانی پت سے اُن کے دِلّی پہنچنے کا حال بیان کیا۔ بیس سال کی عمر میں حالی نے دِلّی میں ۱۸۵۷ء کے حالات کا مشاہدہ کیا۔ وہاں کے نامساعد حالات میں زندگی گذاری اور اپنی شاعری میں دِلّی کی بربادی کا تذکرہ کیا۔ حالی نے اپنے مرثیہ دِلّی میں جو غم کے جذبات پیش کئے۔ اُن سے متاثر ہوتے ہوئے جذبی نے اُن کے یہ اشعار نقل کئے۔

تذکرہ دہلی مرحوم کا اے دوست نہ چھیڑ
نہ سنا جائے گا ہم سے یہ فسانہ ہرگز
داستانِ گل کی خزاں میں نہ سنا، اے بلبل
ہنستے ہنستے ہمیں ظالم نہ رلانا ہرگز
لے کے داغ آئے گا سینہ پہ بہت اے سیاح
دیکھ اس شہر کے کھنڈروں میں نہ جانا ہرگز
چپے چپے پہ ہیں یاں گوہر یکتا نہ خاک
دفن ہوگا نہ کہیں اتنا خزانہ ہرگز

مٹ گئے تیرے مٹانے کے نشاں بھی اب تو
اے فلک اس سے زیادہ نہ مٹانا ہرگز
جس کو زخموں سے حوادث کے اچھوتا سمجھیں
نظر آتا نہیں اک ایسا گھرانا ہرگز
رات آخر ہوئی اور بزم ہوئی زیر و زبر
اب نہ دیکھو گے کبھی لطف شبانا ہرگز

(بحوالہ کلیات نظم حالی)

۱۸۵۷ء کے حالات نے اُس دور کے سبھی شعراء اور ادیبوں کو متاثر کیا تھا۔ میر نے دل اور دِلّی کی تباہی کے جو نقشے اپنی شاعری میں پیش کئے۔ وہ آج بھی قاری کو اُس دور کی ہولناکیوں کی یاد دلاتے ہیں۔ میر نے دِلّی کی تباہی کو اپنی تباہی تصور کرلیا تھا۔ جبکہ حالی نے سرسید کی صحبت میں رہ کر حالات کا مقابلہ کرنا سیکھ لیا تھا اور نہ صرف خود اپنی ذات کے لئے بلکہ خواب غفلت میں سوئی ہندوستانی قوم کو جگانے کے لئے اُنھوں نے ادب برائے زندگی کا نظریہ پیش کیا اور اس پر کاربند رہے۔ جذبی نے حالی کی شخصیت کی تعمیر میں اُن کی ابتدائی زمانے کی مشرقی علوم کی تعلیم، دہلی کے ۱۸۵۷ء کے حالات کے بعد حالی کی شیفتہ سے صحبت کا ذکر کیا۔ حالی شیفتہ کے شاگرد تھے اور اُن کی صحبت میں ۱۸۶۳ء تا ۱۸۷۲ء تقریباً آٹھ سال رہے۔ جذبی کہتے ہیں کہ حالی کو اس بات کا اعتراف تھا کہ انھیں اپنے ادبی ذوق کے سنوارنے میں غالب سے زیادہ شیفتہ کی صحبت نے فائدہ پہونچایا۔ شیفتہ مبالغے کو ناپسند کرتے تھے اور بات کو سادگی اور دلچسپی سے بیان کرنے پر زور دیتے تھے۔ حالی نے اپنے تنقیدی خیالات اور شاعری کے ذریعہ مبالغہ آرائی سے اپنی ناپسندیدگی کا اظہار کیا ہے۔ جبکہ اردو کے سبھی نامور غزل گو شعراء نے مبالغے کو شاعری کا حسن قرار دیا ہے اور اُسے شعر کے جذبے کو نکھارنے کے لئے

استعمال کیا ہے جبکہ حالی کی تربیت اور مزاج کی تعمیر اس انداز میں ہوئی کہ وہ غزل کے بشمول شاعری کی دیگر اصناف میں مبالغے کو سختی سے ناپسند کرتے تھے۔ جذبی کہتے ہیں کہ شیفتہ کی صحبت نے حالی کے مزاج کی تعمیر میں اہم حصہ ادا کیا۔ جذبی حالی کی شخصیت کی تعمیر کے حالات بیان کرتے ہوئے آگے لکھتے ہیں کہ حالی کو مذہب اسلام سے کافی لگاؤ تھا اور وہ اُس زمانے میں چلی وہابی تحریک سے بھی کافی متاثر تھے۔ اس ضمن میں جذبی تفصیلات بیان کرتے ہوئے لکھتے ہیں:

''حالی کو مذہب سے کافی لگاؤ تھا۔ دِلّی اور پانی پت کے عالموں کی تعلیم اور فیض صحبت نے حالی میں اگر مذہبی شغف پیدا کر دیا ہو تو کچھ عجب نہیں۔ اس زمانے میں مسلمانوں کا ایک طبقہ وہابی عقائد سے بہت متاثر تھا۔ حالی بھی غالباً ان عقائد کو تسلیم کرتے تھے......شیفتہ کے علم و تقدس اور مذہبی انہاک کا بھی اُن پر ایک عرصے تک سایہ رہا۔ حالی نے خود اپنے مضامین میں جس طرح شاہ ولی اللہ کے اقتباسات سے اپنی دلیلوں کو تقویت پہنچائی ہے اس سے بھی یہ نتیجہ اخذ کیا جا سکتا ہے کہ وہ جہاں شاہ صاحب کے مذہبی افکار کے قائل تھے وہاں اُن کے انقلاب آفریں سیاسی تصورات سے بھی ضرور متاثر ہوئے ہوں گے''۔ ۶۸

حالی کے مذہبی نظریات اور مذہب سے اُن کی گہری وابستگی کے اثرات پیش کرنے کے بعد جذبی نے حالی کی زندگی پر پڑنے والے سرسید کے اثرات کی تفصیلات بیان کیں جبکہ حالی سرسید سے متعارف ہوئے تھے۔ سرسید کی شروع کردہ سائنٹفک سوسائٹی رسالہ تہذیب الاخلاق اور اُن کے دیگر اصلاحی کاموں سے حالی نے نہ صرف اتفاق کیا بلکہ سرسید کی ہاں میں ہاں ملاتے ہوئے تعلیمی اعتبار سے وہ انگریزوں کو بہتر ماننے لگے تھے۔

حالی کی زندگی کا دوسرا پڑاؤ وہ ہے جب وہ ایک اور ملازمت کے سلسلے میں ۱۸۷۲ء

میں لاہور جاتے ہیں جہاں دوران ملازمت انگریزی ادب کے تراجم کے مطالعے سے اُنھیں انگریزی شاعری اور تنقید سمجھنے کا موقع ملا تھا۔حالیؔ اپنی ملازمت کے ضمنی اثرات کے بارے میں لکھتے ہیں:

''نواب شیفتہ کی وفات کے بعد پنجاب گورنمنٹ بک ڈپو لاہور میں ایک اسامی مجھ کو مل گئی۔جس میں مجھ کو یہ کام کرنا پڑتا تھا کہ جو ترجمے انگریزی سے اردو میں ہوتے تھے اُن کی اردو عبارت درست کرنے کو مجھے ملتی تھی۔تقریباً چار برس میں نے یہ کام لاہور میں رہ کر کیا۔اس سے انگریزی لٹریچر کے ساتھ الحمدللہ مناسبت پیدا ہوگئی اور نا معلوم طور پر آہستہ آہستہ مشرقی اور خاص کر عام فارسی لٹریچر کی وقعت دل سے کم ہونے لگی''۔۶۹

حالیؔ نے مغربی ادب کا مطالعہ کیا۔لیکن سرسید کی صحبت کا اثر کہئے یا انسانی فطرت کہ جس میں دور کے ڈھول سہانے نظر آتے ہیں۔حالیؔ کے دل میں مشرقی علوم اور ادب کی اہمیت کم ہوگئی اور وہ مغرب کے پرستار ہونے لگے۔انگریزی ادب کے مطالعے کا حالیؔ پر یہ اثر پڑا کہ وہ شعر و ادب کے افادی پہلو کی اہمیت کو سمجھنے لگے تھے۔یہیں سے حالیؔ کے مزاج میں وہ تبدیلی آئی جس کی بناء اُنھوں نے زور دے کر ادب برائے زندگی نظریے کا پرچار کرنا شروع کیا۔اور بالآخر یہ نظریہ اُن کی شناخت بن گیا۔

حالیؔ کی شخصیت کی تعمیر میں انجمن پنجاب لاہور کے مشاعرے بھی رہے جس میں آزادؔ کی کوششوں سے نیچرل شاعری اور موضوعاتی نظمیں کہنے کا رواج پروان چڑھا۔حالیؔ نے ان مشاعروں میں چار مثنویاں پڑھیں جن کے نام برکھارت،نشاطِ امید،حب وطن اور مناظرۂ رحم و انصاف ہیں۔جذبیؔ نے اُن کی تین مثنویوں کا تجزیہ پیش کیا جن میں نشاطِ امید،حب وطن اور مناظرۂ رحم و انصاف ہیں۔جذبیؔ نے حالیؔ کی ان مثنوی نما نظموں سے منتخب اشعار پیش کرتے

ہوئے اُن کی فکر کو سمجھانے کی کوشش کی ہے۔ ان نظموں کے بارے میں جذبی لکھتے ہیں:

''حالی کی ان نظموں سے جو لاہور کے زمانۂ قیام کی پیداوار ہیں اُن کی ابتدائی سیاسی اور سماجی شعور کا اندازہ لگایا جاسکتا ہے۔ ہندوستان کی ناکسی و بے حسی، قومیت کا تصور، مغرب کی عقلیت، جمہوریت، انفرادی آزادی اور غلامی کا انسداد، یہ ساری چیزیں اُن کے ذہن پر منعکس ہونے لگی تھیں۔ یہ زمانہ درحقیقت حالی کے ذہنی انقلاب کا دور ہے جس میں وہ قدیم و جدید کی کشمکش سے نکلنے اور نئے حالات اور نئے خیالات سے آشنا ہونے لگے تھے۔''۷۰

حالی کی ان نظموں کے تجزیے کے ساتھ ہی کتاب کا یہ باب ختم ہوتا ہے۔

جذبی نے مرحلہ وار مختلف ابواب میں حالی کی فکر وفن اور اُن کے سیاسی شعور کے ارتقاء کو پیش کیا ہے۔ چنانچہ اُن کی کتاب کے اگلے باب کا عنوان ''قدیم اور جدید نظم حکومت کا تصور'' ہے۔ اس باب کے آغاز میں جذبی نے لکھا کہ حالی ۱۸۷۵ء کے قریب لاہور سے دِلّی واپس آگئے اور سرسید کی فرمائش پر انھوں نے اپنی مشہور مسدس ''مدوجزر اسلام'' ۱۸۷۹ء میں لکھی۔ جذبی کے خیال میں یہ نظم لکھ کر حالی شعوری طور پر اسلامی سیاست کے میدان میں قدم رکھتے ہیں۔ حالی کی مختلف نظموں سے اشعار کے انتخاب کے ذریعے جذبی نے اُن کی سیاسی فکر کو پیش کرنے کی کوشش کی ہے۔ حالی کے چند نظموں کے خیالات کا نچوڑ پیش کرتے ہوئے جذبی لکھتے ہیں:

''حالی نے ملکی اور اخلاقی زوال کے جو اسباب بیان کئے ہیں وہ روحانی نہیں بلکہ خالص مادی ہیں۔ ہندوستان کے تمام امراض کی جڑیں ایشیائی طرزِ حکومت اور طبعی حالات میں ملتی ہیں۔ ایشیائی نظام نے سماج میں جمود، مایوسی، بیکاری، سستی اور بزدلی پیدا کردی۔ دوسری طرف ہندوستان کے طبعی حالات نے بد کو بدتر بنادیا۔ اوہام عقل پر غالب آگئے اور سماج اپنی مجبوری اور ناچاری پر ایمان لاکر تقدیر کا پرستار اور تدبیر سے کنارہ کش ہوگیا۔ یہی وہ اسباب ہیں

جن کی بناء پر ہندوستان میں کسی سلطنت کو استحکام نصیب نہیں ہوا اور وہ کسی نہ کسی بیرونی طاقت کا غلام بنا رہا۔ جو قوم یہاں آ کر حکمران ہوئی کچھ عرصے کے بعد ان ہی کمزوریوں کا شکار ہو کر کسی بیرونی حملہ آور سے مغلوب ہوگئی۔ گویا غلامی ہندوستان کے فاتحین کا مقدر ہوگئی''۔[۱]

جذبی نے اس باب میں حالی کی جن نظموں کا تجزیہ پیش کیا اُن میں انگلستان کی آزادی اور ہندوستان کی غلامی، شکوۂ ہند، مناظرہ رحم وانصاف اور مسدس شامل ہیں۔ حالی کی نظم شکوہ ہند سے جذبی نے ان اشعار کا انتخاب پیش کیا جس میں مسلمانوں کے شاندار ماضی اور اُن کی اعلیٰ صفات کا ذکر ملتا ہے۔ حالی کے چند اشعار اس طرح ہیں:

ہاشمی آداب وعباسی فضائل ہم میں تھے
نطق اعرابی وعدنانی فصاحت ہم میں تھی
ضرب کراری وحرب خالدی رکھتے تھے ہم
سطوت حمزی وفاروقی جلالت ہم میں تھی

آج خاور تھا مقام اپنا توکل تھا باختر
عیش وعشرت کی نہ فرصت تھی نہ عادت ہم میں تھی
پھوٹ سے واقف نہ تھے ہم تیری اے ہندوستان
احمدی اخلاق واسلامی اخوت ہم میں تھی
چھین لی سب ہم سے یاں شانِ عرب آن عجم
تو نے اے غارت گر اقوام واکال الامم

(شکوۂ ہند۔کلیات نظم حالی)

جذبی نے حالی کی نظم ''شکوۂ ہند'' کے اشعار پیش کرتے ہوئے جذبی کے ہندوستان

سے متعلق سیاسی نظریات کو واضح کرنے کی کوشش کی ہے۔ آگے انھوں نے سید ہاشمی فرید آبادی کے ایک مطالعہ کا تجزیہ پیش کیا۔ جس میں ہاشمی فرید آبادی نے حالی کی نظم شکوۂ ہند کے پہلے شعر

الوداع اے کشور ہندوستاں جنت نشاں
رہ چکے تیرے بہت دن ہم بدیسی میہماں

کے حوالے سے اپنے ایک مضمون مطبوعہ رسالہ اردو کراچی اپریل ۱۹۵۲ء میں لکھا کہ حالی کے اس شعر سے یہ اندازہ کیا جاسکتا ہے کہ وہ نظریہ قیام پاکستان کی طرف اشارہ کرتے ہیں اور مسلمانوں کی ہندوستان سے نقل مکانی قیام پاکستان کے حقیقی حالات کی طرف اشارہ کرتی ہے۔ جبکہ حالی کو الہام کی کیفیت ہوچکی تھی۔ جذبی ہاشمی فرید آبادی کے اس مطالعے کی نفی اور تردید کرتے ہوئے تنقیدی انداز میں کہ کہتے ہیں:

''ہاشمی صاحب نہ جانے کیوں الوداع اے کشور ہندوستان کو ہندوستان چھوڑنے کا اعلان تصور کرتے ہیں جبکہ مصرعہ ثانی

ع۔رہ چکے تیرے بہت دن ہم بدیسی میہمان

سے ظاہر ہے کہ حالی ایک بدیسی قوم کی حیثیت سے جو کبھی عمل واخلاق کی صفات سے آراستہ اور جہانبانی و جہانداری کی دولت سے پیراستہ تھی، رخصت ہورہے ہیں۔ لیکن اب وہ اپنی قوم کو اس طرح دیسی سمجھتے ہیں جس طرح باہر سے آئی ہوئی دوسری قومیں انحطاط و زوال کے بعد اپنے آپ کو دیسی تصور کرنے لگی تھیں ۔۲ے

جذبی نے دیوان حالی کے دیباچہ اور مقالات حالی سے بھی حالی کے سیاسی نظریات اُجاگر کرنے کی کوشش کی۔ اس کے لئے انھوں نے حالی کے تحریر کردہ مختلف اقتباسات پیش کیے۔ ان اقتباسات میں حالی نے برطانوی سامراج کی خوبیوں اور خامیوں کو اُجاگر کیا۔ جذبی

کہتے ہیں کہ سرسید نے انگریزوں کی صرف تعریف ہی کی تھی۔ جبکہ حالی نے روشن خیالی کے ساتھ انگریزی حکومت کے فوائد اور نقصانات بیان کئے۔ برٹش حکومت کی حالی نے ان لفظوں میں تعریف کی ہے:

''اگرچہ ہم برٹش گورنمنٹ کے نہایت شکر گذار ہیں کہ اس نے ہم کو برخلاف شاہانِ سلف کے ہر طرح کی آزادی دی ہے۔ ہم اپنی ترقی اور اصلاح کی ہر طرح کی تدبیریں عمل میں لا سکتے ہیں۔ جس طرح ہم اپنی تعلیم و تربیت کا سامان بغیر مداخلت گورنمنٹ کے کر سکتے ہیں۔ اسی طرح ہر قسم کی سوشل اصلاحیں بغیر گورنمنٹ کی دست اندازی کے کر سکتے ہیں''۔۳۷

حالی کے مضامین اور اُن کی نظموں کی روشنی میں جذبی نے ہندوستان کی قدیم اور جدید حکومتوں کے بارے میں حالی کی سیاسی فکر کو پیش کرنے کی کوشش کی۔

تحقیقی کتاب ''حالی کا سیاسی شعور'' کے اگلے باب کا عنوان ''حالی اور سماجی اصلاحات'' ہے۔ حالی کے دور میں سرسید نے سماجی اصلاح کو اہم موضوع بنایا تھا۔ سرسید چاہتے تھے کہ مسلمانوں کی اصلاح اُسی وقت ممکن ہے جبکہ وہ قدیم روایات، تعصب اور توہم پرستی کو چھوڑ کر جدید ترقی کو اختیار کریں۔ حالی نے اس معاملے میں سرسید کی پیروی کی اور وہ چاہتے تھے کہ مسلمان انگریزوں کی لائی ہوئی ترقی کو اختیار کریں۔ مسدس حالی میں حالی کہتے ہیں:

زمانہ کا دن رات ہے یہ اشارہ
کہ ہے آشتی میں مری یاں گذارا
نہیں پیروی جن کو میری گوارا
مجھے اُن سے کرنا پڑے گا کنارا

سدا ایک ہی رُخ نہیں ناؤ چلتی
چلو تم ادھر کو ہوا ہو جدھر کی

(مسدس حالی)

جذبی مقالات حالی سے حالی کا یہ اقتباس نقل کرتے ہیں جس میں حالی نے انگریزوں کی معاشرت وترقی کی تعریف کی ہے۔حالی کہتے ہیں:

''ایک اعلیٰ درجے کی شائستہ قوم جو ہماری خوش قسمتی سے ہم پر حکمران ہے اس کا چال چلن اسکے اخلاق اُس کے طریق معاشرت اس کے علوم وفنون اُس کی دانشمندی اُس کی تہذیب اس کے نئے نئے ایجادات جو ہر وقت ہماری آنکھوں کے سامنے موجود ہیں جب ان باتوں کو اپنے ملک کی موجودہ صورت کے ساتھ مقابلہ کریں تو ضرور ہے کہ ہم کو اپنی اور اپنے ہم وطنوں کی نہایت وحشیانہ حالت پر افسوس آئے اور ہمدردی کا جوش ہمارے دلوں میں موجزن ہو۔[۴۷]

جذبی نے حالی اور سماجی اصلاحات کے باب میں حالی کی جانب سے اُن کے عہد کے مسلمانوں کی اخلاق ومعاشرت میں سدھار اور جدید علوم سے واقفیت جیسے اُمور پر زور دینے کا تذکرہ کیا ہے۔سرسید کی ایماء پر حالی نے بھی اپنی تحریروں کے ذریعہ مسلمانوں کی اخلاق و معاشرت میں سدھار کی شعوری کوشش کی ہے۔حالی نے اپنے مسدس میں مسلمانوں کی اخلاقی گراوٹ اور ان کی زبوں حالی کی جذباتی تصویر پیش کی ہے۔حالی نے یہ خیال ظاہر کیا تھا کہ مفلسی میں انسان جانور سے بدتر ہو جاتا ہے۔اچھے اور بُرے کی تمیز کھو دیتا ہے۔اس لئے اگر کسی انسان کے اخلاق سدھارنا ہو تو پہلے اُس کی معاشی تنگی کو دور کرنا ہوگا۔

مسلمانوں کی غریبی کا نقشہ کھینچتے ہوئے حالی مسدس میں کہتے ہیں:

فلاکت جسے کہئے ام الجرائم
نہیں رہتے ایماں پہ دل جس سے قائم

بنا تی ہے ا نسا ن کو جو بہا ئم
مصلی ہیں دل جمع جس سے نہ صائم
وہ یوں اہل اسلام پر چھا رہی ہے
کہ مسلم کی تو یا نشا نی یہی ہے

(مسدس حالی ص ۴۹)

جذبی نے معاشرتی اصلاح کے لئے حالی کی کوششوں کا ذکر کیا ہے۔ سرسید اور حالی نے اس بات پر زور دیا تھا کہ مسلمان بے جا رسم و رواج سے پرہیز کریں۔ اوہام پرستی چھوڑیں تعلیم کو اختیار کریں حالی نے پردے میں رہ کر عورتوں کی تعلیم کی حمایت کی تھی۔ مسلمانوں کی اخلاقی و معاشرتی اصلاح کے ضمن میں حالی کے نظریات کا خلاصہ پیش کرتے ہوئے جذبی لکھتے ہیں:

''حالی کا اخلاق و معاشرت کی اصلاح کا نظریہ اگرچہ وہی ہے جو سرسید کا تھا لیکن حالی کا اضافہ یہ ہے کہ وہ اس کے عملی پہلو پر بھی غور کرتے ہیں اور وہ بھی مسلمانوں کی معاشی حالت کے پس منظر میں۔ اسی لئے اُن کے یہاں تجارت اور تاجروں کے طبقے کو اخلاق و معاشرت کی اصلاح میں اس قدر اہمیت حاصل ہے نیز اس معاملے میں وہ سرسید کی انتہا پسندی اور جلد بازی کو ناپسند ہی نہیں کرتے بلکہ اُن کے طرز عمل کی درشتی کے شاکی نظر آتے ہیں''۔۵۷

جذبی نے حالی کے مذہب کے بارے میں نظریات کا تجزیہ کرتے ہوئے لکھا کہ امتداد زمانہ کے سبب بعض رسوم اور اوہام مذہبی درجہ اختیار کر لیتی ہیں لیکن ترقی کے لئے ضروری ہے کہ اصل مذہب پر قناعت کی جائے اور بے کار رسوم کو ترک کیا جائے۔ حالی کو ڈر تھا کہ صنعتی اور مادی ترقی سے مذہب پرستی کو نقصان نہ پہونچے۔ سرسید نے مذہب کو مغرب کی عقلیت اور سائنس کی روشنی میں پیش کیا تھا۔ حالی نے اس بات پر زور دیا کہ دین آسان ہے۔ اُنھوں نے

مذہب کی باتوں کو نئے حالات سے ہم آہنگ کرنے کی کوشش کی۔ تصوف، تقدیر، توکل اور دیگر اُمور پر جذبی نے حالی کے تصورات پیش کئے اور مذہب اسلام کے بارے میں اُن کے نظریات واضح کئے جو مجموعی طور پر قدیم و جدید کا مجموعہ تھے۔

مذہب کے علاوہ تعلیم ایک ایسا موضوع ہے جس پر سرسید حالی اور اُس دور کے دیگر دانشوروں نے زور دیا تھا۔ سرسید کی طرح حالی بھی اس بات سے اتفاق کرتے ہیں کہ قدیم علوم سے اُس دور میں معاشی ترقی ممکن نہیں۔ اس کے لئے مسلمانوں کو جدید علوم سے آراستہ ہونا ضروری ہے۔ سرسید نے مغربی علوم کی حمایت اس لئے کی تھی کہ مسلمان انگریز حکومت میں ملازمت حاصل کرسکیں۔ کیوں کہ انگریزوں نے مسلمانوں پر ملازمت کے دروازے بند کردیئے تھے اور ہندو اپنی تعلیم کے سبب اور انگریزوں کے نرم رویے کے سبب انگریزی ملازمت آسانی سے حاصل کررہے تھے۔ جذبی نے مسدس حالی کے مختلف اشعار کے انتخاب کے ذریعہ حالی کے تعلیمی نظریات کو اُجاگر کیا۔ سرسید نے روایتی تعلیم پر زور دیا تھا جبکہ ایک قدم آگے بڑھتے ہوئے حالی نے روایتی تعلیم کے ساتھ ساتھ مسلمانوں کو فنی اور تکنیکی تعلیم کے حصول پر بھی زور دیا تا کہ وہ اپنے پیروں پر کھڑے ہوسکیں اور اپنی معاشی تنگی کو فراخی میں بدل سکیں۔ حالی کا مخاطب مسلمانوں کا متوسط طبقہ تھا جس کو اصلاح کی زیادہ ضرورت تھی اور جس سے اُمید تھی کہ وہ ہی کچھ کرسکے گا۔ جذبی نے حالی کا ایک اقتباس پیش کیا جس میں سرسید سے اختلاف کرتے ہوئے حالی نے یونیورسٹی تعلیم کی اہمیت کو کم ظاہر کیا۔ حالی کہتے ہیں:

''ایک گروہ وہ ہے جس کی بڑی دوڑ بی اے یا ایم اے کی ڈگری حاصل کرنے کے بعد یہ ہے کہ مڈل پاس کئے ہوئے طلباء کی طرح سرکاری نوکری کے لئے اِدھر اُدھر جنبانی کرتا پھرے اور ذریعوں اور سفارشوں کی تلاش میں ایک مدت تک سرگرداں اور پریشان رہے اُن کو اپنے دست و بازو پر اتنا بھی

بھروسہ نہیں ہوتا جتنا کہ چرندوں اور پرندوں کو اپنی قوت لایموت کی تلاش میں ہوتا ہے۔٦ ے

مجموعی طور پر حالی نے تعلیم کے ضمن میں یہ خیال پیش کیا کہ مسلمان روایتی تعلیم کے ساتھ فنی تعلیم حاصل کریں اور ملازمت نہ ملنے پر خود روزگار کے ذریعہ فکر معاش کریں۔

سماجی اصلاحات کے ضمن میں سیاست کے موضوع پر حالی کے نظریات کا تجزیہ کرتے ہوئے جذبی لکھتے ہیں کہ حالی ہندوستان میں ہندو مسلم اتحاد کے علمبردار تھے۔ حالانکہ انگریزی دور میں مسلمانوں سے منافرت بڑھ گئی تھی۔ وہابی تحریک کے زیر اثر حالی بھی دوقومی نظریے کے حامی دکھائی دیتے ہیں اور وہ مسلمانوں کے لئے الگ شناخت کی حمایت کرتے ہیں۔ حالی مسلمانوں کا سلسلہ عربوں سے بھی جوڑتے ہیں حالی نے اکثر اپنی تحریروں میں قوم کا مفہوم پیش کیا ہے۔ چنانچہ وہ کہتے ہیں:

نیشن وہ جماعت ہے کم از کم
زباں جس کی ہو ایک اور نسل و مذہب

(کلیات نظم حالی)

حالی نے مسدس میں ساری دنیا میں مسلمانوں کے کارناموں کو یاد کرتے ہوئے واضح کیا کہ مسلمانوں کا ماضی شاندار ہے اور وہ کسی ایک ملک تک محدود نہیں بلکہ کلمہ کی بنیاد پر وہ سارے عالم پر چھا سکتے ہیں۔ حالی کی سیاسی بصیرت کے مزید چند نکات کی وضاحت کرتے ہوئے لکھتے ہیں:

''حالی کا معاشی لائحہ عمل اُن کے سیاسی نصب العین کے حصول کا سب سے بڑا ذریعہ نظر آتا ہے۔ مختصر الفاظ میں وہ اپنے عہد کے تقاضوں کے مطابق صنعت وحرفت اور دوسرے آزاد پیشوں سے مسلمانوں میں وہ اقتصادی اور

اخلاقی قوت پیدا کرنا چاہتے ہیں جو آگے چل کر انگریزوں کی حریف بن سکے۔
اُن کے نزدیک صرف یہی راہ مسلمانوں کو آزادی وخود مختاری کی منزل تک لے
جاسکتی ہے"۔ اس مقصد کے حصول کی خاطر وہ مسلمانوں کے متوسط
یعنی تعلیم یافتہ طبقے کو خاص طور سے ملازمت سے باز رکھنے کی کوشش کرتے ہیں
کیونکہ اگر یہ لوگ بھی جنھیں وہ قومی ترقی کے ضروری آلات تصور کرتے ہیں۔
ملازمت کے چکر میں پھنس گئے تو پھر قومی ترقی کا کوئی منصوبہ بھی عملی شکل اختیار
نہ کر سکے گا۔۷۷

جذبی نے مقالات حالی، کلیات حالی اور مسدس کے حوالے سے حالی کے سیاسی نظریات کو واضح کرنے کی کوشش کی۔ بیسویں صدی کی ابتدائی دہائی میں جبکہ ایک طرف ہندوستان میں جدوجہد آزادی کی تحریک زور پکڑ رہی تھی دوسری طرف حالی کی زندگی کا آخری دور تھا۔ حالی نے اپنے دور کے تناظر میں سیاسی نظریات پیش کئے تھے۔ ان نظریات کو جذبی نے حالی کی تحریروں کے اقتباسات کے ساتھ پیش کیا۔

حالی کی نظر ہندوستان کے علاوہ عالم اسلام کی سیاست پر بھی تھی۔ ترکی خلافت کے بارے میں حالی کے نظریات بیان کرتے ہوئے جذبی لکھتے ہیں:

"حالی کے سیاسی افکار کے سلسلے میں اس گہری وابستگی کا ذکر بھی ضروری معلوم ہوتا ہے جو انھیں دنیائے اسلام سے تھی۔ ہندوستان کے مسلمان اگرچہ غلام ہو چکے تھے۔ لیکن اُن کے ہم مذہبوں کی آزاد سلطنتیں اب بھی قائم تھیں اور ترکی کا خلیفہ اب بھی اُن کا اپنا خلیفہ اور روحانی پیشوا تھا۔ اس کے ساتھ ساتھ وہ اُخوت اسلامی کے نظریہ میں بھی عقیدہ رکھتے تھے جو اُنھیں ایک طرح کی اخلاقی ہی نہیں سیاسی قوت بھی دیتا تھا۔ انگریز اس سے واقف تھے اسی لئے

ہندوستانی مسلمانوں کی وفاداری انھیں ہنر کی طرح مشتبہ نظر آتی تھی''۔۸ ے

حالی کے ان سیاسی افکار کی پیشکشی کے ساتھ ہی جذبی کی اس تحقیقی و تنقیدی کتاب کا اختتام عمل میں آتا ہے۔ جذبی نے اپنی اس تحقیقی کتاب کی تیاری کے لئے تقریباً ۶۰ اردو اور ۳۰ انگریزی کتابوں اور رسائل و اخبارات سے استفادہ کیا اور حالی کی سیاسی فکر کو اس انداز میں پیش کیا کہ حالی کے سیاسی نظریات کے ساتھ قاری کو انیسویں اور بیسویں صدی کے ابتدائی دور کی ہندوستان کی سیاسی و سماجی تاریخ سے آگہی ہوتی ہے اور اُس وقت کے مسلمانوں کے نشیب و فراز سے تعلق بھرپور معلومات ملتی ہیں۔

جذبی کی تحقیق و تنقید کا عمومی جائزہ

معین احسن جذبی اپنی تحقیقی کتاب ''حالی کا سیاسی شعور'' کے ذریعہ ادب کی دنیا میں ایک اعتدال پسند محقق اور نقاد کے روپ میں پیش ہوتے ہیں۔ جذبی نے اس کتاب میں مبسوط اور مربوط انداز میں واقعاتی شہادتوں کے ذریعہ اور مختلف حوالہ جات کی پیشکشی کے ذریعہ حالی کے سیاسی شعور کو اُجاگر کرنے کی کوشش کی ہے۔ جذبی کی اس کاوش کے بارے میں مشتاق صدف لکھتے ہیں:

> ''اس کتاب میں جذبی اپنے اصل دعوے کو ثابت کرنے میں پوری طرح کامیاب نظر آتے ہیں۔ انھوں نے اپنے مقالے میں کہیں بھی سکّہ بند نقادوں کے تنقیدی Tools کو استعمال نہیں کیا ہے اور اُن کی عینک سے حالی کو نہیں دیکھا ہے۔ اس لحاظ سے دیکھا جائے تو جذبی کے شعری سرمایے کے ساتھ اُن کا نثری سرمایہ بھی کمیت سے زیادہ کیفیت کی بنیاد پر پرکھے جانے کا تقاضہ کرتا ہے۔ حالی کے سیاسی افکار کے سلسلے میں جذبی نے جن باتوں کی

معین احسن جذبی فکر وفن

نشاندہی کی ہے اور جو دلائل پیش کئے ہیں وہ اُن کی تنقیدی کاوش، تنقیدی بصیرت اور علمی دیانت داری کو نمایاں کرتے ہیں۔ انھوں نے تغیر پذیر معاشرے میں حالی کے بدلتے خیالات کو جس طرح منظّم شکل میں پیش کیا ہے اس سے تحقیق وتنقید میں تلاش وجستجو کا معیار بلند ہوتا ہے۔ ۹ے

جذبی نے اپنی اس کتاب میں حالی کی تصانیف اور اُن کی تخلیقات کا گہرائی سے تجزیہ کیا ہے اور نتائج اخذ کئے ہیں۔ جذبی کی یہ تصنیف اس لئے بھی اہمیت اختیار کر جاتی ہے کہ اس میں ہندوستانی مسلمانوں کے مصلحین کے نظریات ہیں۔ اس دور کی سیاسی فضاء کی سچی تصویریں اور علی گڑھ تحریک کے اہم نکات سامنے آتے ہیں۔ اس کتاب کے ذریعہ جذبی نے واضح کیا کہ حالی سرسید سے کئی اُمور میں اتفاق رکھنے کے باوجود بعض بنیادی باتوں میں سرسید سے اختلاف بھی رکھتے تھے۔ جذبی نے اپنی بات کو مدلل طور پر پیش کرنے کے لئے مقالات حالی اور کلیات حالی سے اقتباسات اور اشعار کا انتخاب پیش کیا۔ اس کتاب سے جہاں بہ حیثیت محقق جذبی کا مقام بلند ہوتا ہے بلکہ جگہ جگہ اُن کے پیش کردہ تنقیدی نظریات سے جذبی ایک اچھے نقاد کے طور پر سامنے آتے ہیں اور اُن کی تنقیدی رائے سے اختلاف کی گنجائش کم ہی رہتی ہے۔ مشتاق صدف جذبی کی تنقیدی خوبیوں کو اُجاگر کرتے ہوئے لکھتے ہیں:

''حیرت اس بات پر ہوتی ہے کہ حالی کے بعد کچھ اہم شاعر نقادوں میں فراق گورکھپوری اور اثر لکھنوی وغیرہ پر تو لوگوں کی نظر گئی۔ لیکن جذبی کو نظر انداز کر دیا گیا۔ حالانکہ جذبی کو نقاد ثابت کرنے کے لئے اُن کا مضمون ''مجروح میری نظر میں'' ہی کافی ہے۔ ''حالی کا سیاسی شعور'' تو بہت آگے کی چیز ہے۔ شاعر کے وجدانی شعور کو سمجھنا نقاد کا سب سے بڑا امتحان ہوتا ہے اور یہ اس وقت آسان ہوتا ہے جب کوئی نقاد شاعر بھی ہو۔ جذبی خود بھی ایک ممتاز شاعر

تھے۔اس لئے وہ حالی کے منفرد سیاسی افکار کا بھید کھولنے اور اُن کے تخلیقی عمل میں خود کو شریک کرنے میں کامیاب نظر آتے ہیں۔ جذبی کی یہ شاعرانہ سوجھ بوجھ ہی تھی کہ اُنھوں نے حالی کے سیاسی نظریات کو بالکل واضح کر دیا اور اُن کے اشعار کی پُراسرار کیفیتوں سے ہمیں آشنا کرایا ہے۔لہذا جذبی بجا طور پر اس بات کے مستحق تھے کہ ناقد اور محقق کی حیثیت سے بھی اُن کو تسلیم کیا جاتا لیکن ایسا نہیں ہوا اور وہ اس میدان میں گمنام ہی رہے''۔۸۰

مشتاق صدف نے یہ بجا کہا ہے کہ اردو تنقید نے جذبی کے اس گراں قدر کارنامے کی قدر نہیں کی اور بہ حیثیت محقق اور نقاد اُن کے فن کی پذیرائی نہیں ہوسکی۔جبکہ جذبی کی تصنیف ''حالی کے سیاسی شعور'' کے تفصیلی جائزے سے یہ بات ثابت ہوتی ہے کہ جذبی نے حالی کی نظموں اور کلام کے منتخب اشعار اور حالی کی زندگی کے مختلف ادوار سے داخلی شواہد اور نتائج اخذ کرتے ہوئے حالی کے سیاسی شعور کو واضح کرنے کی کامیاب کوشش کی ہے اور اس تصنیف سے ایک شاعر کی تنقیدی وتحقیقی صلاحیتیں بھی اُجاگر ہوتی ہیں۔

جذبی کا نثری اسلوب

جذبی نے اپنی اس نثری تصنیف ''حالی کا سیاسی شعور'' میں صاف ستھری اور سادہ و سلیس زبان استعمال کی ہے۔جذبی نے دوران تحقیق خیالات کو مربوط اور واضح انداز میں پیش کیا ہے۔جذبی نے قاری کے ذہنی سطح پر اُتر کر اپنے اسلوب کو پیش کیا۔وہ خیالات کو واضح انداز میں پیش کرتے ہیں۔ تحقیق کے دوران بات کو ثابت کرنے کے لئے دلائل پیش کرنے پڑتے ہیں۔ چنانچہ جذبی تاریخی واقعات اور حالی کے اشعار کے انتخاب کے ذریعہ اپنی بات کو دلائل کے ساتھ پیش کرتے ہیں۔ جذبی نے چھوٹے چھوٹے جملوں کے ذریعے اپنی نثر کی تعمیر کی

ہے۔ اُن کی نثر میں تاریخ گوئی کے فن کی جھلک دکھائی دیتی ہے۔ مجموعی طور پر جذبی کا نثری اسلوب سادہ سلیس اور دلچسپ ہے۔ قاری کو اُن کے اسلوب سے بیزارگی کا احساس نہیں ہوتا اور تحقیقی و تنقیدی نثر ہونے کے باوجود اسلوب میں دلچسپی برقرار رہتی ہے۔

اردو تحقیق و تنقید میں جذبی کا مقام

تحقیق و تنقید کے شعبہ میں عموماً شاعر دخل اندازی نہیں کرتے۔ آل احمد سرور نقاد کے طور پر مشہور ہوئے۔ اُنھوں نے شاعری بھی کی۔ لیکن بہ حیثیت شاعر وہ مشہور نہیں ہو سکے اور اردو تنقید میں اپنا نام بنا گئے۔ جذبی بہ حیثیت شاعر مشہور ہوئے۔ یونیورسٹی کی ملازمت کے تقاضوں کے تحت انھوں نے پی ایچ ڈی کا مقالہ ''حالی کا سیاسی شعور'' تحریر کیا۔ اُن کا مقالہ کتابی شکل میں شائع ہوا۔ جس کے مطالعے سے پتہ چلتا ہے کہ جذبی اچھے محقق اور نقاد بھی ہیں۔ جذبی نے تحقیق و تنقید کے میدان میں مزید کوئی جستجو نہیں کی اس لئے وہ تحقیق و تنقید کے میدان میں اپنا کوئی گہرا نقش نہیں چھوڑ پائے۔ اس کے باوجود اگر اعتدال پسند اور منصفانہ رائے قائم کی جائے تو جذبی کی تحقیق و تنقید کے میدان میں چھوڑی گئی یہ واحد کاوش ''حالی کا سیاسی شعور'' انھیں ایک کہنہ مشق محقق اور نقاد کے طور پر پیش کرتی ہے۔ جذبی کے اس کام کی انفرادیت اس طرح بھی ہے کہ اُنھوں نے حالی کے سیاسی افکار کو اُن کی زندگی کے واقعات اور شاعری سے اخذ کیا ہے اور ایک مبسوط انداز میں انھیں پیش کیا ہے۔ جذبی نے جگہ جگہ حالی پر تنقید بھی کی ہے اور سرسید سے اُن کے بعض واضح اختلافات کو اُجاگر کیا۔ اس طرح مجموعی طور پر جذبی اپنی اس کاوش سے اردو کے ایک منفرد محقق و نقاد قرار پاتے ہیں۔

جذبی اور ترقی پسند تحریک

ترقی پسند تحریک کا پس منظر اور ارتقاء

ترقی پسند تحریک بیسویں صدی کی ایک مقبول عام عالمی ادبی تحریک ہے۔ادب میں اس تحریک کے فروغ پانے کے سیاسی اثرات ہیں۔لیکن اس تحریک کے زیر اثر تخلیق پانے والے اردو ادب نے اردو میں نئی شعری ونثری اصناف کے فروغ کی راہیں ہموار کیں۔

ہٹلر کے زیر قیادت نازی افواج نے جنگ چھیڑ دی تھی۔جرمنی‘ برطانیہ‘ جاپان‘ چین وغیرہ جنگ میں شامل ہوگئے تھے۔دنیا بھر کے ادیبوں شاعروں اور دانشوروں کو قید کرلیا جارہا تھا۔جولائی 1935ء میں پریس اور کلچر کے تحفظ کیلئے پیرس میں ایک کانفرنس بلائی گئی تھی جس میں ساری دنیا کے ادیب شامل تھے۔اس کانفرنس میں یہ طئے کیا گیا تھا کہ شاعر اور ادیب اپنی ذات سے باہر نکل کر انسانیت کے مسائل کیلئے اپنے قلم سے جدوجہد کریں۔ہندوستان کے روشن خیال ادیبوں سجاد ظہیر‘ ملک راج آنند اور دوسروں نے جولندن میں مقیم تھے 24/نومبر 1935ء کو انجمن ترقی پسند مصنفین کی بنیاد ڈالی گئی۔اور اپنا ایک مینی فیسٹو منشور تیار کیا۔جس میں یہ بات شامل تھی کہ ادیبوں کی ایک انجمن قائم کی جائے ترقی پسند ادب لکھا جائے فکر وخیال کی آزادی ہو۔انہوں نے اپنا منشور ہندوستان میں ڈاکٹر اشرف محمود ظفؔر‘ ڈاکٹر رشید جہاں‘ (اہلیہ سجاد ظہیر) احمد علی اور ہرین مکرجی کو روانہ کیا ان لوگوں نے ہندوستان میں ترقی پسند تحریک کیلئے کام کرنا شروع کیا چنانچہ فراق گورکھپوری‘ احتشام حسین‘ ڈاکٹر تارا چند‘ پریم چند‘ علی سردار جعفریؔ‘ خواجہ احمد عباسؔ وغیرہ اس تحریک کے حامی بن گئے۔ اس تحریک کے منشور پر پنڈت جواہر لال نہرو‘ مولوی عبدالحق اور پریم چنؔد نے دستخط کئے۔

ترقی پسند ادیبوں کی پہلی کانفرنس اپریل 1936 میں لکھنو میں ہوئی۔ پریم چند نے اس کانفرنس کی صدارت کی اور اپنا تاریخی خطبہ دیا۔ جس میں انہوں نے کہا کہ ہمیں حسن کا معیار تبدیل کرنا ہوگا۔ ہماری کسوٹی پر وہ ادب کھرا اترے گا۔ جس میں تفکر ہو آزادی کا جذبہ ہوٗ زیادہ سونا موت کی علامت ہوگی' اس اجلاس سے حسرت موہانی نے بھی خطاب کیا اس کانفرنس میں سجاد ظہیر کو کل ہند انجمن ترقی پسند مصنفین کا جنرل سکریٹری بنایا گیا۔ مارچ 1938ء میں الہ آباد میں اسی قسم کی ایک کانفرنس ہوئی۔ جس میں پنڈت نہرو نے صحت مند تعمیری ادب لکھنے پر زور دیا ترقی پسند مصنفین کی دوسری کانفرنس اکٹوبر 1945ء میں ایک کانفرنس حیدرآباد میں ہوئی جس میں حسرت موہانی نے شرکت کی۔ بھیمڑی میں اور مارچ 1953ء میں دہلی میں ایک کانفرنس منعقد ہوئی۔ ترقی پسند مصنفین کی آخری کانفرنس مئی 1956ء کو دہلی میں منعقد ہوئی۔

ترقی پسند تحریک اپنے وقت کی پیداوار تھی اس کا مقصد ادب میں قدیم اور فرسودہ روایات کو ترک کرنا تھا۔ یہ تحریک زور شور سے تقریباً 30 سال تک چلتی رہی ترقی پسند تحریک سے اردو افسانہ نگاری کو رواج ملا ملا سعادت حسن منٹو' عصمت چغتائی' عزیز احمد وغیرہ اس دور کے مشہور افسانہ نگار گذرے ہیں۔ تاہم ان افسانہ نگاروں نے حقیقت نگاری کے عنوان پر اردو ادب میں عریاں نگاری اور فحاشی کو پروان چڑھایا جو باتیں پردے میں بیان کرنی تھیں انہیں یہ کہہ کر عام کیا کہ یہ بھی زندگی کا ایک حصہ ہیں۔ ترقی پسند تحریک سے اردو تنقید کو فائدہ پہنچا اور تنقید کے کئی دبستان جیسے تاثراتی تنقید' نفسیاتی تنقید' سائنٹفک تنقید' وغیرہ وغیرہ وجود میں آئے۔ اردو نظم نگاری کو فروغ ملا۔ اقبالؔ جیسے شاعر وجود میں آئے مضمون نگاری کو رواج ملا۔ اردو نثر میں عموماً مضامین لکھے جانے لگے۔ ترقی پسند تحریک کے منفی پہلو بھی رہے ادب میں پروپیگنڈہ ہونے لگا۔ نعرے بازی ہونے لگی۔ اجتماعی انداز میں مسائل کا بیان ہونے لگا۔ صرف مسائل پر مبنی مقصدی ادب تخلیق ہونے لگا۔ ادیب کی آزادی چھن گئی اس

کی انفرادی سوچ بند ہوگئی اور ادیب صرف معاشرے کی آنکھ سے مسائل پر لکھنے لگا۔ اس لئے اس دور میں تخلیق پانے والے ادب میں جمالیاتی رنگ کی کمی نظر آتی ہے اس کے باوجود مجموعی طور پر ترقی پسند تحریک سے اردو ادب میں کافی ترقی ہوئی۔ آزادی کے بعد زندگی کے مسائل اور موضوعات بدل گئے تھے۔ ادب میں بھی تبدیلی ضروری تھی لوگ سیدھی سادھی حقیقت نگاری سے اوب گئے تھے۔ چنانچہ ادب میں جدیدیت جیسے رجحانات فروغ پانے لگے اور بالآخر ترقی پسند تحریک کو زوال آگیا۔

جذبیؔ کی ترقی پسند تحریک سے وابستگی

معین احسن جذبیؔ ترقی پسند تحریک سے وابستہ ایک ایسے شاعر ہیں جنہوں نے ترقی پسندی کے دور میں شاعری کی۔ لیکن وہ ترقی پسند شاعر نہیں کہلائے اور ترقی پسندی کے دور میں رہتے ہوئے اردو شعر و ادب کی دنیا میں اپنی ایک علٰحیدہ اور منفرد شناخت بنانے میں کامیاب رہے۔ جذبیؔ کی ترقی پسندی اور ان کی انفرادیت کی بعض وجوہات رہی ہیں۔ سب سے پہلی وجہہ جذبیؔ کا قلندرانہ مزاج رہا جس کی وجہہ سے وہ ترقی پسندی کی چکا چوند سے ہمیشہ دور رہے۔ جذبیؔ کے قلندرانہ مزاج کی تشکیل میں ان کے اپنے حالات بھی رہے جس کی وجہہ سے وہ ایک اندرون بین شخص بن گئے تھے۔ معاشی تنگی ایک عرصے تک انہیں پریشانی میں مبتلا رکھی۔ گھر کے ناموافق حالات، زمانے کی بدحالی اور طویل عرصے تک جاری رہنے والی معاشی تنگی نے میرؔ کی طرح انہیں بھی ایک قلندر صفت انسان بنادیا تھا۔ جس کا اظہار انہوں نے جذباتی انداز میں اپنی نظموں اور غزلوں میں کیا۔ چنانچہ اپنے نازک مزاج کے سبب انہوں نے ہمیشہ اپنے آپ کو ترقی پسند تحریک کی روایتی ہماہمی سے دور رکھا۔ ترقی پسند تحریک کی ایک بڑی شناخت سیاسی نوعیت کی بھی رہی اور اس کے اراکین اور چاہنے والے کمیونسٹ پارٹی کے ممبر رہے۔ جذبیؔ ایک روایتی شاعر رہے اس لئے انہوں نے اپنی شاعری کو سیاسی بھاگ دوڑ سے دور رکھا اور دیگر ترقی

پسند شعرا کی طرح وہ کمیونسٹ پارٹی کے ممبر نہیں رہے۔ یہ دوسری وجہ تھی جس کے سبب جذبی کی ترقی پسندی منفرد رہی۔ترقی پسند تحریک کے بڑے مقامات دہلی ،لکھنو اور بمبئی رہے۔جذبی نے ان مقامات سے ہمیشہ اپنے آپ کو دور اور الگ رکھا۔اور وہ ترقی پسند تحریک کے جلسے جلوسوں میں بھی شریک نہیں رہتے تھے۔ترقی پسندی کی ایک اہم شناخت ادب میں پروپیگنڈہ،عریانیت دشنام طرازی اور نعرہ بازی کا لازمی عنصر ہونا ہے۔جذبی نے اپنی شاعری کو ان عناصر سے بہت حد تک پاک رکھا۔ترقی پسندی کی ان ظاہری علامات سے اپنے آپ کو دور رکھنے کے باوجود جذبی ایک ترقی پسند شاعر کہلاتے ہیں۔

جذبی نے ہمیشہ اپنے ترقی پسند نظریات' خیالات اور تصورات کی راست ترجمانی کی ۔انہوں نے شاعری میں متوازن رویہ اختیار کیا اور اپنے آپ کو افراط وتفریط سے بچائے رکھا۔جذبی اس محتاط رویے کا یہ مطلب نہیں کہ وہ اپنے عہد کا سیاسی شعور نہیں رکھتے تھے یا اس سے بیزارگی کا اظہار کرتے تھے۔جذبی کا سیاسی شعور اور ان کی فہم وادراک کافی پختہ تھی۔وہ اپنے حالات سے باخبر رہتے تھے اور حالات کے بارے میں اپنی منجھی ہوئی رائے بھی رکھتے تھے۔جذبی نے اپنی تصنیف ''حالی کا سیاسی شعور'' اور اپنی نظموں فطرت ایک مفلس کی نظر میں' طوائف' آزار' نیا سورج' تقسیم' میری شاعری اور نقاد' فیض وسجاد ظہیر کی گرفتاری پر اور جرم کی بے گناہی وغیرہ میں اپنے سیاسی نظریات اور ترقی پسندی کو واضح کیا ہے۔ترقی پسندی سے جذباتی وابستگی کے نام پر کئی شعراء نے اپنا تخلیقی توازن کھو دیا تھا اور شاعری کے نام پر نعرہ بازی اور پروپیگنڈہ کی تشہیر کرنے لگے تھے ایسے ماحول میں بھی جذبی نے اپنے شعری سفر کے دوران ثابت قدمی کو برقرار رکھا اور اپنے ادبی معیار کی برقراری کے ساتھ ترقی پسندی کی عظمت بھی قائم رکھی۔

علی گڈھ میں قیام کے زمانے سے ہی جذبی نے ترقی پسند تحریک سے اپنے آپ کو وابستہ رکھا۔ان کی ترقی پسندی سے دلچسپی کے سبب ہی علی گڈھ میں انجمن ترقی پسند مصنفین کی

قیام عمل میں آیا۔ انجمن کے پہلے سکریٹری یوسف حسین جذبی کی پسند تھے۔ خلیل الرحمن اعظمی انجمن ترقی پسند مصنفین کی سرگرمیوں کے بارے میں لکھتے ہیں:

> جذبی صاحب کی وجہ سے انجمن کے ہر جلسے میں خواجہ منظور حسین صاحب تشریف لاتے۔ ڈاکٹر ابواللیث صدیقی، ڈاکٹر مسعود حسین اور انور انصاری وغیرہ بھی آنے لگے۔ باہر سے مولوی عبدالحق صاحب قاضی عبدالغفار، حیات اللہ انصاری، اختر حسین رائے پوری یا کوئی بھی ادیب آتا تو جذبی صاحب اسے انجمن کے جلسے میں کھینچ لاتے۔ اس موقع پر ہم سب یوسف صاحب کو فوری جلسہ کے لئے آمادہ کرتے اور تمام ممبروں کو اطلاع دینے کے لئے بڑے شوق سے سارا علی گڑھ چھان مارتے۔ اس زمانے میں یہاں کی انجمن ترقی پسند مصنفین ہی سب سے بڑا ادبی مرکز اور شعر وسخن کی نشست بن گئی۔ اس میں جو مضامین پڑھے جاتے، جو تنقیدیں ہوتیں اور جو بحثیں آپس میں کی جاتیں ان کا کئی کئی دن تک چرچا رہتا۔ ۸۱

اس اقتباس سے اندازہ لگایا جا سکتا ہے کہ جذبی شروع سے ہی ترقی پسندی کے حامی تھے۔ اور وہ اپنی کوشش سے انجمن کے جلسوں میں شعرا اور ادیبوں کو جمع کرتے تھے۔ لیکن دوسری طرف اس دور میں جذبی نے اپنی شاعری پر بھی توجہ دی اور صرف ترقی پسندی کے نام پر اپنے آپ کو جلسے جلوسوں تک محدود نہیں کر دیا۔ ان کا ابتدائی کلام ہی کافی پختہ اور جذباتی ہے۔

جذبی کی پہلی غزل جس کا مطلع اس طرح ہے

غم کی تصویر بن گیا ہوں
خاطرِ درد آشنا ہوں میں

۱۹۲۹ء میں کہی گئی۔ اس وقت جذبی کی عمر ۱۸۔۱۷ سال تھی۔ اس پہلی غزل سے ہی ان کی ذہنی

بصیرت اور شعور کی پختگی کا اندازہ ہوتا ہے۔ جذبی نے اپنی شاعری کے سفر کی ابتداء میں حامد شاہجہاں پوری اور صادق جھانسوی سے کلام کی اصلاح لی۔ اپنے دور کے مشہور شعراء فانی، جگر اور اصغر کے کلام کے اثرات قبول کئے۔ جذبی کی ابتدائی شاعری اس دور کی شعری روایات کی پاسدار ہے جس میں داخلی جذبات، غم اور عشق کا بیان ہوتا ہے۔ غمِ جاناں کے ساتھ غم دوراں کا بیان ہوتا ہے۔ جذبی کی ابتدائی شاعری بھی ان ہی شعری روایات کی پاسدار رہی۔ لیکن بعد میں جذبی نے اس دور کے مروجہ شعری رجحانات سے اپنے آپ کو الگ کیا۔ اور ہم عصر شعری رجحانات سے خود کو ہم آہنگ کیا۔ جس کے بعد ان کا مخصوص شعری اسلوب اور آہنگ تیار ہوا۔

جذبی نے اپنی شاعری میں زمانے کی بدحالی، شاعر کی ناقدری، غلامی کی صعوبتوں اور معاشی تنگی کا ذکر کیا۔ اردو شعر و ادب میں اشترا کی نظریات کا اظہار ترقی پسند تحریک کے زیر اثر ۱۹۳۶ء سے ہونے لگا تھا۔ لیکن جذبی اس نظریے سے پہلے ہی ہم آہنگ تھے۔ جذبی، مجاز اور دیگر شعرا نے ترقی پسند تحریک کو خود نہیں اپنایا بلکہ ترقی پسند تحریک نے خود آگے بڑھ کر ان سے رشتہ جوڑا۔ اس ضمن میں ابن فرید ''جذبی کا ذہنی پس منظر'' مضمون میں لکھتے ہیں۔

> ان (جذبی) کا ذہن چونکہ اس فکری نظام کے لئے پہلے سے ہموار تھا جسے ترقی پسند ادب نے اپنایا۔ اس لئے فطری طور پر اس تحریک نے جذبی کو بھی اپنایا۔ اس حقیقت کو ہمارے ادب کی تاریخ قطعاً نظر انداز نہیں کر سکتی کہ انجمن ترقی پسند مصنفین کے ابتدائی دور میں باصلاحیت نوجوان شاعروں اور ادیبوں کو اپنایا گیا نہ کہ وہ خود اس تحریک میں شریک ہوئے۔ جذبی اور مجاز کے ساتھ بھی یہی معاملہ ہوا کہ اس تحریک نے ان کی طرف پیش قدمی کی۔ اس کا ایک دلچسپ پہلو یہ بھی ہے کہ جس زمانے میں اس تحریک کو باقاعدہ تنظیمی شکل دی جا رہی تھی

جذبی ان دنوں (۱۹۳۶ء) خصوصیت کے ساتھ نظمیں کہہ رہے تھے لیکن رومانی پھراس تحریک نے جب انہیں اپنے دائرے میں لیا تو انہوں نے نظم ''فطرت ایک مفلس کی نظر میں (۱۹۳۷ء) پیش کی۔ اس نظم کو ذرا زاویہ بدل کر دیکھئے تو اس میں آپ کو فطرت کا وہ پرکشش چہرہ نظر آئے گا جو نامساعد حالات کی بنا پر جذبی کی نظر میں مجروح سا نظر آتا ہے'' ۔۸۲

جذبؔی نے اپنے شعری سفر کے ابتدا میں رومانی نظمیں کہیں۔ بعد میں ترقی پسندی سے وابستگی کے بعد ان کی شاعری کا فطری رنگ سامنے آیا۔ جذبؔی کا ترقی پسند ذہن اس بات کے لئے آمادہ نہیں تھا کہ وہ ترقی پسندی کے روایتی موضوعات کے ساتھ بندھ جائیں۔ چنانچہ انہوں نے احتجاجی طور ترقی پسندی کی چھاپ سے اپنے آپ کو بچائے رکھا اور شاعری کی داخلی روایات کو جاری رکھا۔ جذبؔی کے اس رویے کے مخالفت بھی ہوئی۔ لیکن جذبؔی نے ترقی پسندوں کی پرواہ نہیں کی۔ اور اپنے شعری مجموعے ''فروزاں'' میں

''چند باتیں'' کے عنوان سے انہوں نے واضح کر دیا کہ ان کا شعری رویہ کیا ہے۔ جذبؔی کے نظریات کی کچھ حلقوں نے پذیرائی کی تو کچھ حلقوں نے مخالفت کی۔ مخالفت کرنے والوں میں سردار جعفری سرفہرست تھے۔ اس وقت کمیونسٹ پارٹی پر سے پابندی اٹھالی گئی تھی۔ اور یہ بحث زور پکڑ رہی تھی کہ ایک شاعر کو کس حد تک سیاست سے وابستہ ہونا چاہئے۔ سردار جعفری نے جذبؔی کی شاعری میں ابہام تلاش کر کے انہیں تنقید کا نشانہ بنایا۔ لیکن جذبؔی نے اس بات کی پرواہ نہیں کی کہ ان کے ہاں پائے جانے والے ابہام پر ترقی پسندوں نے تنقید کی ہے۔ انہوں نے اپنے فکر وفن کے ساتھ کبھی سمجھوتہ نہیں کیا۔ جذبؔی نے سردار جعفری کے طرز پر کبھی ترقی پسندی کو نہیں دیکھا اور ہمیشہ اس کے وسیع تر تناظر میں اسے دیکھتے اور برتتے رہے۔ جذبی ادب کو

ادب ہی رہنے دینا چاہتے تھے ان کے خیال میں ادب کو سیاست سے وابستہ نہیں ہونا چاہئے ورنہ ادب ادب نہیں بلکہ پروپیگنڈہ ہو جاتا ہے۔ نعرے بازی، دشنام طرازی اور لوگوں کو کھری کھری سنانا ترقی پسندی نہیں بلکہ یہ تو ترقی پسند نظریے کے قتل کے مماثل ہے۔ جذبی ''فروزاں'' کے دیباچے ''چند باتیں'' میں اپنے ادبی نقطہ نظر کے بارے میں کہتے ہیں۔

> صحت کی خرابی سے قطع نظر ادب کے بدلتے ہوئے نظریات نے ایک عجیب الجھن پیدا کر دی تھی۔ کبھی نعروں، کھری کھری باتوں یہاں تک کہ دشنام طرازیوں کو ترقی پسندی سمجھ لیا گیا۔ کبھی صرف تکنیک پر اتنا زور دیا گیا کہ یہی ترقی پسندی کی علامت بن گئی۔ ہم میں سے اکثر ترقی پسندی کی رو میں ادب کے تقاضوں کو بھول گئے۔ چنانچہ اس دوران میں جو ادب پیدا ہوا ہے اسے ہم مشکل ہی سے ادب کہہ سکتے ہیں۔۸۳

جذبی کے ان خیالات سے اندازہ ہوتا ہے کہ وہ ترقی پسندی کے نام پر تخلیق پا رہے راویتی ادب سے کس قدر دل برداشتہ تھے اور اسے گھٹن کے ماحول میں تخلیق کردہ ادب قرار دے رہے تھے۔ ترقی پسند ادب کے بارے میں اپنی مزید تلخیوں کا ذکر کرتے ہوئے جذبی کہتے ہیں۔

> ترقی پسندی کو مارکسی نقطہ نظر کے سوا کچھ اور سمجھنا سخت غلطی ہوگی۔ لیکن یہ نقطہ نظر آسانی سے پیدا نہیں ہوتا۔ ایک چیز کو سمجھنا اتنا دشوار نہیں جتنا اسے جزو ایمان بنانا دشوار ہے۔ یہ ایک دو دن کا کام نہیں۔ نئے خیالات پرانے خیالات کی دنیا میں ہلچل ڈال دیتے ہیں۔ اس ہلچل پر قابو پانے اور شعوری طور پر قابو پانے میں ایک عرصہ لگ جاتا ہے۔ تب جا کر ایک ایسے ذہن کی تعمیر ہوتی ہے جو ایک خاص عینک سے ہر شے پر نگاہ ڈالتا ہے۔ سوچنے کا طریقہ کچھ اس طرح بدلتا ہے کہ ہم کسی اور طریقہ سے سوچ ہی نہیں سکتے۔ پھر جذبات اور احساسات

کے نئے سوتے پھوٹتے ہیں اور قدرتی انداز میں پھوٹتے ہیں۔ترقی پسند ادب کی تخلیق اسی مقام سے ہوتی ہے۔۸۴

جذبی ترقی پسندی کے مارکسی نقطہ نظر کے حامی تھے۔اسی لئے ان کا خیال تھا کہ مارکسی نقطہ نظر کے علاوہ ترقی پسندی کو کچھ اور سمجھنا ہماری سب سے بڑی نادانی ہوگی۔دراصل وہ مارکس اور اینگلز کے نظریے کو ہی ادب میں بروئے کار لانے کے حق میں تھے۔دیگر سیاسی مفادات کی خاطر ادب کی بنیادی روایتوں کو بھول جانا ان کی نظر میں بڑی غلطی تھی۔انہیں اپنے نظریات کی شدت سے مخالفت کا احساس بھی تھا۔تبھی تو وہ کہتے ہیں۔

''شائد اس جگہ بعض حضرات اعتراض کریں کہ ترقی پسندی کو مارکسی نقطہ نظر کے مترادف قرار دینا ترقی پسندی کو محدود کرنا ہوگا۔یہ اعتراض ایک حد تک صحیح ہے۔خود میرا منشا بھی ترقی پسندی کی حد بندی نہیں۔ترقی پسند ادب کی صحیح کسوٹی تو حقیقت پسندی ہے۔ایک غیر مارکسی ادیب بھی حقیقت پسند ہوسکتا ہے۔اور جس حد تک اس نے حقیقت کی عکاسی کی ہے۔اسی حد تک ہم اسے ترقی پسند بھی سمجھیں گے۔لیکن حقیقت اپنی پوری وسعتوں میں مادی اور خارجی نقطہ نظر کے بغیر نہیں سمجھی جاسکتی۔عام طور سے ہوتا یہ ہے کہ خالص مادی نقطہ نہ ہونے کی وجہ سے داخلیت کہیں نہ کہیں سے راہ پا جاتی ہے۔یہ لغزش بسا اوقات غیر مارکسی ادیب کا رخ اخلاق اور روحانیت کے قدیم سہاروں کی طرف پھیر دیتی ہے۔اور جہاں یہ سہارے بھی نہیں ہوتے وہاں شاہد وشراب کی رنگینیاں سہارا بن جاتی ہیں۔مارکسی طریقہ فکر ہمیں اس قسم کے سہارے نہیں دیتا جو انسانی تاریخ میں کبھی بھی بے کس انسانوں کے کام نہ آسکے۔اس کے بجائے وہ ہمارے سامنے خالص مادی بنیادوں پر حقیقت ہی کو سامنے نہیں لاتا بلکہ ایک

ایسے تابندہ مستقبل کا خواب بھی دکھلاتا ہے۔ جو دنیا کے ایک بہت بڑے حصہ میں حقیقت بن چکا ہے''۔۸۵

جذبی کے ان خیالات سے اندازہ ہوتا ہے کہ وہ مظبوط بنیادوں پر حقائق اور فنی نزاکتوں میں ہم آہنگی پیدا کرنا چاہتے تھے۔ جذبی نے اپنے خیالات کے دوران ایک ترقی پسند شاعر کی توجہ والی باتوں کو پیش کیا ہے جن سے ان کے ترقی پسند نظریات کی مزید تشریح ہوتی ہے۔ جذبی کہتے ہیں۔

''ہمارے لئے مارکسی نقطہ نظر پیدا کرنا نہائت ضروری ہے۔ اگر ہم واقعی اپنے آپ کو ترقی پسندی کا علمبردار کہتے ہیں۔ لیکن اس کے یہ معنی نہیں کہ مارکس کے نظریات کو رنگین یا پرشوکت الفاظ میں نظم کر دیا جائے۔ ایک شاعر کی حیثیت سے ہمارے لئے جو چیز سب سے زیادہ اہم ہے وہ زندگی یا زندگی کے تجربات ہیں لیکن کوئی تجربہ اس وقت تک موضوع سخن نہیں بنتا جب تک اس میں شاعر کو جذبہ کی شدت اور احساس کی تازگی کا یقین نہ ہو جائے۔ یہی دونوں چیزیں شاعر کو قلم اٹھانے پر مجبور کرتی ہیں اور اگر شاعر کے پاس کوئی اپنا نقطہ نظر ہے تو اس کی جھلک اس کے جذبات میں بھی نظر آئے گی۔ یہ جھلک کبھی ہلکی ہوگی کبھی گہری ہوگی لیکن ہوگی ضرور۔ کیونکہ جذبات اور احساسات شاعری کی تنقیدی قوتوں سے بچ کر نہیں نکل سکتے۔ عقل انہیں شعوری طور پر پرکھتی ہے۔ اس عمل کے بعد شاعر کے نقطہ نظر کا جذبات و احساسات میں سرایت کر جانا لازمی ہے۔ یہاں ''حل'' کی وضاحت ضروری نہیں ہے۔ انداز بیان خود حل کی غمازی کرتا ہے۔ دریا کا بہاؤ درست ہونا چاہئے۔ کشتی کشاں کشاں کنارے سے آ لگے گی۔''۸۶

معین احسن جذبی فکر و فن

جذبی نے ترقی پسندی کی اس عادت سے بھی اپنی بیزارگی کا اظہار کیا جس کے تحت ادب میں نظریات کی تبلیغ ہونے لگے۔اور ہنگامی ادب تخلیق دیا جانے لگے۔ جذبی کسی تجربے کو محسوس کرتے تھے۔اوراس تجربے کی گہرائی میں ڈوبنے کے بعداسے شعر میں پیش کرتے تھے۔ ترقی پسندی کی ایک اور کمزوری زودنویسی ہے۔ترقی پسند ادیبوں نے مقدار کے اعتبار سے بہت لکھالیکن معیار کے اعتبار سے کم ۔جبکہ جذبی نے معیار سے سمجھوتہ کرنے کی کوشش نہیں کی۔ یہی وجہ ہے کہ ان کا کلام معیار کے اعتبار سے بلند اور مقدار کے اعتبار سے کم ہے۔ ہنگامی ادب کی تخلیق پر تنقید کرتے ہوئے جذبی کہتے ہیں۔

> ”میں ہنگامی ادب کا کچھ زیادہ قائل نہیں۔یہ کیسے ممکن ہے کہ ادھر ایک واقعہ ہوا اُدھر ایک نظم تیار ہوگئی۔یہ اُس وقت تو ممکن ہے جب ذہن پہلے سے اُس واقعہ کے لیے تیار ہو۔تجربہ تخلیق کی منزل تک پہنچنے کے لئے صرف تحلیل و تجزیہ کے مراحل ہی سے نہیں گزرتا بلکہ شاعر کے مزاج سے بھی ہم آہنگ ہوتا ہے۔اسی کو ہضم کرنا اور رچانا بسانا بھی کہتے ہیں۔اس کے لئے بعض اوقات کوئی مدت درکار ہوتی ہے۔ جو حضرات ہضم کرنے اور رچانے بسانے کو غیر ضروری سمجھتے ہیں ان کے یہاں گہرائی اور گیرائی کے بجائے جذباتیت اور سطحیت کا پیدا ہوجانا لازمی ہے۔“ ۸ے

جذبی نے ترقی پسندی سے متعلق اپنے بیشتر نظریات اپنے مضمون ”چند باتیں“ میں پیش کئے ہیں۔ وہ ادب میں سیاست اور مصلحت کوشی کو بھی پسند نہیں کرتے۔ان کا خیال تھا کہ اس سے زمینی صداقتیں ضمنی ہوجاتی ہیں۔اورادب بے معنی ہوکر رہ جاتا ہے۔ان کے نزدیک یہی وہ دور ہے جب ایک ادیب اور تخلیق کار اپنے منشائے ادب سے دور ہوجاتا ہے۔سیاست اور مصلحت کے بارے میں جذبی کہتے ہیں۔

''سیاست میں مصلحت کو بہت دخل ہے۔لیکن مصلحت پر شعر کی بنیاد نہیں رکھی جاسکتی۔ مصلحت میں جزوی صداقت ہوتی ہے۔شاعری کامل صداقت چاہتی ہے۔اوراس کامل صداقت ہی سے وہ جذبہ پیدا ہوتا ہے جوشعر کی جان ہے۔مصلحت کی بنا پر جب بھی کچھ کہا گیا ہے اسے ادب کے بجائے صحافت کے دامن میں ہی جگہ ملی ہے۔آج کچھ کہہ دینا اور کل اس کی نفی کر دینا صحافت میں تو ممکن ہے شعروادب میں نہیں۔شعروادب کے لئے ایک مربوط نظام فکر کی ضرورت ہے۔ایسا نظم فکر جو عقیدہ بلکہ ایمان بن چکا ہو۔'' ۸۸

جذبی نے فروزاں کے اس دیباچے میں تفصیلی طور پر ترقی پسندی اورادب سے متعلق اپنے نظریات پیش کیے۔اس سے اندازہ ہوتا ہے کہ ترقی پسندوں میں رہتے ہوئے بھی انہوں نے اپنی منفرد شناخت بنائے رکھی تھی۔

جذبی نے فروزاں کے دیباچے سے قبل ترقی پسند ادب کے عنوان سے ایک مضمون لکھا تھا۔اُن کا یہ مضمون آج کل کے یکم اپریل اور ۱۵۔اپریل ۱۹۴۷ء کی اشاعتوں میں دو قسطوں میں شائع ہوا۔اس مضمون میں جذبی نے نئے اور پرانے ادب کے حوالے سے گفتگو کی ہے۔اس مضمون میں بھی انہوں نے ترقی پسندی سے متعلق اہم گفتگو کی ہے۔ترقی پسند ادب کی تشریح کرتے ہوئے جذبی لکھتے ہیں۔

''سب سے پہلے تو ہمیں یہ سمجھ لینا چاہئے کہ ترقی پسند ادب کوئی ایسی چیز نہیں جو آسمان سے ٹپک پڑی ہو۔ہمارا ادب سینکڑوں سال سے ارتقائی منزلیں طے کرتا ہوا آج ترقی پسند ادب کی صورت میں نظر آتا ہے۔ہم اس نئے ادب کو پرانے ادب سے الگ کرنا چاہیں بھی تو نہیں کرسکتے''۔۸۹

جذبی نے اس مضمون کی دوسری قسط میں ترقی پسند ادیبوں کو طنز کا نشانہ بنایا۔اس ضمن میں

وہ لکھتے ہیں۔

ترقی پسند ادیبوں نے سیاسی اور سماجی مسائل کا بھی گہری نظر سے مطالعہ نہیں کیا۔انہوں نے سیاسی اور سماجی مسائل پر قلم اُٹھایا مگر وہ علم حاصل نہ کر پائے جو وسیع، گہرا اور متوازن ہو۔وہ مستقبل کی تعمیر اور حال کی تخریب میں پچھلے قیمتی اور کار آمد سرمایے کو نظر انداز کر گئے۔یہی اُن کی سب سے بڑی غلطی اور سب سے بڑی کمزوری تھی۔دوسرے انہوں ننے ادب کو ایک سیاسی پروپیگنڈے سے زیادہ اہمیت بھی نہیں دی۔ادب سے پروپگنڈے کا کام تو لیا جاسکتا ہے۔لیکن پروپگنڈہ ادب نہیں ہوسکتا۔۔۔۔انقلابی ادب میں جمالیاتی عناصر کی بھی کمی بڑی حدتک پائی جاتی ہے۔ترقی پسند ادیب شائد یہ سمجھتے تھے کہ انقلابی یا اشتراکی ادب محض اقتصادیات یا سیاسیات کے اُصولوں کی ترجمانی کا نام ہے۔یہ اُن کی بھول ہے۔خود مارکس نے ایسے ادب کو جس میں جمالیاتی عنصر نہ ہو ادب نہیں سمجھا۔وہ تو بالزک جیسے رجعت پسند ناولسٹ کو بھی ان ترقی پسند ادیبوں پر ترجیح دیتا ہے جو ذوق حسن سے محروم ہیں۔" [۹۰]

ان اقتباسات سے اندازہ ہوتا ہے کہ جذبیؔ ترقی پسندی کو کوئی جامد شئے نہیں سمجھتے تھے۔انہوں نے عملی اور نظریاتی سطح پر ترقی پسندی کی تعبیریں پیش کیں۔اور کھلے ذہن سے ترقی پسندی اختیار کرنے پر زور دیتے رہے۔وہ ہمیشہ ادب کے جمالیاتی اور فنی پہلو کے قائل رہے اور اس کا پرچار کرتے رہے۔ترقی پسندی کے دور میں کچھ روایتی شاعر اور ادیب ایسے تھے جو اپنے اوپر ترقی پسندی کا لیبل لگا دیکھنا نہیں چاہتے تھے جذبیؔ بھی ان میں سے ایک تھے۔دوسری طرف ترقی پسند شعرا نے بھی انہیں ترقی پسند تسلیم کرنے سے انکار کردیا۔جس کا دُکھ جذبیؔ کو ضرور رہا۔آل احمد سرور جذبیؔ کی ترقی پسندی کو بیان کرتے ہوئے لکھتے ہیں۔

۱۹۳۷ء سے یہ نوجوان شاعر ایک اور رو میں بہہ گیا۔ترقی پسند ادب کی تحریک ۱۹۳۵ء سے شروع ہو چکی تھی۔اس نے ان شاعروں اور ادیبوں کو جو بیزاری، مایوسی اور تلخی کا شکار ہو رہے تھے۔ایک مقصد اور نصب العین دیا۔ یہ نصب العین اگرچہ نیا نہ تھا۔اقبال نے اپنے الفاظ میں شروع سے اس کی طرف اشارہ کیا تھا۔ جوشؔ کی نظمیں اور پریم چند کے افسانے اس مقصد کے احساس سے لبریز تھے۔مگر ایک باقاعدہ ادبی تحریک کے علمبردار اس جوش میں جو کسی مذہب کے نئے نئے ماننے والوں میں ہوتا ہے۔اٹھے اور انہوں نے بڑے بلند آہنگ الفاظ میں بغاوت تلوار، خون، انقلاب کا راگ چھیڑا۔جوش نے اپنی پرشکوہ تیز اور قدرے کرخت آواز میں انقلاب کا ایک خونیں تصور پیش کیا۔اور ان کے اثر سے ہمارے سارے نوجوانوں کے سر پر خون سوار ہو گیا۔مگر جذبیؔ کی ترقی پسندی قاضی نذر الاسلام یا جوش کی باغیانہ شاعری سے مختلف ہے۔ان کے غم میں ایک وسعت اور ان کے ماتم میں سینکڑوں دکھے ہوئے دلوں کی فریاد آجاتی ہے۔''۹۱

جذبیؔ نے جس انداز میں ترقی پسندی کی مخالفت کی وہ اس طرح کی مخالفت کرنے والے اکیلے شاعر نہیں تھے اس وقت نام نہاد ترقی پسندی کی مخالفت کرنے والوں میں رشید احمد صدیقی، خواجہ غلام عباس، حیات اللہ انصاری، قرۃ العین حیدر، عزیز احمد، سہیل عظیم آبادی، علی عباس حسینی، منٹو، مجنوں گورکھپوری وغیرہ جیسے بہت سے شاعر افسانہ نگار اور ادیب شامل تھے۔ترقی پسند تحریک کے روح رواں سجاد ظہیر بھی آخری زمانے میں روایتی ترقی پسندی کے مخالف ہو گئے تھے۔سجاد ظہیر کہتے ہیں۔

''شاعر کا پہلا کام شاعری ہے۔وعظ دینا نہیں ہے۔اشتراکیت وانقلاب

کے اصول سمجھانا نہیں ہے۔ اصول سمجھنے کے لئے کتابیں موجود ہیں۔اس کے لئے ہمیں نظمیں نہیں چاہیئے۔ ۹۲

ترقی پسند تحریک میں حقیقت نگاری کے نام پر عریانیت اور فحاشی کو عام کیا جارہا تھا اور اسے آرٹ کا نام دیکر اس کا جواز پیش کرنے کی کوشش کی جارہی تھی۔ رشید احمد صدیقی اس دور کی فحاشی اور عریانیت پر طنز کرتے ہوئے لکھتے ہیں۔

''یہ کیسا آرٹ ہے؟ یہ کون سا ادب ہے؟ اور کس قماش کی زندگی ہے جس کا مرکز اور بنیادی تصور فساد و فحاشی ہو۔ فحاشی اور عریاں طرازی نہ کوئی ادب ہے اور نہ آرٹ اور نہ کوئی زندگی۔'' ۹۳

جذبی نے اپنی تحریروں میں ترقی پسند نظریات کی مخالفت نہیں کی انہوں نے تو صرف نام نہاد ترقی پسندی اور اس کے علمبرداروں کی مخالف کی۔ اور جن لوگوں نے ان پر کیچڑ اُچھالنے کی کوشش کی۔ جذبی نے شائستہ انداز میں انہیں مناسب جواب بھی دیا۔ جذبی نے ترقی پسندی کے ایک اور نقصان کی طرف اپنے انٹرویو میں اظہار کیا جس میں کسی شاعر کے نثر نگار اور ناول نگار بننے پر اعتراض کیا گیا ہے۔ جذبی کے خیال میں اس سے معیار متاثر ہوتا ہے۔ اور تخلیقی شان باقی نہیں رہتی۔ جذبی نے ترقی پسندی کے نام پر فرمائشی ادب تخلیق کرنے والے شعراء اور ادیبوں پر بھی نکتہ چینی کی ہے۔ کیونکہ اس طرح کے ادب میں مصلحت کوشی کارفرما رہتی ہے۔ ترقی پسندی کی روایتی چھاپ کی حامل ایک نظم جذبی نے بھی ''دعوت جنگ'' کے نام سے ایک نظم کہی تھی جس میں پروپگنڈہ اور نعرہ بازی سب کچھ ہے۔ جذبی نے اپنے احباب سے مشورے کے بعد اس نظم کو اپنی بیاض سے خارج کردیا۔ جذبی کی اس نظم کے دو بند اس طرح ہیں۔

وہ ہوئی لرزش ہوا میں وہ بگل بجنے لگا
جنگ کے نغموں سے وہ تھرائی دنیا کی فضاء
دل دھڑکتا ہے فلک پر آج اسرافیل کا
اے سپاہی کھینچ اپنی خوں فشاں تلوار
جھومتا چل اور خوں خاروں کے سینے چیر ڈال
اک قدم بڑھ اور غداروں کے سینے چیر ڈال
ظلمتِ شب میں سیہ کاروں کے سینے چیر ڈال
اے سپاہی کھینچ اپنی خوں فشاں تلوار کھینچ
(بحوالہ۔ معین احسن جذبی۔ مشتاق صدف۔ ص۔ ۱۱۹)

جذبی اس نظم کو لکھنے کی وجہ بیان کرتے ہوئے کہتے ہیں:

''اب بس ہوگئی اتفاق سے۔اس زمانے میں بس ایسی ہی ہوا چلی ہوئی تھی۔ مار دھاڑ کی۔ لیکن یہ کھٹکتی رہی مجھے ہمیشہ اور ایمانداری کی بات یہ ہے کہ اس زمانے میں میرے پاس کوئی ایسا شعری تصور نہیں تھا بس ایک ذوق سلیم تھا اس ذوق کے اوپر بھی مجھے پورا پورا بھروسہ نہ تھا۔'' ۹۴

جذبی کی اس ایک نظم کے علاوہ اُن کی ساری شاعری کسی بھی قسم کے شور شرابے اور ہنگامہ آرائی سے پاک ہے۔اور وہ ترقی پسندی کے مذکورہ لیبل سے بچے رہے۔ جذبی کی غزلوں میں ترقی پسندی کا جو رنگ ملتا ہے وہ ان اشعار سے جھلکتا ہے۔

اے موجِ بلا اُن کو بھی ذرا دو چار تھپیڑے ہلکے سے
کچھ لوگ ابھی تک ساحل سے طوفاں کا نظارا کرتے ہیں
دلوں میں آگ، نگاہوں میں آگ، باتوں میں آگ

کبھی تو یوں بھی نکلتی ہے غمزدوں کی بارات

شریکِ محفل دار و رسن کچھ اور بھی ہیں

ستم گرو! ابھی اہلِ کفن کچھ اور بھی ہیں

مہکا نہ کوئی پھول نہ چٹکی کوئی کلی

دل خون ہو کے صرف گلستا ہوا تو کیا

غزلوں کے ساتھ ساتھ نظموں میں بھی جذبی ترقی پسند کا رنگ ظاہر کیا ہے۔ جذبی کی نظموں سے چند منتخب اشعار دیکھئے۔

وہ لاکھ ہلالوں سے بھی حسیں، زہر کیسی پروین

اک روٹی کا ٹکڑا کہیں مل جائے بازاروں میں

جب جیب میں پیسے بجتے ہیں جب پیٹ میں روٹی ہوتی ہے

اس وقت یہ ذرہ ہیرا ہے اس وقت یہ شبنم موتی ہے

(فطرت ایک مفلس کی نظر میں)

بڑے ناز سے آج اُبھرا ہے سورج

ہمالہ کے اونچے کلس جگمگائے

فضاؤں میں ہونے لگی بارشِ زر

کوئی نازنیں جیسے افشاں چھڑائے

دمکنے لگے یوں خلاؤں کے ذرے

کہ تاروں کی دنیا کو بھی رشک آئے

ہمارے عقابوں نے انگڑائیں لیں

سنہری ہواؤں میں پر پھڑ پھڑائے
فزوں تر ہوا نشۂ کامرانی
تجسس کی آنکھوں میں ڈورے سے آئے
قدم چومنے برق وباد، آب وآتش
بصد شوق دوڑے، بصد عجز آئے

(نیا سورج)

ہائے جلتی ہوئی حسرت یہ تری آنکھوں میں
کہیں مل جائے محبت کا سہارا تجھ کو
اپنی پستی کا بھی احساس پھر اتنا احساس
کہ نہیں میری محبت بھی گوارا تجھ کو
اور یہ زرد سے رخسار، یہ اشکوں کی قطار
مجھ سے بیزار، مری عرض وفا سے بیزار

(طوائف)

اور یہ شور گرجتے ہوئے طوفانوں کا
ایک سیلاب سسکتے ہوئے انسانوں کا
ہر طرف سینکڑوں بل کھاتی دھویں کی لہریں
ہر طرف ڈھیر جھلستے ہوئے ارمانوں کا
زندگی اور بھی کچھ خوار ہوئی جاتی ہے
اب تو جو سانس ہے، آزار ہوئی جاتی ہے

(آزار)

جذبی کی شاعری سے پیش کردہ ان اشعار سے اندازہ ہوتا ہے کہ اُن کے کلام میں جابجا ترقی پسندی کی مثالیں ملتی ہیں۔ جذبی کی ترقی پسندی پر اپنی رائے پیش کرتے ہوئے مشتاق صدف یوں رقم طراز ہیں۔

"جذبی اپنے فکر و عمل پر ہمیشہ قائم رہے۔ ان پر ابہام قنوطیت اور غم و یاس کے اظہار کا الزام عائد کیا گیا۔ مارکسی نقادوں نے شعوری طور پر انہیں نظر انداز کیا۔ ترقی پسند اخبارات ورسائل میں ان کی تخلیقات کی اشاعت پر پابندی بھی لگائی گئی لیکن ان سب کے باوجود جذبی اپنے اصول فن پر ثابت قدم رہے۔ نظم "میری شاعری اور نقاد" میں ان کا لہجہ کچھ زیادہ تلخ ہوگیا۔ تاہم انہوں نے ضبط وتوازن کو برقرار رکھا اور اپنے کلام پر ہمیشہ اعتماد کیا۔ نیز وقت کو سب سے بڑا منصف قرار دیا۔ آج جبکہ ترقی پسندی بالکل ء بے اثر ہوچکی ہے ایسی صورت میں جذبی کی تخلیقی بصیرت ہمیں زیادہ متاثر کرتی ہے۔ اور مابعد جدیدیت کے موجودہ منظر نامے میں جذبی کے سیاسی و سماجی شعور، وسعت فکر، آزادی ء رائے اور گہرے انسانی تجربات کے اظہار سے فکر وفن کی نئی گزرگاہیں روشن ہوتی ہیں۔" ۹۵

جذبی کی ترقی پسندی کے اس جائزے سے اندازہ ہوتا ہے کہ انہوں نے ترقی پسندی کے دور میں شاعری تو کی۔ لیکن ترقی پسندی کو اپنے اوپر اوڑھ نہیں لیا۔ اور اپنے لئے ایک الگ راہ اختیار کی۔ انہوں نے فکر وفن کو انفرادیت بخشی۔ ان کے کلام میں داخلی جذبات اور احساسات ملتے ہیں۔ انہوں نے شاعری کی قدیم روایات کو برقرار رکھا۔ اور ترقی پسندی کی روایتی نعرے بازی، پروپگنڈے اور اشتہار بازی سے اپنے آپ کو بچائے رکھا۔ اور اپنی معیاری شاعری کی وجہہ سے ترقی پسند شعراء کے دور میں اپنی ایک علحیدہ شناخت بنائی۔

جذبی مشاہیر کی نظر میں

معین احسن جذبی اردو شعر وادب کی دنیا میں ایک جانا پہچانا نام ہے۔ جذبی کے چاہنے والے ہندوستان اور بیرون ممالک میں کئی ہیں۔ ان میں شاعر، ادیب، نقاد اور دانشور سبھی حضرات شامل ہیں۔ جذبی کا کلام مقدار میں کم لیکن معیار میں بلند ہے۔ انھوں نے اپنے منفرد شعری لہجے سے ترقی پسند شعراء میں علحیدہ شناخت بنائی۔ ان کی شاعری، فکر وفن پر اردو کے دانشوروں نقادوں اور ادیبوں نے تاثرات پیش کئے ہیں۔ یہ تاثرات جذبی کی فکر وفن پر لکھے گئے مختلف مضامین اور کتابوں سے اخذ کئے گئے ہیں۔ ذیل میں ان مشاہیر کی آراء پیش کی جارہی ہے۔ اس آراء سے امید ہے کہ جذبی کی شخصیت کے مختلف پہلواُجاگر ہونگے اور ان کے فکر وفن کے بارے میں حتمی رائے قائم کرنے میں مدد ملے گی۔

مشتاق صدف

معین احسن جذبی ترقی پسند شاعری کے ایک اہم ستون تھے۔ انھوں نے شہرت کے لئے کبھی جست لگانے کی کوشش نہیں کی۔ روایت کی پاسداری، حقیقت نگاری، ترقی پسندی، احساس غم کی گراں باری، قنوطیت میں رجائیت کی شانہ کاری اور جمالیات کی تازگی اُن کی شاعری کے اہم عناصر ہیں۔ اُن کے یہاں نظم اور غزل کے آئین وآداب سے گہری ہم رشتگی بھی ملتی ہے۔ اور ترقی پسند شاعری کے بنیادی تقاضوں سے ہم آہنگی بھی۔ فکر میں تازگی، اظہار و اسلوب میں ٹھہراؤ، توازن اور اعتدال بھی اُن کی شاعری کا خاصہ ہے۔ انھوں نے شاعری کی صدیوں پرانی روایت کی توسیع کے لئے ہر ممکنہ کوشش کی۔ ترقی پسندی کو کشادگی بخشی اور اس کی

معین احسن جذبی فکر و فن 193

خطیبانہ رومانیت، جذباتیت ٹائپ کی سطحیت اور غیر تخلیقی نوعیت کی اشتہاریت سے خود کو محفوظ رکھا۔ نیز تخلیق کی آزادی پر ہمیشہ اصرار کیا۔ جذبی کے پیش نظر ادب کا مقصدی اور افادی پہلو بھی رہا۔لیکن انھوں نے ادب کی ادبیت اور زندگی کی ہمہ جہت ترجمانی کو بنیادی اہمیت دی۔ ادب میں خارجی اور داخلی دونوں تقاضوں کے وہ قائل تھے۔انھوں نے اپنی شاعری میں انسان کو ایک محشر خیال کے طور پر دیکھا اور انسان کے پاکیزہ احساسات و جذبات کو پیش کرنے کی تڑپ نے اُن کے کلام کو پُر اثر بنا دیا۔ کم گوئی، کم سخنی اور کم آمیزی اُن کی افتادِطبع اور تخلیقی مزاج کا حصہ تھی۔ زندگی کے آخری ایام تک وہ انسانی قدروں کے ترجمان رہے۔ نیز اُن کی شخصیت میں عجز اور حلم تھا۔انھوں نے کبھی صلے کی پرواہ نہیں کی۔ مگر ناقدریٔ زمانہ کا شکوہ ضرور کیا:

یہاں نہ شعر سناؤ، یہاں نہ شعر کہو
خزاں پرستوں میں گلہائے تر کی قیمت کیا

جذبی نے زمانہ سازی نہیں سیکھی ورنہ وہ بھی سستی شہرت بٹور سکتے تھے۔

معین احسن جذبی کی شاعری یوں تو کم و بیش پچھتر برسوں پر محیط ہے۔اُن کی پہلی تخلیق ۱۹۲۹ء کی ہے اور آخری تخلیق ۲۰۰۴ء کی جو اُن کے انتقال (۲۰۰۵ء) سے ایک برس قبل کی ہے لیکن حقیقت یہ ہے کہ فروزاں (۱۹۴۳ء)، سخن مختصر (۱۹۶۰ء) اور اُن کے تیسرے مجموعے گدازِ شب (۱۹۸۵ء) جو اُن کے کلام کا حاصل کلام بھی ہے کے منظرِ عام پر آنے کے بعد جذبی بمشکل دس گیارہ غزلیں ہی کہہ سکے۔ دراصل گدازِ شب ہی اُن کا آخری پڑاؤ تھا۔ جذبی کی شاعری کی عمر پچپن چھپن سال سے زیادہ نہیں ہے۔اُن کے اس شعری سفر کے دوران ادبی دنیا میں بہت سے سیاسی وسماجی تغیرات آئے۔ کئی تحریکیں ظہور پذیر ہوئیں۔اُن کا عروج و زوال بھی ہوا۔ رومانیت کا اثر زائل ہوا۔ ترقی پسندی مصلحت کا شکار ہوئی۔ جدیدیت بے اثر ہوگئی اور مابعد جدیدیت کے خدوخال نمایاں ہوئے۔ جذبی نے ان تمام ہنگامہ خیز تبدیلیوں کو

اپنی آنکھوں سے دیکھا۔ انھوں نے بہتوں کی وقتی شہرت بھی دیکھی ۔ بہتوں کو آسمان سے زمین پر آتے ہوئے بھی دیکھا۔ کوتاہ قد شاعروں کو دراز قد ہوتے ہوئے اور دراز قد شاعروں کو کوتاہ قد ہوتے ہوئے بھی دیکھا۔ نیز اُنھوں نے خود سنگ و دشنام اُٹھائے لیکن اس کے باوجود اُن کی شعری روش اور لب و لہجے میں کوئی تبدیلی نہیں آئی ۔ وہ ثابت قدم رہے اور خود کو مخالف ہواؤں سے محفوظ رکھا بلکہ مذکورہ تمام تر ادبی و شعری رویوں کی گہما گہمی، چہل پہل اور زور آوری سے دور رہنے میں عافیت محسوس کی ۔ ہما شما کی طرح بھیڑ میں گم نہ ہوکر بڑی خاموشی سے اپنے فکر و خیال کے چراغ کو روشن رکھا۔ اگر جذبی کو اعتماد تھا تو صرف اپنے ظاہر پر، اپنے مخصوص و منفرد طرز احساس اور اسلوب اظہار پر اپنے مزاج کے خلاف مروجہ شعری رواج اور شعری ترجیحات و ترغیبات پر انھوں نے کبھی قناعت نہیں کی اور نہ ہی اُن پر اپنی تخلیقی قوت صرف کی ۔ اپنی شہرت کے لئے انھوں نے نہ تو ڈھول پٹوائی اور نہ ہی شدت پسند ترقی پسندوں کی منہ بھرائی کی ۔ یہی وجہ ہے کہ اُن کو اُن کی زندگی میں وہ مقبولیت نہیں مل سکی جو اُن سے کم قامت شاعروں کو ملی ۔

جذبی ایک پختہ فن کار تھے ۔ انھیں کلاسیکی سرمایے کا عرفان بھی حاصل تھا اور رومانیت کی خوبیوں اور خامیوں کا علم بھی تھا۔ فکری سطح پر اُن کے یہاں رنگا رنگی، کشادگی، اور تنوع کے ساتھ کلام میں محاسن شعری کا خوبصورت استعمال ملتا ہے۔ شور شرابے، بلند آہنگی اور ہنگامہ آرائی سے اُن کی شاعری کوسوں دور نظر آتی ہے۔ اُن کا شمار ترقی پسندوں کو فروغ دینے والے باوقار شاعروں میں ہوتا ہے۔ اُن کی دردمندی، انکساری، شرافت اور خودداری نے انھیں نمائشی کردار کبھی بننے نہیں دیا۔ اُن کی شاعری انسان کے پاکیزہ خوابوں مقدس آرزوؤں اور نیک تمناؤں کی ترجمان ہے۔ ضبط توازن اور ارتکاز سے اُن کی شعری فضاء مہکتی ہے۔ اُن کا کلام مختصر ہے لیکن اس کا ایک بڑا حصہ اپنی معنویت اور اثر انگیزی سے ہمیں متاثر کرتا ہے ۔ جذبی کے بارے میں یہ کہنا زیادہ مناسب معلوم ہوتا ہے کہ انھوں نے اردو شاعری کو ایک افتخار اور

وقار بخشا۔ یہ الگ بات ہے کہ معاصر ناقدین نے انھیں نظر انداز کیا۔ جذبی نے جو کچھ بھی کہا جتنا بھی کہا بہتر ہے اور ترقی پسند شاعری کو ایک معیار عطا کیا۔ جذبی کو اپنی زندگی میں شکوہ تھا کہ یہاں خلوص و گداز ہنر کی کوئی قیمت نہیں۔ لیکن یقین ہے کہ آنے والے دنوں میں اُن کی شاعرانہ عظمت کا اعتراف کیا جائے گا اور اُن کی افہام و تفہیم کے نئے دروازے کھلیں گے۔ میری نظر میں اُن کی شخصیت اور شاعری دونوں ایسی ہیں جو انھیں شہرت دوام عطا کرتی ہیں۔

(بحوالہ۔ معین احسن جذبی از مشتاق صدف۔ساہتیہ اکادمی، دہلی ۲۰۰۸)

پروفیسر سلیمان اطہر جاوید

معین احسن جذبی کا شمار ہمارے اُن شاعروں میں ہوتا ہے جنھیں عصر حاضر میں اُردو غزل کی آبرو کہا گیا ہے۔ جذبی کا شعری سرمایہ مختصر ہی نہیں بے حد مختصر ہے۔ ''فروزاں'' اور ''سخن مختصر'' اُن کے شعری مجموعے کبھی کے شائع ہوئے جو یوں بھی ایسے ضخیم نہیں ہیں۔ بعدازاں اُن کا مجموعہ ''گداز شب'' اشاعت پذیر ہوا۔ جس کو اُن کے کلیات کی حیثیت حاصل ہے۔

جذبی کی شاعری کا زمانہ وہ زمانہ ہے جس میں نظم گوئی بھی زور وشور سے جاری تھی اور غزل گوئی بھی۔ ادھر نظم نگاری میں اقبالؔ، جوشؔ، اختر شیرانی اور (ایک حد تک) مجاز کے نام ملتے ہیں تو غزل گو شاعروں میں شادؔ، حسرتؔ، فانیؔ، فراقؔ، جگرؔ اور اصغر کا شہرہ تھا۔ کچھ تو اُن کا مزاج اور پس منظر بھی کہہ لیجئے کہ آگرہ میں جہاں اُنھوں نے تعلیم کے سلسلے میں کئی برس گزارے، اُنھیں میکشؔ اور فانیؔ کی رفاقت حاصل رہی۔ فانیؔ کو ابتداء میں انھوں نے اپنا کلام بھی دکھلایا۔ اس کے اثرات اُن کے کلام پر ترتیب پانے لازمی تھے اور یہ اثرات ترتیب بھی پائے۔ ترقی پسند تحریک کے باعث جذبی کے مزاج میں تبدیلی آئی۔ جس کے اثرات اُن کی شاعری میں جھلکتے ہیں۔ اُنھوں نے اپنا تخلص ملالؔ کے بجائے جذبیؔ پسند کیا۔ کچھ تو اپنے مزاج کی الم پسندی، حزنیہ کیفیات اور

بہت کچھ اطراف واکناف کے بدلتے حالات، قومی منظر نامہ کے نشیب وفراز، دگرگوں ہوتے رنگ جذبی کی شاعری میں کم کم ہی سہی آخروقت تک المیہ اور حزن وملال کے رنگ ملتے ہیں۔ بعض نظموں میں یہ لے تیز ہے اور بعض میں مدھم۔ ترقی پسند تحریک کے اثرات کے باوجود جذبی کے یہاں یاسیت اور قنوطیت کی جھلکیاں مل ہی جاتی ہیں۔ جذبی نے بہت کم لکھا لیکن جو بھی لکھا منتخب۔ غزل گوئی میں تو وہ اپنی مثال آپ ہیں۔ لیکن غزل ہی کیا نظم نگاری میں بھی انھوں نے مرتبہ پایا۔ اس زاویے سے کہ اُن کی نظموں کی تعداد کچھ زیادہ نہیں (۳۰) سے بھی کم ہے۔ اُن کی نظموں کا جائزہ لیتے ہوئے کہا جاسکتا ہے کہ وہ ترقی پسند تحریک ہی کے نہیں مجموعی طور پر اردو کے ممتاز اور اہم نظم نگاروں میں شمار ہوتے ہیں۔ اُن کی چند نظمیں تو اردو شاعری میں وزن و وقار کی حامل اور اس کی آبرو ہیں۔ (بحوالہ ایوان اردو دہلی۔ جنوری ۲۰۰۷ء)

پروفیسر محمد حسن

گزری ہوئی شخصیتوں کے ذکر سے اپنی محفلوں کو منور کرنے کا شرف بھی کسی روشن مینار سے کم نہیں۔ جس سے شائد کبھی آنے والے دور میں حوصلہ ملے۔ یہ نہ بھی ہوا تو کم سے کم ہمارے اپنے دور میں جو کچھ تھا اس کا حصہ تو ادا ہوا...... جذب وجنوں کی یہ بھی ادائیں کہ جذب اور جذبے سے وابستہ فن کار ابدیت کے پردے میں منہ چھپالیں اور اُن کے ادھورے جملوں سے سرشار ہونے والے اُن کی تعزیت میں لفظوں کی چادریں بنتے اور اُن میں حسرت و درماندگی سے اُن کی یادوں کے پھول چنتے رہ جائیں۔ جذبی سخن مختصر کے شاعر تھے۔ وہ سنبھل سنبھل کر اُبھرتے ہیں۔ مگر اُن کی آواز نہ کبھی اتنی بلند ہوتی ہے کہ پھٹ جائے نہ اتنی دھیمی ہوتی ہے کہ اپنے دور کی دوسری آوازوں میں دب کر رہ جائے۔ وہ شاعر ہیں اور سچے اور کھرے شاعر، خوبیاں بھی ہیں اور خامیاں بھی۔ جذبی کی داستان ایک فرد کے ساتھ ساتھ ماورائے فرد

کی بھی داستان ہے۔ اس دور کی سرگذشت کا ایک ذاتی (Version) ہے جو پورے سماج پر یا سماج کے اس حصے پر گزری ہے جس سے شاعر کا تعلق ہے اور یہ گزرنے والی کیفیت درد وغم سے بھی عبارت ہے اور اسی درد وغم سے کھلنے والے پھولوں سے بھی عبارت ہے جنھیں شاعر نے آگ کے سمندر عبور کر کے چُن لیا ہے۔ اس طرح ہر شاعر زہر پینے والا وہ سکندر ہے جو آبِ حیات کی تلاش میں سرگرداں رہتا ہے۔

جذبیؔ کی شاعری اُن کے تخلص کی آئینہ دار ہے یعنی جذب ایسا کہ مجذوب کی کیفیت سے چند قدم ہی کا فاصلہ رہ جاتا ہے۔ یعنی اردگرد کے حالات سے صرف متاثر ہونے کی کیفیت نہیں رہتی بلکہ گرد و پیش کے اندرون میں داخل ہو کر اُن کے انوکھے پن کے ادراک کی جستجو رہتی ہے اور یہی اُن کی شاعری کو واقعات، شخصیات اور حالات حاضرہ پر تبصرے یا اُن سے محض اثر پذیری سے آگے بڑھا کر اُن واقعات اور کیفیات سے عمومی نتائج اور تاثرات تک پہونچنے کی کاوش بنادیتی ہے۔ وہ واقعے اور فرد دونوں کو لازوال بنادیتے ہیں یعنی زمانے اور اُس کے حالات سے کسی قدر بلند۔

جذبیؔ محض ہماری عظیم الشان وراثت ہی نہیں ہیں وہ ان محتاط قدآور اور مہتمم بالشان شاعروں میں ہیں جنھوں نے دور حاضر کے سیاسی اور ادبی حلقوں سے باخبر ہو کر اپنے شعری احساس کو سنوارا ہے اور اُنھیں ہمارے دور کے مزاج کا حصہ بنایا ہے۔

آج ضرورت ہے کہ جذبیؔ کے مزاج کو پہچانا جائے اور اس آواز اور اُس کے آہنگ کو نئی وسعت اور آگاہی کے ساتھ برتا جائے۔ زندگی ہی نہیں ادب میں بھی چراغ سے چراغ جلتے ہیں بشرطیکہ اُن سے حاصل ہونے والی روشنی محض برائے نام نہ ہو بلکہ اس میں تازگی اور نئی تاریکیوں میں اُجالا پھیلانے کی قوت ہو۔ جذبیؔ نے یونہی نہیں کہا تھا:

یہ دل کا داغ جو مہکے تو کیسی تاریکی
اسی گھٹا میں چلیں ہم اسی گہن میں چلیں
ابھی سموم نے مانی کہانی نسیم سے ہار
ابھی تو معرکہ ہائے چمن کچھ اور بھی ہیں

(بحوالہ خدابخش لائبریری جنرل، رسالہ نمبر ۱۴۲۔ مارچ ۲۰۰۶ء)

کبیر احمد جائیسی

جذبی صاحب کا شماران اساطیر ادب میں ہوتا ہے جو اپنے عہد حیات ہی میں ایک پرفسون افسانہ (Legend) بن جاتے ہیں۔لوگ ایسے ادیبوں کو چلتے پھرتے کھاتے پیتے، ہنستے بولتے دیکھنے کے باوجود اُن کو اپنے سے ممتاز اور مختلف سمجھتے ہیں اور اُن کی ہر ہر ادائے بے نیازی کو اپنی اپنی وسعت فکر ونظر کے مطابق مصور کرتے رہتے ہیں۔ حالانکہ اُن کی صورت شکل، چال، ڈھال، غذا اور لباس کوئی بھی چیز غیر معمولی نہیں ہوتی۔ میں جب بھی جذبی صاحب کے بارے میں کچھ بھی سوچنے کی کوشش کرتا ہوں تو مجھے اُن کا وہ شعر بے ساختہ یاد آجاتا ہے جو اُن کی شناخت بن چکا ہے۔ ہماری نسل کے کم ہی افراد ایسے ہوں گے جنھوں نے جذبی صاحب کا درج ذیل شعر متعدد بار نہ پڑھا ہوگا اور اُس کے تاثر سے مسرور ومسرت ہوکر از سرنو جینے اور زندگی کو جھیلنے کا جذبہ اپنے اندر نہ پایا ہوگا۔

جب کشتی ثابت وسالم تھی ساحل کی تمنا کس کو تھی
اب ایسی شکستہ کشتی پر ساحل کی تمنا کون کرے

جذبی صاحب کی شاعری کی ہندوستان بھر میں دھوم رہی۔ وہ ترقی پسند تحریک کے ابتدائی دور سے اس سے وابستہ ہوگئے اور اُن کا شمار صف اول کے شعراء میں ہونے لگا۔ اس

ادبی تحریک سے بہت سے ''باغی شعراء'' وابستہ ہوگئے تھے جو شعر و ادب کی ہر روایت سے بغاوت کو ترقی پسندی سمجھتے تھے۔ اس تحریک سے وابستہ ہونے کے باوجود جذبی صاحب کا انداز شروع سے ہی معتدل رہا۔ غالباً یہی وجہ ہے کہ ۱۹۳۶ء سے ۱۹۵۲ء تک یعنی ترقی پسند ادبی تحریک کے سست رفتار ہونے کے زمانے تک اُن کی جو غزلیں ہیں اُن میں بہت سے ایسے اشعار مل جاتے ہیں جو ابدی صداقت کے حامل ہیں جس کو زمانے کی تیز رفتار اور وقت کا بدلتا ہوا تقاضہ بھی دھندلا نہیں پاتا۔

اے موج بلا، اُن کو بھی ذرا دو چار تھپیڑے ہلکے سے
کچھ لوگ ابھی تک ساحل سے طوفان کا نظارہ کرتے ہیں
ہجر کی رات تھی امکان سحر سے روشن
جانے اب اس میں وہ امکان سحر ہو کہ نہ ہو

(بحوالہ کتاب نما۔ اکتوبر ۱۹۹۰)

ڈاکٹر قمر رئیس

۱۹۵۵ء میں جب میں نے ڈاکٹریٹ کی غرض سے علی گڑھ مسلم یونیورسٹی میں داخلہ لیا تو وہاں کی تین شخصیتیں میرے لئے خاص کشش کا باعث تھیں یعنی جذبی صاحب، اختر انصاری اور استاذ محترم رشید احمد صدیقی۔ علی گڑھ آنے سے پہلے میرے لئے اختر انصاری کی کتاب ''آبگینے'' اور جذبی صاحب کی ''فروزاں''، فیض کی ''نقشِ فریادی'' کی طرح آسمانی صحیفوں کی حیثیت رکھتی تھیں۔ ''فروزاں'' کی شاعری میں یاسیت آمیز اُداسی اور محرومی کا جو گہرا رنگ تھا اس سے میں نے اُن کا جو نقش بنایا تھا وہ دو تین ملاقاتوں میں منہدم ہوگیا۔ میں نے سوچا تھا کہ وہ اُداس، خیالوں میں غرق، مضمحل اور سوئے سوئے انسان ہوں گے لیکن میں نے اُن کو نہایت

متحرک، شگفتہ اور سیماب صفت پایا۔ کم بولتے مگر بے محابا انداز سے بولتے اور بات بات پر مزاحیہ فقرے کسنے میں بھی تامل نہیں کرتے۔ خواہ مخواہ نہ کسی سے مرعوب ہوتے نہ کسی سے مل کر نمائشی جوش اور خوشی کا اظہار کرتے۔

جذبیؔ صاحب کے شعری لہجے میں ابتداء ہی سے کلاسیکی ضبط ونظم کے ساتھ ساتھ تخلیقی اظہار کی سادگی، صداقت اور نرمی ملتی ہے۔ اپنے معاصرین جوش ملیح آبادی، مجاز اختر شیرانی اور فیضؔ سے جذبیؔ صاحب کا شعری لہجہ اسی لئے مختلف ہے کہ اُن شعراء کی طرح انھوں نے تخیل کی رنگینی اور جذبے کی بلند آہنگی کا سہارا نہیں لیا۔

جذبیؔ کے اشعار حقیقت شعاری، دردمندی اور شدت اخلاص کے ایسے پیکر ہیں جو غزل میں خاموشی سے ایک نئے جمالیاتی کردار کی تخم ریزی کررہے ہیں۔ اُن کی تعقل دوستی اور جذبے کی کفایت شعر میں ایک نئے احساس تغزل کو سموتی ہے لیکن اسے چھلکنے نہیں دیتی۔ وہ عشق جنوں ساماں کی واردات ہوں یا ماحول کی ناہمواریوں کے خلاف احتجاج جذبیؔ اپنے لہجے کو بے کیفی اور درشتی دونوں سے محفوظ رکھتے ہیں۔ یہی نہیں وہ اپنے دل کے سوز کو شعر کے نازک آبگینے سے اُتار دیتے ہیں۔

ہم نے غم کے ماروں کی محفلیں بھی دیکھی ہیں
ایک غم گسار اُٹھا، ایک غم گسار آیا
منزلِ عشق پہ یاد آئیں گے کچھ راہ کے غم
مجھ سے لپٹی ہوئی کچھ گردِ سفر بھی ہوگی

جذبیؔ بھی فیضؔ کی طرح ایک انقلابی نظریہ سے متاثر تھے اور ایک روشن سیاسی شعور رکھتے تھے۔ لیکن نظم کی کشادہ اور کھلی فضاء میں جہاں اس شعور کا اظہار آسان تھا۔ غزل کی اشاراتی زبان میں اتنا ہی مشکل تھا۔ جذبیؔ صاحب نے اپنی تخلیقی بصیرت سے اس مشکل کو

آسان کرکے ایک نئی راہ بنائی۔ یہ کہنا مبالغہ نہ ہوگا کہ ترقی پسند شعراء کی صف میں انھوں نے ہی سب سے پہلے غزل کے احتجاجی لہجے کا تعین کیا۔ جس کی پیروی دوسرے شعراء نے بھی کی۔ انھوں نے کلاسیکی غزل کی لفظیات کو نئے مفاہیم سے آشنا کیا، اس طرح کہ وہ اپنے عہد کے سیاق وسباق میں نئی زمینی حقیقتوں کا اشاریہ بن گئی۔

بہ حیثیت غزل گو جذبی صاحب کا مرتبہ کسی دوسرے ترقی پسند شاعر سے کم نہیں ہے۔ یہ الگ بات ہے کہ انھیں وہ ہمہ گیر شہرت نہ مل سکی جو دوسرے شعراء کے حصے میں آئی۔ اس میں اُن کی گوشہ نشینی اور قلندری کے علاوہ اس الم انگیز شعری رویے کا بھی حصہ ہے جو ترقی پسند شاعری کے رجائی انداز سے ہم آہنگ نہیں تھا۔ وہ ترقی پسندوں کے مرکز بمبئی، فلموں، بڑے اداروں اور ترقی پسندوں کے جلسوں اور مشاعروں سے بھی دور دور رہے۔ اس لئے اُن کی شہرت اور مقبولیت کا دائرہ محدود رہا۔ اس کے باوجود یہ حقیقت ہے کہ برصغیر کے ہر حلقہ، ہر مسلک اور ہر نسل کے اہل نظر نے اُن کے کمال فن کی داد دی ہے۔

(بحوالہ آج کل نئی دہلی۔ اگست ۱۹۹۴ء)

شمس کنول

اچھا شاعر پھول نہیں خوشبو ہوتا ہے۔ وہ کبھی نہیں مرجھاتا، وہ ہر عہد میں مہکتا ہے۔ جذبی کے شعروں کا خلوص بتا تا ہے کہ وہ ہمیشہ اسی طرح اپنی سوگندھ پھیلاتے رہیں گے۔ معین احسن کو جذبی بنانے میں اُن کے خاندانی پس منظر اور اُن کے بعد کے حالات نے بڑا کام کیا ہے۔

ہر انسان کے تجربے اور مشاہدے قطعی طور پر اُس کے اپنے ہوتے ہیں۔ حادثات اور واقعات بھی ہر کسی کے مختلف ہوتے ہیں اور واردات قلب بھی دو انسانوں کی ایک جیسی نہیں ہوتی۔ لیکن جذبات و احساسات تمام انسانوں کے یکساں ہوتے ہیں۔ شدت میں کمی بیشی

ہوسکتی ہے جو انسان جذبات انسانی کی ترجمانی کرتا ہے وہ اپنا سا ہو جاتا ہے۔ جذبی نے اپنی شاعری کو میڈیم بنا کر انسانی جذبات کا خلوص اور نیک نیتی سے اظہار کیا ہے۔ فن کی اس دیانت داری نے جذبی کے اکثر اشعار کو آبِ حیات پلا دیا ہے۔

اگر چہ اردو شاعری اپنے تصنع اور اپنی مشکل پسندی کے لئے بدنام ہے اور اردو کے اکثر اشعار ہر کسی سے اپنا مطلب الگ الگ بیان کرتے ہیں۔ مگر جذبی کے سب ہی اشعار سب ہی کے لئے ایک جیسے ہوتے ہیں۔ جذبی کے یہاں دنیاداری ہے نہ مصلحت، تصنع ہے نہ تکلف، ڈھکی چھپی ہے نہ ہیرا پھیری۔ اُنھوں نے زندگی سے براہِ راست حاصل ہونے والے تجربوں اور مشاہدوں کو کسی پیچیدگی کے بغیر سیدھے سادھے مگر دلنشین اور فیصلہ کن انداز میں اپنے شعروں کے سانچے میں ڈھال دیا ہے۔ یہی وجہ ہے کہ اُن کے اشعار کو سمجھنے میں ذرا بھی دیر نہیں لگتی۔ دراصل جذبی کے اشعار انسان کے جذبات کا صحیح مرقع ہیں۔

جذبی کے یہاں Quantity نہیں Quality ہے۔ مگر مقدار بنانے کی بہ نسبت معیار بنانے میں کہیں زیادہ وقت اور خونِ جگر صرف ہوتا ہے۔ جذبی کے کلام سے آج بھی اردو دنیا کے ہزاروں طالب علم مستفیض ہو رہے ہیں۔ اُن کا کلام کشمیر، بہار، آندھرا پردیش، مہاراشٹرا اور دہلی جیسی ریاستوں کے اردو نصاب میں شامل ہے۔

خلیل الرحمٰن اعظمی

جدید شاعری کے سیلاب میں توازن برقرار رکھنا آسان نہ تھا۔ سیاسی تشنج کی وجہ سے یہ دور (ترقی پسندی کا) عام طور پر تبلیغی اور صحافتی شاعری کا دور رہا ہے۔ اس کی مقبولیت کے آگے ادب میں سلامت روی، احتیاط واعتدال اور فن کے معیار کا خیال ایک طرح سے گھاٹے کا سودا تھا۔ جذبی اُن شعراء میں ہیں جو اپنی مزاج، افتادِ طبع اور فنکارانہ خلوص کے باعث یہی

گھاٹے کا سودا مول لینے کے لئے مجبور تھے۔ جذبی اُن معدودے چند شعراء میں ہیں جن کی اپنی آواز ہے۔ اظہار شخصیت، فنی در و بست، تخلیقی جوہر اور تاثیر کے اعتبار سے اُن کے معاصرین میں سوائے فیض کے اُن کا اور کوئی حریف نہیں۔ جذبی کے یہاں براہِ راست تجربات واحساسات کی شدت ہے جس کی وجہ سے اُن کے اشعار میں گداز اور نشتریت ہے۔ جذبی نے کلاسیکی سانچوں میں اپنے احساسات کی تازگی سے ایک طرح کی ندرت پیدا کرنے کی کوشش کی ہے۔ کلاسیکی سانچوں کو قبول کرنے سے جذبی کو ایک فائدہ ضرور ہوا ہے کہ وہ اپنے آپ کو ایک خاص معیار سے نیچے نہیں گرنے دیتے۔

صدیق الرحمٰن قدوائی

گزشتہ نصف صدی کی اردو شاعری کی تاریخ پر جن لوگوں کا نقش ثبت ہو چکا ہے اُن میں جذبی صاحب کا نام نمایاں ہے۔ میری عمر کے لوگوں کے کان جب شاعری کے آہنگ سے آشنا ہوئے تو وہ جذبی اور مجاز کا عہد تھا۔ رسالوں اور مشاعروں نے اُن کی مقبولیت کو عروج تک پہنچا دیا تھا۔ فیض، اختر الایمان، سردار جعفری، کیفی بھی اتنے نمایاں نہیں تھے گو کہ ان سے بھی اہل ذوق واقف تھے۔ کسی عہد کو کسی شاعر کے نام سے منسوب کرنا بڑی ذمہ داری اپنے سر لینا ہے۔ جس عہد میں فانی، اصغر، یگانہ، حسرت اور جگر سے لے کر جوش اور فراق تک موجود ہوں اُسے جذبی کا عہد کیوں کر قرار دیا جا سکتا ہے۔ دراصل وہ جو ترقی پسندی کا عہد قرار پایا اُس کی آمد آمد کی آہٹیں سب سے زیادہ نمایاں اور باشوکت اس زمانے میں اگر پہلے پہل ملتی ہیں تو وہ جذبی اور مجاز ہیں اور پھر اردو شاعری میں ترقی پسندی کے آغاز، اُس کے عروج اور اس کے نشیب و فراز کی ساری صفات بھی اُن کے ہاں ملتی ہیں۔

جذبی کی شاعری کے پورے دور پر نظر ڈالیں تو پتہ چلتا ہے کہ بالکل ابتداء میں یعنی

۱۹۳۲ء۔۱۹۳۳ء تک انھوں نے روایت کے مطابق اساتذہ کے رنگ میں غزلیں کہیں۔ان میں کوئی انفرادیت نہیں ملتی۔مگر چونکہ غزلیں نک سک سے درست تھیں اور اس اہتمام اور اُن آداب کے مطابق کہی گئی تھیں جس سے کلاسیکیت عبارت ہے اور ساتھ ہی ساتھ غم ہجر، آرزوئے وصل، مستیٔ مئے، معصومیٔ عشق، شوخیٔ حسن کے قصے، مترنم زمینوں اور خوش آہنگ قافیوں میں ڈھل کر آتے تھے۔اس لئے بہرحال اپنا جادو جگاتے ہیں اور اس بناء پر ابتداء ہی سے انھیں سراہا گیا۔جذبی کے اس مشق سخن کے دور نے انھیں خود اُن کی آواز سے آشنا کیا اور انھیں ایسے الفاظ وتلازمات دیئے جس سے اُن کے اظہار کو ایک جہت ملی اور اُن کے لہجے کا گداز وترنم لفظوں کی خوش آہنگی بڑھتے بڑھتے اُن کی پہچان بن گئی اور جذبی کا نام اس عہد کی غزل سے منسوب ہوتا چلا گیا۔۱۹۳۴ء کے آس پاس جذبی نظم کی طرف آئے۔اُن کی شروع کردہ نظموں کی رومانی فضاء اُس عہد کے دوسرے نوجوان شعراء کی طرح زمانے اور ذہن کی تبدیلی کا پتہ دیتی ہے۔وہ زمانہ جو اردو شاعری میں بلند آہنگ، چیختی چنگھاڑتی نظموں کا ہے بس جذبی کے آس پاس سے ہوکر گزر جاتا ہے۔اُن کی سانس زیادہ پھولتی ہوئی نہیں ملتی۔اور وہ نظمیں بھی جو خالص نجی تجربات وتاثرات کی بناء پر کہی گئی ہیں۔جذبی کی شخصیت کو پورے وقار اور خلوص کے ساتھ جلوہ گر کرتی ہیں۔

جذبی کا کلام مقدار کے اعتبار سے تو کم ہے مگر معیار کے اعتبار سے کم نہیں۔اس پر اُن کے عہد اور اُن کی شخصیت کی مہریں صاف نظر آتی ہیں۔اُن کا یہ کہنا مبالغہ نہیں:

گلشن میں جوش گل تو بگولے ہیں دشت میں
اہل جنوں جہاں بھی رہے آن سے رہے

(بحوالہ۔آج کل، نئی دہلی۔اگست ۱۹۹۴ء)

معین احسن جذبی فکر و فن

شارب ردولوی

جذبی اپنے ہم عصر اُردو شعراء میں سب سے کم سخن کم گو اور کم آمیز شاعر ہیں۔ وہ ہمیشہ ہی سب سے الگ نظر آئے۔ دنیاوی اعتبار سے اپنی کم آمیزی کی وجہ سے جتنے بھی نقصان ہو سکتے تھے وہ انھوں نے برداشت کئے۔ لیکن کبھی شکایت نہیں کی سوائے اس ایک طنزیہ قصیدے کے

سب میں رہنے کے باوجود وہ کبھی کھلتے نہیں
کم ایسے دروں بیں ہوں گے جو خود سے بھی نہیں کھلتے

اُن کے یہاں احتیاط کی ایک عجیب تہذیب ہے۔ یہ تہذیب اُن کی زندگی اور شاعری دونوں پر ہمیشہ چھائی رہی۔ یہاں تک کہ وہ اپنے بارے میں بھی اظہار سے ہچکچاتے ہیں۔ جذبی ایک ترقی پسند شاعر اور اردو کے ایک منفرد غزل گو کی حیثیت سے مشہور ہیں۔ لیکن اُن کے یہاں زبان و بیان، اظہار اور موضوع کے انتخاب کے سلسلے میں ایسا محتاط رویہ ملتا ہے جو اُن کے ہم عصر شاعروں میں بہت کم ہے۔ دوسرے الفاظ میں وہ اپنی تہذیبی روایت سے اس طرح وابستہ رہے ہیں کہ ترقی پسندی کے اس عہد میں بھی جس میں الفاظ کی گھن گرج اور موضوعات کی بلند آہنگی اپنے عروج پر تھی، اُن کے لب و لہجے کی متانت اور سنجیدگی میں کوئی فرق نہیں آیا۔

جذبی کی شاعری اس عہد کی نصف صدی سے زائد پر محیط ہے۔ گداز شب کی پہلی غزل ۱۹۲۹ء کی ہے۔ اس طرح اُن کا ۶۵ سال کا یہ شعری سفر کافی اہم ہے۔ یہ ۶۵ سال ہندوستان کی ادبی، تہذیبی اور سیاسی زندگی کے اہم ترین سال ہیں۔ جنگ عظیم کے اثرات اور اُن کے ردعمل کے علاوہ بیشتر بڑی سماجی، سیاسی اور ادبی تحریکات اسی عہد میں پروان چڑھیں۔ اکتوبر انقلاب سے لے کر آزادی اور تقسیم ملک تک اس نصف صدی میں نہ جانے کتنے نشیب و

فراز دیکھے۔ ادبی اُفق پر ترقی پسندی کا عروج بھی دیکھا۔ فرائڈ کی دروں بینی کی مقبولیت بھی دیکھی اور فرانسیسی علامت نگاری کے ساتھ رومانیت اور جدیدیت کا فروغ بھی۔ یہ عہد صرف اردو ہی نہیں پورے ہندوستانی ادب میں زبردست تبدیلیوں کا عہد رہا۔ یہ تبدیلیاں موضوع، مواد، اظہار بیان، الفاظ زبان ہر چیز میں آئیں۔

بعض لوگوں کا خیال ہے کہ جذبیؔ کی شاعری پر فانیؔ کا اثر ہے۔ لیکن یہ درست نہیں۔ اُن کی ۱۹۲۹ء اور ۱۹۳۰ء کی غزلوں میں بھی حزن انگیزی یا غم و یاس کی ایسی کیفیت نہیں ملتی جسے فانیؔ کا اثر قرار دیا جا سکے۔ یوں تو غم کی نفسیات یہ ہے کہ وہ دوسرے جذبات کے مقابلے میں زیادہ زود اثر اور پُر اثر ہوتا ہے لیکن جذبیؔ نے غم و افسردگی کا اظہار اُس زمانے میں بھی نہیں کیا جب وہ فانیؔ سے قریب تھے۔ سوائے اس ایک غزل کے جو ۱۹۳۳ء کے چار اشعار کی غزل ہے۔

مرنے کی دعائیں کیوں مانگوں جینے کی تمنا کون کرے
یہ دنیا ہو یا وہ دنیا اب خواہش دنیا کون کرے
جب کشتی ثابت و سالم تھی ساحل کی تمنا کس کو تھی
اب ایسی شکستہ کشتی پر ساحل کی تمنا کون کرے

جذبیؔ کا درد وہ درد ہے جو ہر محبت کرنے والا محسوس کرتا ہے۔ یہ صحیح ہے کہ جذبیؔ کی یہ غزلیں روایتی غزلیں ہیں۔ ان کے بعض اشعار میں روایتی شکوہ و شکایت کا انداز بھی موجود ہے۔ لیکن ان ہی اشعار سے جذبیؔ کی انفرادیت اور شائستگی جنوں کا احساس بھی ہوتا ہے۔ ان غزلوں میں اس عہد کی مخصوص رومانیت ہے۔ لیکن اس میں جذبیؔ کا لب و لہجہ اُن کے ہم عصر شعراء سے مختلف ہے۔

جذبیؔ غزل کے شاعر ہیں۔ انھوں نے نظمیں ضرور کہی ہیں لیکن اُن کی نظموں میں غزل کی نغمگی اور حلاوت ہے۔ اس لئے اُن کی بیشتر نظموں پر مسلسل غزل کا گمان ہوتا ہے

کیونکہ وہ غزل کی غنائیت، نرمی اور کیفیت میں ڈوبی ہوئی ہیں۔ نظمیں چونکہ موضوعاتی ہوتی ہیں پھر اُس زمانے کی نظمیں جب کہ اردو شاعری پر راست بیانی اور بلند آہنگی کا غلبہ تھا، اُس وقت تجربے، مشاہدے اور سانحے کو جذبات اور محسوسات میں ڈھال کر لطیف اشاروں سے کام لینا جذبی کا حصہ ہے۔ جذبی شائد اسی لئے کسی بات پر فوراً اپنا شعری ردعمل نہیں ظاہر کرتے۔ فوری ردعمل ہوسکتا ہے کہ جذباتی طور پر شدید ہو لیکن احساس کا حصہ نہ بن پائے اور جب تک وہ احساس کا حصہ نہیں بن جاتا اس میں وہ کیفیت پیدا نہیں ہوسکتی جو دوسروں کے یہاں بھی اس لطیف احساس کو پیدا کر سکے۔

فضیل جعفری

معین احسن جذبی سے متعلق بطور تمہید جو دو چار قسم کے حقائق بیان کئے جاسکتے ہیں، ان سے شعر و ادب کا ہر سنجیدہ طالب علم واقف ہے۔ مثال کے طور پر یہ کہ جذبی کی نوجوانی اور جوانی کا زمانہ کم و بیش وہی تھا جو جنگ آزادی کے شباب کا دور تھا۔ اسی طرح وہ انجمن ترقی پسند مصنفین کے باقاعدہ ممبر یا عہدے دار رہے ہوں۔ لیکن اُن کا حلقہ وہی تھا جس سے فیض، مخدوم، سردار جعفری، جاں نثار اختر اور مجاز وغیرہ وابستہ تھے۔ جذبی نے بھی اپنے ساتھیوں کی طرح ترقی پسند تحریک کے زیر اثر خاصی تعداد میں سیاسی نوعیت کے اشعار لکھے ہیں۔ ان کے اشعار میں دار و رسن کا بھی ذکر ہے اور اجڑے ہوئے چمن کا بھی۔ انھوں نے بھی فطرت اور دنیا کے دلکش نظاروں کو ایک مفلس کی نظر سے دیکھنے کی کوشش کی ہے۔ ان کا دل بھی ''کاکل گیتی'' کو سنوارنے کی خواہش سے معمور رہا ہے۔ لیکن ان تمام باتوں کے باوجود انھوں نے عملی سیاست میں کبھی حصہ نہیں لیا۔ بالکل اسی طرح انھوں نے اپنے آپ کو ادبی ہنگاموں اور معرکہ آرائیوں سے بھی ہمیشہ دور رکھا۔

جذبی صاحب علی گڑھ یونیورسٹی کے شعبہ اردو سے برسوں وابستہ رہے لیکن انھوں نے اپنے اردگرد وفادار شاگردوں اور مداحوں کا کوئی ایسا گروہ جمع نہیں کیا جو ان کی شاعرانہ عظمت کا ڈھول بجاتا پھرتا۔ دراصل وہ شروع سے ہی ایک کم گو، حلیم الطبع، منکسر المزاج اور گوشہ گیر قسم کے آدمی رہے ہیں۔ ان خصوصیات کی پرچھائیاں اُن کی شاعری میں بھی جا بجا بکھری ہوئی دکھائی دیتی ہیں۔ اس حقیقت سے بھی ہر شخص آگاہ ہے کہ انھوں نے اپنے فوری پیشروؤں، اپنے ہم عصروں اور اپنے بعد آنے والے شاعروں کے مقابلے میں بہت کم لکھا ہے۔ یہ تمام باتیں اپنی جگہ صحیح ہیں۔ لیکن یہ بھی سچ ہے کہ جذبی کسی بھی دور میں نہ صرف یہ کہ گمنام نہیں رہے بلکہ ہر دور میں اُن کا شمار صف اول کے غزل گو شعراء میں ہوتا رہا۔ گزشتہ ۵۰، ۶۰ برس کے دوران ہونے والی تمام تر نظریاتی اُکھاڑ پچھاڑ کے باوجود اُن کے قارئین کا ایک الگ اور خاصا وسیع حلقہ رہا ہے۔ جذبی کے کئی اشعار مثلاً:

میری ہی نظر کی مستی سے سب شیشہ و ساغر رقصاں تھے
میری ہی نظر کی گرمی سے سب شیشہ و ساغر ٹوٹ گئے

اس حرص و ہوس کی دنیا میں ہم کیا چاہیں ہم کیا مانگیں
جو چاہا ہم کو مل نہ سکا، جو مانگا وہ بھی پا نہ سکے

اے موج بلا اُن کو بھی ذرا دو چار تھپیڑے ہلکے سے
کچھ لوگ ابھی تک ساحل سے طوفاں کا نظارا کرتے ہیں

آج سے دہائیوں پہلے جس طرح زباں زد خاص و عام تھے بالکل اسی طرح آج بھی ہیں۔ جذبی کے یہاں متاثر کرنے والے اور قاری کے دل کے اندر اُتر کر اپنے لئے علیحدہ گوشہ بنا لینے والے اور بھی درجنوں اشعار مل جاتے ہیں جو ہمیں جذبی کا نام سنتے ہی یاد آ جاتے ہیں اور جنھیں یاد کرنے کے لئے قطعاً ذہن پر زور دینے کی کوئی ضرورت نہیں پڑتی۔ لیکن جیسا کہ آپ

نے دیکھا منقولہ بالا سبھی اشعار طویل بحروں والی غزلوں سے تعلق رکھتے ہیں۔طویل بحروں میں غزل نگاری بجائے خود ایک مشکل اور صبر آزما کام ہے اسے جذبیؔ کا طرۂ امتیاز سمجھنا چاہئے کہ انھوں نے طویل بحروں میں جتنی زیادہ اور جتنی کامیاب غزلیں لکھی ہیں اُن کی نظیر ہمارے زمانے کے شاعروں میں شاذ و نادر ہی نظر آئے گی۔ جذبیؔ کے یہاں مجروح جذبات، ذہنی تناؤ، احساساتی کشمکش اور ہجر و وصال کی کیفیات ہی نہیں بلکہ اجتماعی، سیاسی اور معاشرتی مسائل بھی معصومیت اور شعریت کی تجسیم بن کر اُبھرتے ہیں۔اُن کا نفیس سلیقہ مند شعری لہجہ نازک ترین احساسات و جذبات کے تحفظ کا فرض بھی ادا کرتا ہے اور اُن کی از سر نو تخلیق کا محرک بھی بن جاتا ہے۔اس میں کوئی شک نہیں کہ جذبیؔ کو بھی اپنے ترقی پسند ہم عصروں کی طرح سنجیدہ سماجی اور سیاسی مسائل سے گہری دلچسپی ہے۔لیکن چونکہ اُن کی شعری جمالیات بنیادی طور سے انفرادی احساسات و تجربات کی پروردہ ہے۔اس لئے اُن کے یہاں سیاسی اور سماجی مسائل کا اظہار بھی وسیع تر شعری تناظر میں ہوتا ہے۔ جذبیؔ نے حالات اور ماحول کے تعلق سے جابجا اپنی بے اطمینانی اور ناراضگی کا اظہار کیا ہے لیکن اُن کی شاعری میں احتجاجی لے نظر نہیں آتی۔انھوں نے ہمیشہ احتجاج پر تحمل، بردباری اور دردمندی کو ترجیح دی ہے۔

کلام جذبی کے مطالعہ سے ایک اور اہم نکتہ سامنے آتا ہے وہ یہ ہے کہ اُن کی شاعری پر کلاسیکی رومانوی یا ترقی پسندی۔ غرضیکہ کوئی لیبل تنہا اور پوری طرح چسپاں نہیں ہوتا۔ درحقیقت اُن کی شاعری کلاسیکیت، رومانیت اور ترقی پسندی تینوں کا ایک قابل قدر اور منفرد امتزاج ہے۔کلاسیکیت نے انھیں وسیع تر پیمانے پر عام انسانوں سے محبت کرنا سکھایا ہے۔اس محبت میں نہ تو مذہب و ملت کی کوئی تخصیص ہے۔ نہ طبقات کی اور نہ ہی مرد و عورت کی۔اس اعتبار سے جذبی دوسرے ترقی پسندوں سے مختلف ہیں کیونکہ مرکزی دھارے والی ترقی پسند شاعری میں عام انسانوں سے نہیں بلکہ صرف مخصوص طبقوں سے محبت اور اُنسیت کا اظہار ملتا

ہے۔جذبی نے اجتماعیت میں انفرادیت کی تلاش کا گُر بھی کلاسیکی اقدار سے ہی سیکھا ہے۔ جذبی کی شاعری میں کلاسیکی بلوغت بھی ہے۔ جو انھیں حیات و کائنات کا معروفی اور ہمدردانہ مطالعہ کرنے کی دعوت دیتی ہے۔احساسات کی وہ شدت بھی ہے جو رومانیت کی دین ہے اور لمحاتی نوعیت والے وہ اشعار بھی ہیں جو اُن کے عصری شعور کا مظہر ہیں لیکن جنھیں اُن کے شعری شعور اور انفرادی فکر نے عصریت سے آگے کی چیز بنا دیا ہے۔کسی شعوری کوشش کے بغیر اس طرح کے براہِ راست لیکن نازک اور دلوں میں اُتر جانے والے شعر کہنا جذبی کی خلاقانہ قدرت اور تکنیکی مہارت کا ثبوت ہیں:

زندگی ہے تو بہر حال بسر بھی ہوگی
شام آئی ہے تو آگے کی سحر بھی ہوگی

یہ اور ایسے بہت سے اچھے اور کامیاب شعر کہنے کے باوجود جذبی نے اپنی شہرت اور عظمت کا ڈھنڈورا نہیں پیٹا۔

(بحوالہ۔آج کل۔نئی دہلی۔اگست ۱۹۹۴ء)

ڈاکٹر سید عبدالباری

معین احسن جذبی اُردو غزل کی ان معتبر آوازوں میں سے ایک ہیں۔جن کے ذریعہ ہم گزشتہ چھ سات دہائیوں میں غزل کے اصل خدوخال اور رنگ و روپ کی شناخت کرتے رہے ہیں۔اُن کی شاعری کی بدولت غزل آج بھی فکر وفن کے بے شمار کھوٹے سکوں کے درمیان زرِ خالص کی مانند اپنا اعتبار و امتیاز قائم کئے ہوئے ہے۔انقلابات کی کتنی آندھیاں چلیں لیکن اُن کے فن کا چراغ بجھا نہ سکیں۔پروفیسر انور صدیقی کے الفاظ میں ''وہ ہمیشہ پرسکون و پروقار خود اعتمادی کے ساتھ اپنے مخصوص و منفرد طرزِ احساس اور اسلوب اظہار کے وفادار

رہے۔ وقت کے گرم تھپیڑے اور ہوش ربا مطالبات انھیں منفعل نہ کر سکے۔ بدقسمتی سے اس عہد میں ادب بھی سیاسی و گروہی مفادات کی آماجگاہ بن گیا۔ لیکن سخنورانِ زمانہ شناس کی ترغیب وتنبیہ انھیں اپنے مخصوص جادۂ اعتدال سے برگشتہ نہ کر سکی۔ فکر وفن کا ایک انوکھا توازن اُن کے یہاں برقرار رہا جو ہر بڑے فنکار کا طرۂ امتیاز ہے۔ فن کے التزام واحترام کے باوصف مشرق کی انسانی وتہذیبی اقدار کا نکھرا ہوا آب ورنگ ہمارے لئے خاص طور پر وجہ کشش ہے جو جدید نسل کی لاسمتی اور از خود رفتگی سے کبیدہ خاطر ہیں۔

جذبی کی شخصیت میں ابتدائی عہد میں ایک رومانی افسردگی رچی بسی نظر آتی ہے۔ اس رومانی افسردگی نے اردو کے بہت سے فنکاروں کے یہاں شگفتن گلہائے ناز کے مواقع پیدا کئے۔ جذبی کے ابتدائی کلام میں عہد شباب کی وہی مستی جلوہ گر ہے جو اس عہد کے کچھ شاعروں اور افسانہ نگاروں کے پورے وجود پر چھائی ہوئی تھی۔ لیکن ۱۹۳۰ء تک آتے آتے انفرادیت کی چنگاریاں اسی راکھ میں نظر آنے لگتی ہیں۔

سنبھال جذبۂ خودداریٔ دلِ محزوں
کسی کے سامنے پھر اشک آئے جاتے ہیں

جذبی کے کلام میں اُن کے ہم عصروں کی طرح خود ترحمی ومعنویت کا احساس اور اُس کے نتیجے میں خودسری کا جذبہ غالب نہیں بلکہ اُن کی انفرادیت، اُن کی بانکپن، خودداری اور انسانی عظمت کے بھرپور احساس کی بدولت اُبھرتی ہے جس کے اظہار کے لئے وہ اعلیٰ درجے کی موسیقیت اور خوش آہنگی سے غزل کے تاروں کو مرتعش کرتے ہیں کہ غالب کی طرح نازک سے نازک ساز پر اُن کے اشعار گائے جا سکتے ہیں۔ تشکیک، بددلی اور بے اطمینانی کے احساس سے اُن کی غزلیں پاک ہیں۔ پیہم شکستیں انھیں مایوس نہیں کرتیں۔ یہ کہنا غلط ہے کہ زندگی کے کسی دور میں جذبی کا اپنی تہذیبی واخلاقی قدروں پر اعتماد ختم ہو گیا تھا یا وہ ماضی کی ہر شئے کو یکسر

اُلٹ دینے پر کمر بستہ تھے۔ جذبیؔ کے دل میں مغرب کی کار آزمودہ اقدار حیات کے لئے غیر معمولی محبت ہے۔ وہ جب بھی حقائق کے مکروہ چہرے پر نگاہ ڈالتے ہیں تو اُن کو عصر حاضر کی بے رحمی کے بالمقابل اپنی انسان دوست تہذیب کی دلنوازی یاد آجاتی ہے۔ البتہ وہ چھوٹی شرافت، کھوکھلی محبت اور کذب آمیز صداقت کو حقارت کی نگاہ سے دیکھتے ہیں۔ مزدوروں سے ہمدردی کا احساس انھوں نے اپنے اوپر نہیں اوڑھ لیا۔ ان کی سادہ اور قلندرانہ زندگی سے اس بات کی تصدیق ہوتی رہی ہے کہ وہ امیرانہ ٹھاٹ باٹ اور عیش وعشرت کو کبھی منہ لگانے کو تیار نہیں ہوئے۔ جذبیؔ کے یہاں طبعاً فانی کی سی گداختگی، موثر وبھرپور لہجہ، حسرتؔ کی سی سادگی، جگر کی سی روانیء بیان اور اقبالؔ کی سی لفظوں کی غنائیت اور برجستہ بھرپور طریقے سے بات کہنے کی کوشش ملتی ہے۔

جذبیؔ کا یہ عہد ساز کارنامہ ہے کہ انھوں نے مجروح کی طرح غزل کے آرٹ کو سلامت رکھا اور اُس کی رعنائی میں خلل نہ پڑنے دیا۔ جدید غزل میں معنوی تہہ داری، زبان کی پیچیدگی اور ژولیدہ بیانی کی راہ پیدا کی جارہی تھی۔ جذبیؔ غزل کی فکری سطح پست کرنے اور پیچیدہ انداز بیان اختیار کرنے پر راضی نہ ہوئے۔ اُن کا ذہنی رشتہ غالبؔ اور اقبالؔ سے استوار رہا۔ جن کے فیض سے غزل صرف محسوسات کی شاعری نہیں رہی بلکہ فکر وخیال کے عنصر کو اس میں فوقیت حاصل ہوئی۔ جذبیؔ اہمال وابہام سے گریز کرتے ہوئے اور الفاظ ومعنی میں گہرا ربط قائم کرتے ہوئے بڑے بڑے دیو قامت فن کاروں کے درمیان غزل کے ایوان میں اپنی جگہ بنانے میں کامیاب ہوئے، اُن کا ہر شعر اُن کی انفرادیت کا غماز بن کر سامنے آتا ہے۔

ہر جورِ ناروا کے مقابل رہے ہیں ہم
وجہِ شکست شیوۂ قاتل رہے ہیں ہم

دل مسلسل ہوا گر خون تو غم ملتا ہے
کتنی مشکل سے یہاں دیدۂ نم ملتا ہے
مہکا نہ کوئی پھول نہ چٹکی کوئی کلی
دل خون ہو کے صرف گلستان ہوا تو کیا

جذبی کی خوبی یہ ہے کہ انھوں نے اپنی شخصیت کو ٹوٹنے اور بکھرنے نہیں دیا اور تشکیک اور بد دلی کی وادیوں سے دامن بچا کر نکل آئے۔ مغرب کا مادہ پرستانہ اور سیکولر طرز فکر اُن کے مزاج کا حصہ نہ بن سکا۔ جن چیزوں کو اُن کے ہم عصر جھوٹی و کھوکھلی رجائیت قرار دیتے رہے اُن کے نزدیک وہ اپنی جڑوں سے رشتہ قائم رکھنے کا معاملہ تھا۔ جذبی خارزاروں سے گزر کر اپنا دامن صحیح و سلامت لے آئے۔ یہی اُن کا کمال ہے۔ جذبی کی صحت مند، سر بلند اور ہمہ گیر رجائیت کے شانہ بشانہ جو بات اُن کے کلام کو بانکپن اور انفرادیت عطا کرتی ہے اُس کا رشتہ اُن کے مزاج کی قلندری و درویشی سے ملتا ہے۔ اس بے نیازی اور اسباب دنیا کو ٹھکرانے کا انداز حالی اور اقبال کے یہاں بھی نظر آتا ہے۔ جذبی کو جس نے قریب سے دیکھا وہ اُن کی شخصیت کی دلکشی کو اُن کے تغزل میں آسانی کے ساتھ دیکھ سکتا ہے۔

غرض اس عہد میں جذبی اردو غزل کی آبرو ہیں اور اس پیچیدہ و نازک صنف سخن کی ایک معتبر آواز۔ وہ ایسے فن کار ہیں جن کا احترام ہم رشید احمد صدیقی کے الفاظ میں اس لئے کرتے ہیں کہ انھوں نے زندگی کی پاکیزگی اور برگزیدگی کو ہمیشہ ملحوظ رکھا اور اسے رسوا کرنے یا رسوا ہونے میں کوئی برائی نہیں دیکھی۔ اس بارے میں اُن کا قد اپنے نامور ہم عصروں میں فیض و فراق سے بھی بلند محسوس ہوتا ہے۔

(بحوالہ۔ آج کل۔ نئی دہلی، اگست ۱۹۹۴ء)

سراج اجملی

جب کسی نقطۂ نظر یا کسی صنف کے تعلق سے بطور عام فضاء ساز گار نہ ہو تو اس سے وابستہ رہنا بڑے دل گردے کی بات ہوتی ہے۔ ہوتا یہ ہے کہ ایک انبوہ جس روش پر چل رہا ہو ہم آپ اس سے علیحدگی یا انحراف کے بارے میں نہیں سوچتے اور آنکھیں بند کر کے اس روش پر چلنا عین مصلحت سمجھتے ہیں لیکن ایسے حالات میں کچھ لوگ ضرور ہوتے ہیں جو اپنے مافی الضمیر کے اظہار کے لئے اپنے بنائے ہوئے سانچوں کے مطابق ہی تخلیقی سفر شروع کرتے ہیں ثابت قدمی کے ساتھ اس پر کار بند رہتے ہیں اور اسے جاری رکھتے ہیں۔ ایسے ہی لوگوں کو تاریخ یاد رکھتی ہے اور انھیں کو منفرد حیثیت کا حامل سمجھا جاتا ہے۔ ادب پاروں کے تعلق سے یہ بات بہت عام ہے کہ یہاں کمیت نہیں کیفیت کی اہمیت ہوتی ہے۔ یعنی دنیائے ادب میں ہزارہا صفحات اور درجنوں جلدوں پر محیط تخلیقات کے مقابلے میں ایک جلد اور چند سو صفحات کی اہمیت زیادہ ہو سکتی ہے اور کم لکھ کر بھی تخلیق کار بقائے دوام حاصل کر سکتا ہے۔ معین احسن جذبی کا تعلق شعراء کی جس صنف سے ہے وہ اوپر ذکر کی گئی باتوں میں ثانی الذکر سے متعلق ہے۔ جذبی کی شاعری کا آغاز جس دور میں ہوا وہ کئی لحاظ سے بحران کا دور تھا۔ جذبی جس زبان کے شاعر ہیں اُس کی ایک خصوصیت یہ بھی ہے کہ بحرانی دور میں ہی زیادہ پھلتی پھولتی ہے۔ ترقی پسند تحریک کے اس دور میں بیشتر تخلیق کاروں نے بطور خاص فکر و شعور اور احساس و ادراک کے بجائے تحریک کے منشور کو اولیت دی۔ لیکن اس تحریک سے وابستہ کچھ شعراء اور ادباء ایسے تھے جنھوں نے ہر سطح پر اور ہر مرحلے میں توازن و تناسب کا خیال رکھا۔ ترقی پسند تحریک کے خمیر میں بغاوت کا جو عنصر تھا وہ شائد جذبی کے حصے میں نہ آیا اور اُنھوں نے اس دور کے تمام فیشن اور رواج کے مطابق نہ تو جذباتی نظمیں کہیں اور نہ ہنگامی اور ہیجان انگیز موضوعات کو اپنے دوسرے معاصرین کی طرح

اپنایا۔ برخلاف اس کے انھوں نے اپنا رشتہ روایت کے ساتھ قائم رکھا۔

جذبی ہمیشہ سے غزل کے گیسوؤں کے اسیر رہے۔ انھوں نے اس دور میں بھی غزل گوئی کو برقرار رکھا جب اس صنف کی مخالفت ہورہی تھی اور اسے اپنانا تحریک کے حلقے میں اپنی اہمیت کو کم کرنے کے مترادف تھا لیکن جذبی آہستگی اور میانہ روی کے ساتھ اس روش پر چلتے رہے جو انبوہ کی روش سے ذرا الگ ضرور تھی۔ آج ہمیں جذبی کے یہاں جس گہرائی کا احساس ہوتا ہے اس کی وجہ یہی ہے کہ انھوں نے کبھی موضوع سامنے آتے ہی اُسے فن کا جامع نہیں پہنایا تاوقتیکہ وہ موضوع اُن کی روح میں سرائیت نہیں کر گیا۔ جب تک تجربہ اُن کی شخصیت کا جز و نہیں بنا۔ جذبی نے اُس کے شاعرانہ اظہار کی کوشش نہیں کی اور جب اظہار کا مرحلہ آن پہنچا تو اپنی منفرد طرز میں اس کا خوبصورت اظہار کیا۔ ترقی پسند تحریک سے جذبی کی وابستگی اس طرح کی نہیں رہی جیسی اُن کے دوسرے ہم عصر شعراء کی تھی۔ تحریک سے وفاداری اور اُس کے اغراض ومقاصد سے اتفاق کے باوجود اُن کی فطری درویشی، بے نیازی اور فن کے ساتھ اُن کی وابستگی نے ہمیشہ اُن کے پاؤں میں زنجیر ڈالے رکھی اور انھوں نے کبھی وہ راہ نہیں اپنائی جس پر سب چل رہے تھے۔ اُن کی ترقی پسندی باغیانہ انداز کی کبھی نہیں رہی۔ اُن کے یہاں ہلکی افسردگی ایک میٹھا درد اور ایک خاموش الم نظر آتا ہے۔ جو محض غم نہیں پیدا کرتا بلکہ غم کی تنقید کا کام کرتا ہے۔ یہی تنقید جذبی کی شاعری میں وہ تہہ داری پیدا کرتی ہے جس میں ہر سطح ہر ایک نئی معنوی ندرت نظر آتی ہے۔ انھوں نے شور شرابے سے حتی المقدور احتیاط اور احتراز برت کر اپنی دھیمی لے، چپکے سے بات کہنے اور بے حد مؤثر انداز میں اظہار کا ایک انوکھا انداز پیدا کیا۔ اُن کی شاعری میں ''چلو تو سارے زمانے کو ساتھ لے کے چلو'' والی بات تو نظر آتی ہے۔ لیکن اجتماعیت کا وہ احساس اور ترجمانی جمہور کا وہ انداز نظر نہیں آتا ہے جو بیشتر ترقی پسند شعراء کا طرۂ امتیاز رہا ہے بلکہ اس کے خلاف داستانِ دل مخروں ایک عجیب انداز میں بیان

ہوئی ہے جس میں وسعت اور گہرائی کا احساس ہوتا ہے۔

غزل کی کلاسیکی روایت جذبی کو بے حد عزیز ہے۔ وہ اس سے استفادہ ہی نہیں کرتے بلکہ اسی تنگنائے میں اپنی بات کہتے ہیں۔ ہر چند کہ انھوں نے اسلاف کی روش سے کسی طرح کی بغاوت نہیں کی اور اپنا کوئی الگ انداز نہیں نکالا۔ لیکن فن کے ساتھ اُن کی ایمان دارانہ وابستگی نے اُنھیں اس مقام پر فائز کیا جہاں اُس پُر خار راستے سے گزر کر پہنچنا ہر کس وناکس کے بس کی بات نہیں۔ جذبی فکر کے اعتبار سے تو ترقی پسندی سے وابستہ رہے لیکن اُن کے مزاج میں اردو شاعری کی روایت اس طرح پیوست تھی کہ اُن کی غزلوں میں عصر حاضر کے حالات بھی کلاسیکی دل کشی کے ساتھ ظاہر ہوئے ہیں۔ جذبہ واحساس کی شدت اُن کی شاعری کو مزید تاثیر عطا کرتی ہے اور یہی تاثیر جذبی کی شاعری کے دوام کی ضامن بھی ہے۔

(بحوالہ۔ آج کل نئی دہلی۔ اگست ۱۹۹۴ء)

آل احمد سرور

معین احمد جذبی پچھلی جنگ عظیم کے شروع ہونے سے دو سال پہلے پیدا ہوئے۔ اُن کی ابتدائی تعلیم کا زمانہ ہندوستان میں خلافت اور ترکِ موالات کی تحریک کا زمانہ تھا۔ انھوں نے شاعری شروع کی تو حامد شاہجہاں پوری اور صادق جھانسوی سے اصلاح لی۔ آج کل یہ فیشن ہوگیا ہے کہ لوگ بے استاد ہونے پر فخر کرتے ہیں۔ یہ ضرور ہے کہ استادی شاگردی کے قدیم طریقے سے شاعر کی انفرادیت بعض اوقات مجروح ہوتی تھی۔ لیکن فن کی ابتدائی منزلوں سے وہ آسانی سے گزر جاتا تھا۔ ادب برائے حیات کا یہ نظریہ ہرگز نہیں سکھاتا کہ شاعری اور زبان کے نکات سے انسان بے بہرہ رہے۔ غنیمت ہے کہ جذبی شاعری کی دنیا میں اس راستے نہیں آئے۔ انھوں نے جب اسکول کی تعلیم ختم کر کے آگرہ میں کالج کی تعلیم شروع کی تو اُن کا

ذوق شعر اُنہیں فانی کے یہاں لے گیا اور فانی کی پاکیزہ شخصیت اور مہذب شاعری کا اُن پر نہایت گہرا اثر پڑا۔ یہ اثر اُن کے یہاں کے نمایاں رہا۔ ۱۹۲۹ء سے لے کر ۱۹۳۲ء تک جذبی کی ذہنی مشق کا دور ہے۔ اس میں انھوں نے زیادہ تر غزلیں لکھی ہیں مگر اس زمانے میں بھی اُن کے یہاں ایسے اشعار مل جاتے ہیں جن پر ہماری نظر تھوڑی دیر کے لئے ٹھٹک جاتی ہے اور جن سے ایک آنے والی قوت کا احساس ہوتا ہے۔

تمہارے جلوؤں کی رنگینیوں کا کیا کہنا
ہمارے اُجڑے ہوئے دل میں اک بہار تو ہے
اس طرف اک آشیانے کی حقیقت کھل گئی
اُس طرف اک شوخ کو بجلی گرانا آ گیا

۱۹۳۲ء سے ہمیں جذبی کے یہاں ایک خاص لب و لہجے کا احساس ہونے لگتا ہے۔ اس میں بہت کچھ فانی کا فیضان ہے۔

مرنے کی دعائیں کیوں مانگوں جینے کی تمنا کون کرے
یہ دنیا ہو یا وہ دنیا، اب خواہش دنیا کون کرے

جذبی کی یہ غزل فانی کی تو نہیں لیکن فانی جیسی معلوم ہوتی ہے۔ فانی کا فلسفہ ذات وصفات، اُن کا تصوف سے میلان اُن کی بڑھتی ہوئی دقت پسندی تو اس دور کے عام رجحان سے ہم آہنگ نہ ہونے کی وجہ سے جذبی کو زیادہ متاثر کرسکتی تھی۔ لیکن اُن کا آتشیں احساس جو الفاظ کو پگھلا ہوا لاوا بنا دیتا ہے اور وہ پر سحر انداز بیاں جس میں کچھ محاورے سے کبھی چند الفاظ کی تکرار سے مگر زیادہ تر جذبات کی صداقت اور اصلیت سے روح کو تڑپا دینے والی کیفیت پیدا کی جاتی ہے انھیں متاثر کئے بغیر نہ رہ سکا۔ جعفر علی خاں اثر نے اس غزل کے اس شعر کو جس کا مطلع میں نے اوپر درج کیا ہے پوری ترقی پسند شاعری کے ہم پایہ قرار دیا ہے۔ میں اتنا مبالغہ تو جائز نہیں سمجھتا

معین احسن جذبی فکر و فن

لیکن وہ شعر یہاں نقل کر دینا ضروری سمجھتا ہوں۔

جب کشتی ثابت و سالم تھی ساحل کی تمنا کس کو تھی
اب ایسی شکستہ کشتی پر ساحل کی تمنا کون کرے

جذبی کو اب الفاظ کے انتخاب میں سلیقہ پیدا ہو چلا ہے۔ ۱۹۳۷ء میں یہ نوجوان شاعر ایک اور رو میں بہہ گیا۔ ترقی پسند ادب کی تحریک ۱۹۳۶ء ہی میں شروع ہو گئی تھی۔ اس نے اُن شاعروں اور ادیبوں کو جو بیزاری، مایوسی اور تلخی کا شکار تھے۔ ایک مقصد اور نصب العین دیا۔ جذبی کی ترقی پسندی قاضی نذر الاسلام یا جوش کی باغیانہ شاعری سے مختلف ہے اُن کے غم میں ایک وسعت اور اُن کے الم میں سینکڑوں دُکھے دلوں کی فریاد آ جاتی ہے۔ جذبی کا شعری مجموعہ ''فروزاں''،ممکن ہے لوگوں کو قبل از وقت معلوم ہو لیکن یہ جذبی کی شاعری کی منزل نہیں اُن کی ''سمت'' کو ظاہر کرتا ہے۔ اُن کی شاعری پر کوئی خاص لیبل (Label) لگانا چاہیں تو اچھا نہ ہو گا۔ اچھی شاعری پر کوئی لیبل لگ بھی نہیں سکتا۔ اچھی شاعری ایک سمت ایک رُخ ایک مقصد رکھتی ہے۔ یہ اچھے اسلوب اور خیال کے ایک حسین امتزاج کا نام ہے۔ جذبی کی شاعری میں اچھا اسلوب اور سچا فن ملنے لگا ہے۔ وہ اس منزل سے گزر چکے ہیں جہاں انسان ہر راہ رو کے ساتھ تھوڑی دور چاہتا ہے۔

(بحوالہ۔ نئے اور پرانے چراغ۔ فروزاں کے حوالے سے)

ڈاکٹر نسرین رئیس خان

جذبی ہمارے عہد کے بہت ممتاز شاعر اور ادیب ہیں۔ وہ خاموش مزاج اور گوشہ نشین شخص ہیں۔ محفلوں میں شراکت اور مباحثوں میں شمولیت اُن کے مزاج کا کوئی حصہ نہیں۔ اُن کی تمام تر دلچسپیاں ادبی مطالعہ اور فکر و فن سے تعلق رکھتی ہیں۔ انھوں نے ابتدائے عمر سے لے

کر آخری زمانہ حیات تک زندگی کی جن راہوں پر سفر کیا اس میں وہ قدم قدم پر شکایات سے دوچار ہونے کے باوجود یہ کہئے کہ وہ چراغ جلاتے ہوئے گزرے ہیں۔ یہ اُن کی شاعرانہ فکر و نظر کے چراغ ہیں۔ اُن کی ادبی سوچ اور تخلیقی حسیت پر اُن کی اپنی تعلیم و تربیت وسائل معاش اور طرز معاشرت کا بھی اثر پڑا ہے کہ وہ بھیڑ کے ساتھ رہنے والوں میں نہیں ہیں۔ شروع ہی سے اُنھوں نے اپنی شناخت الگ قائم کی۔ اپنے دور کی عصری آگہی اور شعر وشعور سے تو کوئی بھی شاعر بے نیاز نہیں گزر سکتا تو جذبی کیسے گزرتے انھوں نے جوش، اقبال، حالی اور حسرت غرضیکہ ان تمام ممتاز شخصیتوں کا ایک گونہ اثر قبول کیا۔ ان کے دور کے اہم حوالوں میں شامل تھے، حالی گزر چکے تھے۔ لیکن حالی کا مطالعہ دیر تک اور دور تک رہنما روشنی کے طور پر اُن کے ساتھ رہا۔ میر کا اثر بھی انھوں نے قبول کیا۔ اُن کے لہجے کی نرمی، طبیعت کی دردمندی اور دوسروں سے الگ رہنے کا رویہ یوں بھی اُن کو تیرے قریب لے آتا ہے۔ اُن کی زندگی میں میر کی طرح ناکامیاں اور جذباتی یا حسیاتی سطح پر نامرادیاں کچھ زیادہ شامل رہیں۔ جن کی وجہ سے اُن کی زندگی کا سوز و گداز اُن کی غزل میں شامل ہوگیا۔ اگرچہ وہ حالی کے انداز میں اپنی کسی محرومی پر ماتم کرتے نظر نہیں آتے۔ شروع میں انھوں نے ملال تخلص اختیار کیا۔ وہ بھی اُن کی الم پسندی کی نشاندہی کرتا ہے۔ یہ سوز حیات اُن کے یہاں سازِ حیات بھی ہے اس لئے کہ انھوں نے غم کے اندھیروں میں اپنے شوق و ذوق، اپنے جذبے، اپنے حوصلے اور اپنی انفرادی شخصیت کا قدم قدم پر سہارا لیا ہے جو شعور حیات کے بغیر ممکن اور اسی نے اُن کے شاعرانہ لہجے کو زیادہ حسین و دلآویز بنایا ہے۔

جذبی کی زندگی اُن کے ذہن، اُن کی تہذیبی فکر، اُن کے کلام سے جھلکتی ہے۔ غزل جذبی تک پہنچنے سے پہلے حالی سے اقبال تک یا پھر یہ کہئے کہ فیض و فراق تک اپنا سفر حیات طے کر چکی تھی۔ اس میں جذبی بھی آ کر شامل ہوگئے۔ اس طرح جب ہم جذبی کی نظم پر غور کرتے

ہیں تو اس میں جدید اردو نظم کی راہ ارتقاء کے کئی موڑ ملتے ہیں۔ اور بات صرف اس پر ختم نہیں ہوجاتی جب تک ہم اس دور کے دیگر شعراء کا مطالعہ نہ کریں جذبی کی انفرادیت واضح نہیں ہوسکتی۔

جذبی کی شاعری کے دو خاص محور ہیں۔ جذبات اور تعقل۔ ایک سے رومان اور دوسرے سے حقیقت پسندی کی شاخیں پھوٹیں۔ ان دونوں کا تصادم اُن کی شخصیت کو کرب آشنا کرتا گیا۔ جذبی کے فن کا سفر شخصیت سے معروضیت اور معروضیت سے عمومیت کی طرف جاری رہا۔ اُن کے ذہن اور جذبات کے ارتقاء میں زندگی اور غم زندگی کی بصیرتوں کا ایک سلسلہ ہے۔ ایک زنجیر کہ جس میں از خود کڑیاں بڑھتی چلی جاتی ہیں۔ بصیرتوں کا یہ سلسلہ جذبی کی نظموں میں زیادہ گہرا نظر آتا ہے جو بڑھ کر تفکر کی شدید کیفیات سے ہم آغوش ہوتا نظر آتا ہے رفتہ رفتہ یاس و ناکامی قنوطیت، الم پسندی سے دامن چھڑا لیتے ہیں اور حوصلہ و عزم کی طرف مائل ہوتے جاتے ہیں۔ اُن کے یہاں جذبہ فکر کا ایک مکمل امتزاج ہے، یہ امتزاج اُن کے تخلیقی عمل میں مسلک کا درجہ رکھتا ہے۔

جذبی کا آرٹ ہے تو غزل کا آرٹ لیکن محرکات شعر کی جزئیات پر گہری نظر رکھنے سے اُن کا خیال اُن کا تصور نظمیہ ہوجاتا ہے۔ چنانچہ اس طرح کے تخلیقی عمل کی وجہ سے اُن کے یہاں غزل اور نظم کا درمیانی فاصلہ بہت کم نظر آتا ہے۔ اُن کی شاعری کے غائرانہ مطالعہ سے اندازہ ہوتا ہے کہ وہ اپنے وقت کی روایتوں کے بھی دلدادہ ہیں۔ اور چلن، فیشن، روش اور تقلید جیسی چیزوں سے گریز کرتے ہیں۔ وہ شاعری میں کورانہ تقلید کے قائل نہیں۔ جذبی کے یہاں محبوب کے حُسن، اُس کا عشق اور اُن کے دل پر بیتنے والی عشقیہ وارداتیں عمر کے ایک بڑے حصے میں اُن کا تعاقب کرتی رہیں۔ بالآخر اُن کی شاعری کو نئے موضوعات کے سرچشمے ملتے گئے۔ اسطرح اُن کی فکر کا دائرہ وسیع تر ہوتا چلا گیا۔

پروفیسر سیدہ جعفر

جذبی ترقی پسند شعراء کے اس گروہ سے تعلق رکھتے ہیں جنھوں نے تہذیبی آگہی کو شاعری سے اس طرح ہم آمیز کیا کہ وہ بیانیہ اور ''برہنہ گوئی'' کے بجائے شعری فکر کے تابندہ نقوش کی حامل بن گئی۔ عصری حسیت سے سرشار جذبی کی شاعری میں وقت کا آہنگ بھی ہے اور کلاسیکیت کی وہ روایت بھی جو بات کو صرف ایک محدود وقت تک قابل قبول نہیں رکھتی۔ اس کا حلقہ اثر اور زمانی عرصہ طویل کر دیتی ہے۔

اپنے ہم عصر ترقی پسند شعراء کی طرح معین احسن جذبی نے ابتداء میں آہنگ اور براہِ راست اسلوب کو اپنایا تھا۔

شہر میں بل کھا رہی ہے سرخ فوج
سوئے برلن جا رہی ہے سرخ فوج

فطرت کے حسن اور اُس کے دلکش مظاہر جذبی کو اس لئے سکون نہیں پہنچا سکے کہ

جب جیب میں پیسے بجتے ہوں جب پیٹ میں روٹی ہوتی ہے
اس وقت یہ ذرہ ہیرا ہے اس وقت یہ شبنم موتی ہے

لیکن جذبی کے کلام میں جذباتیت اور ناہمواری ایک عارضی کیفیت نظر آتی ہے۔ انھوں نے غم دوراں کو غم جاناں میں اس طرح حل کر دیا کہ اُن کی غزل میں ایک دھیما سوز و ساز سما گیا۔ معین احسن جذبی کی غزل تازگی اور شگفتگی کے ساتھ ساتھ انقلاب اور شورش دوراں کے احساس سے بھی معمور ہے۔ غم گیتی اور غم محبوب کی آنچ ایک شعلے کی صورت اختیار کر لیتی ہے۔

گزشتہ صدی کی تیسری اور چوتھی دہائی میں جب غزل ہر طرف سے اعتراضات کی زد میں آ گئی تھی اور تیروں کی بوچھاڑ میں کھڑی تھی۔ جذبی نے اس صنف کی اہمیت، اس کی معنویت اور

مٹھاس کا احساس دلایا اور یہ بتایا کہ غزل کا کینوس خاصا وسیع ہے۔ وہ ہر دور میں ہر نوع کے موضوعات کو اپنے دامن میں سمیٹ سکتی ہے اور اپنی علامتوں کی لچکداری اور ایمائیت و رمزیت کے سہارے بدلتی ہوئی فکر اور منقلب ہوتے ہوئے افکار کی مؤثر تصویر کشی پر قادر ہے۔ جذبی نے شاعری کا آغاز کیا تو فانی سے متاثر رہے اور اُن کے طرز ادا کو بھی اپنایا لیکن زندگی کے گداز اور سوز و ساز کو محسوس کرتے ہوئے بھی انھوں نے المیہ لے نہیں اپنائی بلکہ مخالفانہ حالات میں جراءت مندانہ مقابلہ کرنا اور آندھی میں چراغ جلانا سیکھا۔ اس دور کی بعض غزلوں پر فانی کے لب و لہجے اور طرز فکر کا پرتو نظر آتا ہے۔

مرنے کی دعائیں کیوں مانگوں جینے کی تمنا کون کرے
یہ دنیا ہو یا وہ دنیا اب خواہش دنیا کون کرے
اس حرص و ہوس کی دنیا میں ہم کیا چاہیں ہم کیا مانگیں
جو پایا ہم کو مل نہ سکا جو مانگا وہ ہم پا نہ سکے

جذبی کی شاعری میں کلاسیکیت کے اثر نے صفاتی، ہمواری، رچاؤ اور اثر آفرینی اور خیال کی مؤثر پیشکشی کے اسالیب کو سنوار دیا ہے اور اُس کی متعدد مثالیں اُن کے کلام میں موجود ہیں۔ جذبی کی بعض غزلوں اور اشعار نے بڑی مقبولیت حاصل کی مثلاً

جب کشتی ثابت و سالم تھی ساحل کی تمنا کس کو تھی
اب ایسی شکستہ کشتی پر ساحل کی تمنا کون کرے

غزل کا آرٹ اشاروں کنائیوں کا فن ہے اور اُس کی ایجاز پسندی اور بسیط تصور کا احاطہ کرتے ہوئے ایک نقطہ پر سمٹ آنے کی صلاحیت سے، جذبی نے بڑی خوش اسلوبی کے ساتھ کام لیا ہے۔ اُن کے بعض اشعار میں متصوفانہ دردمندی کی جھلک بھی نظر آتی ہے۔ لیکن تصوف اُن کی شاعری کا اصل مزاج نہیں۔

تیرے جلووں کی حد ملی تو کیا
ہو گئی جب نظر بھی لامحدود
یہ حرف لاف بھی اکثر سنا ہے جذبیؔ
کہ ہم وہاں ہیں جہاں اپنی ذات کچھ بھی نہیں

بعض وقت جذبیؔ پر اعتراض کیا جاتا ہے کہ اُن کی شاعری کا رجحان کلاسیکیت کی طرف زیادہ ہے اور دوسرے یہ کہ اُن کے کلام میں رجائیت کی کمی کا احساس ہوتا ہے۔ آل احمد سرور اور محمد حسن نے کلاسیکیت سے اُن کی پذیری تسلیم کی ہے۔ فانیؔ سے اثر پذیری نے بھی کلاسیکی کے رنگ کو نکھارا ہے۔

''حالیؔ کا سیاسی شعور'' (۱۹۵۹ء) جذبیؔ کی ایک وقیع تصنیف ہے۔ یہ اُن کا پی ایچ ڈی کا مقالہ ہے۔ کلیات حالیؔ اور ''مقالات حالیؔ'' کے بیانات سے جذبیؔ نے حالیؔ کے تصورات کی وضاحت کرنے کی کوشش کی ہے اور یہ بتایا کہ حالیؔ کے تصورات سرسید کے محاکمات کی صدائے بازگشت نہیں تھے۔ جذبیؔ اس نتیجے پر پہنچتے ہیں کہ حالیؔ کا سیاسی شعور پختہ اور اُن کی نظر دوررس تھی۔

جذبی کا ادبی مقام

معین احسن جذبی اردو شاعری کا ایک معتبر نام ہے۔انہوں نے ترقی پسندی کے دور میں روایت اور کلاسیکیت کو برقرار رکھا۔اور ادب کی دنیا میں اپنی شناخت برقرار رکھی۔اس مقالہ کے گذشتہ ابواب میں جذبی کی حیات، شخصیت اور ان کے شعری ونثری کارناموں کا تفصیلی جائزہ لیا گیا ہے۔اس باب میں بہ حیثیت مجموعی اردو ادب میں جذبی کے مقام کے تعین کی کوشش کی جائے گی۔جذبی کی حیات میں ان کا شعری سفر کم وبیش ۷۵ برس تک جاری رہا۔جذبی نے اپنی پہلی تخلیق ۱۹۲۹ء میں پیش کی تھی اور ان کی آخری تخلیق ان کے انتقال سے ایک سال قبل ۲۰۰۴ء میں سامنے آئی۔اس طرح ہم کہہ سکتے ہیں کہ جذبی نے زندگی اور ادب کے کئی اتار چڑھاؤ دیکھے۔رومانیت اور ترقی پسند تحریک کے عروج وزوال کو انہوں نے اپنی آنکھوں سے دیکھا۔وہ خود بھی ترقی پسند تحریک سے نظریاتی طور پر متاثر رہے۔اور اپنی شاعری میں ترقی پسندی اور کلاسیکیت کا امتزاج پیش کیا۔انہوں نے ہندوستان کا آزادی دیکھی۔تقسیم ہند کے تلخ تجربات سے گذرے اور بعد میں جدیدیت اور مابعد جدیدیت کے زمانے کی ادبی روش کو بھی دیکھا۔طویل زندگی پانے کے باوجود جذبی کا ادبی سرمایہ مقدار میں بہت کم ہے۔ان کی نظموں اور غزلوں کی تعداد بہت کم ہے۔آزادی کے بعد انہوں نے بہت کم شاعری کی۔اس کے باوجود ہم کہہ سکتے ہیں کہ ان کا کلام معیاری ہے۔ان کے عہد کے شعراء اور ادیب ان کی قادرالکلامی کے معترف تھے۔

جذبی کی شاعری کی یہ خصوصیت رہی ہے کہ وہ جب تک کسی شعری جذبے میں خود کو ڈبا نہیں لیتے تھے اس وقت تک وہ اس تجربے کو شعر میں پیش نہیں کرتے تھے۔یہی وجہ ہے کہ ا

ن کے کلام کی مقدار بہت کم ہے۔جذبی نے اپنی زندگی میں پیش آنے والی تحریکوں کے درمیان خود کو ثابت قدم رکھا۔اور اپنی شعری روش اور رویے میں کوئی تبدیلی نہیں لائی۔

جذبی نے جب شاعری شروع کی تو اس وقت شاعری کے افق پر فانی، جگر، جوش، اقبال اور اختر شیرانی وغیرہ چھائے ہوئے تھے۔مجاز ان کے ساتھی تھے۔فیض، سردار جعفری، مجروح، کیفی وغیرہ کے نام ابھی مشہور نہیں ہوئے تھے۔جذبی نے حامد شاہجہاں پوری اور صادق جھانسوی سے اپنے کلام پر اصلاح لی۔ان سے شاعری کے رموز سیکھے۔فانی اور میکش سے انہوں نے فن کی باریکیوں سے سیکھا۔اور بہت کم وقت میں جذبی ایک کہنہ مشق شاعر بن گئے۔

ابتداء میں جذبی نے کلاسیکی اور روایتی انداز میں غزلیں کہیں۔ان پر رومانیت کا بھی اثر رہا۔اساتذہ کے رنگ میں خاص طور پر فانی کے رنگ میں انہوں نے جذباتی انداز میں غزلیں کہیں۔جذبی نے شاعری کے سفر میں ہمیشہ محتاط رویہ اختیار رکھا۔شہرت اور نام ونمود کی خاطر انہوں نے اپنے معیار سے سمجھوتہ نہیں کیا۔جذبی نے زندگی کا گہرائی سے مشاہدہ کیا۔تجربات زندگی سے استفادہ کیا۔اور جب کوئی تجربہ ان کی ذات کا حصہ بن گیا تو انہوں نے اسے شعری قالب میں ڈھالا۔انہوں نے شعر کہنے کے بعد اسے خوبصورت بنانے کی کوشش کی۔انہوں نے رومانیت کو برتا لیکن سطحی رومانیت سے اپنے آپ کو ہمیشہ دور رکھا۔جذبی کا دور محرومیوں اور ناکامیوں کا دور تھا۔زندگی کو خوب سے خوب تر بنانے کی آرزو سبھی کو تھی۔شاعر کو اپنی منزل کا انتظار تھا۔ایک نئی صبح کا انتظار جو اس کے لئے خوشیوں کی نوید لائے گی۔یہی وجہ ہے کہ جذبی کے کلام میں منزل، جستجو، درد، غم اور اس نوعیت کے بہت سے احساسات بار بار دہرائے گئے ہیں۔جذبی کا غم ان کا اپنا غم نہیں تھا بلکہ انہوں نے غم ذات کو غمِ کائنات بنا کر پیش کیا۔جذبی کہتے ہیں:

اللہ ری بےخودی چلا جا رہا ہوں میں منزل کو دیکھتا ہوا کچھ سوچتا ہوا
مختصر یہ ہے ہماری داستان زندگی اک سکونِ دل کی خاطر عمر بھر تڑپا کئے
اس طرح ہوگئی ہے تکمیل جستجو کی ہر سمت دیکھتا ہوں تصویر آرزو کی

جذؔبی کا کلام صرف غم کا اظہار ہی نہیں۔ بلکہ اس میں جینے کی آرزو بھی ملتی ہے۔

زندگی ہے تو بہر حال بسر بھی ہوگی شام آئی ہے تو آئے کہ سحر بھی ہوگی

جذؔبی نے عصری مسائل کو کلاسیکی انداز میں پیش کیا۔ ان کے بعض اشعار ہر زمانے میں اپنی تازگی کا احساس دلاتے ہیں۔ وہ کہتے ہیں۔

اے مرے ہم سفرو! اس کو تو منزل نہ کہو آندھیاں اٹھتی ہیں طوفان یہاں ملتے ہیں
نئی منزلیں دعوتیں دے رہی ہیں نئی مشکلیں کر رہی ہیں اشارے

جذؔبی نے ''چند باتیں'' کے عنوان سے ''فروزاں'' کے مقدمے میں اپنے شعری رویے کو واضح کر دیا۔ ترقی پسندی کے معاملے میں انہوں نے واضح کر دیا کہ وہ شور شرابے والے اور ہنگامی ادب کو پسند نہیں کرتے۔ وہ ادب میں نظریاتی تبلیغ اور نعرے بازی کو پسند نہیں کرتے۔ وہ پہلے ادب کو ادب دیکھنا چاہتے تھے بعد میں سب کچھ۔ جب کہ ترقی پسندوں نے اس بات پر زور دیا تھا کہ ہنگامی ادب تخلیق کیا جائے۔ مزدور کی آواز کو بلند کیا جائے۔ اس کے حق کی بات کی جائے۔ اور ادب میں نعرے بازی ہو۔ جذؔبی نے اپنی زندگی میں جب ترقی پسندی کا زوال بھی دیکھ لیا تو وہ یہ کہنے پر مجبور ہوگئے۔

وہی ہیں دشت و بیاباں وہی ہیں دیوانے وہی ہے خواب سی منزل وہی گردِ ملال
اس افق کو کیا کہیے نور بھی دھندلکا بھی بارہا کرن پھوٹی بارہا زوال آیا
ہجر کی رات تھی امکان سحر سے روشن جانے اب اس میں وہ امکانِ سحر ہو کہ نہ ہو

اس طرح ہم کہہ سکتے ہیں کہ جذؔبی اردو غزل کے ایک باکمال اور پختہ شاعر

ہیں۔انھوں نے غزل کی آن بان اور شان بڑھائی۔ان کی غزلیں اساتذہ سخن کے ہم پلہ قرار دی جاسکتی ہیں۔انھوں نے کم لکھا۔لیکن جو کچھ لکھا وہ ان کا نام اردو غزل کی تاریخ میں برقرار رکھنے کے لئے کافی ہے۔

جذبی کی نظم نگاری بھی اہمیت کی حامل ہے۔ترقی پسند تحریک کے زیر اثر اردو نظم کو فروغ ملا تھا۔جذبی کی نظموں پر ان کی غزلوں کا رنگ غالب ہے۔کئی نظمیں مسلسل غزل معلوم ہوتی ہیں۔ان میں ایک دوست' اے دوست' راز و نیاز' اے کاش وغیرہ شامل ہیں۔جذبی کی شاہکار نظمیں فطرت ایک مفلس کی نظر میں' میری شاعری اور نقاد' نیا سورج' تقسیم' طوائف' موت' ہلال عید' میرا ماحول وغیرہ ہیں۔نظم ''فطرت ایک مفلس کی نظر میں'' ترقی پسند تحریک کی روایات کی پاسدار ہے۔اس نظم کا یہ شعر کافی مشہور ہوا۔

جب جیب میں پیسے بجتے ہیں جب پیٹ میں روٹی ہوتی ہے
اُس وقت یہ ذرّہ ہیرا ہے' اُس وقت یہ شبنم موتی ہے

جذبی کی نظموں میں اپنے عہد کے جذبات کی عکاسی ہے۔میٹھا میٹھا درد ہے۔ترنم ہے۔اور بہت کچھ ہے۔جذبی کو ایک عہد ساز شاعر قرار دیتے ہوئے کمال احمد صدیقی لکھتے ہیں:

جذبی صاحب کی تحریریں خاص طور سے ان کی شاعری سے ہم نصف صدی سے زیادہ فیضیاب ہوتے رہے اور آئیندہ بھی اپنے درمیان مدتوں تک ان کی موجودگی سے فن شاعری میں ان سے تحریک پائیں گے اور استفادہ کریں گے۔جذبی صاحب بہت کھلے دل ودماغ والی شخصیت ہیں اور انھوں نے ہمیشہ اپنے بعد کی نسلوں سے Discourse قائم رکھا ہے بلکہ اس کی حوصلہ افزائی بھی کی ہے۔جذبی صاحب کی ہر نظم اور ہر غزل ہماری نسل کے لئے ایک شہکار ہے۔ایک جذبی میں کئی جذبی بہ یک وقت ہیں۔کس کس جذبی کا ذکر کروں۔

(کمال احمد صدیقی۔مضمون جذبی صاحب۔سہ ماہی اردو ادب۔اکتوبر۔دسمبر ۲۰۰۲ء

معین احسن جذبی فکر و فن

ص۔۸۱۔۸۲)

جذبی ایک اچھے شاعر ہونے کے علاوہ ایک اچھے نثر نگار بھی تھے۔اور انہوں نے پی ایچ ڈی کی تحقیق کے لئے ''حالی کا سیاسی شعور'' کے عنوان سے جو مقالہ لکھا۔وہ ان کی پختہ نثر اور تحقیقی اور تنقیدی صلاحیتوں کی دلالت کرتا ہے۔انہوں نے سرسید اور حالی کے دور کا تنقیدی مطالعہ کیا۔اور واقعاتی اور داخلی شہادتوں کے ذریعے اور حالی کی شاعری کے تجزیے کے ذریعے حالی کے سیاسی شعور کو اجاگر کیا۔جذبی کی کتاب پڑھنے کے بعد قاری کو یہ احساس ہوتا ہے کہ حالی کا سیاسی شعور و مسلک تھا جس کا پرچار انہوں نے اپنی تحریروں سے کیا۔اور جذبی نے اسے پہلی مرتبہ اردو میں واضح انداز میں پیش کیا۔

نثر ہو یا شاعری جذبی کا اسلوب نگارش سیدھا سادہ سلیس اور دلکش ہے۔ وہ چھوٹے جملوں میں بات کو واضح کرتے ہیں۔ وہ بھاری بھرکم الفاظ اور تراکیب کے استعمل سے اپنی تحریر کو بوجھل نہیں بناتے۔ شاعری میں بھی ان کا اسلوب رواں ہے۔کہیں خیال کی پیشکشی میں رکاوٹ محسوس نہیں ہوتی۔ یہی وجہہ ہے کہ ان کی شاعری اور نثر ترسیل کے بھرپور عمل سے دوچار ہوتی ہے اور ان کا بات سیدھے قاری کے ذہن تک پہونچ جاتی ہے۔ یہی ایک تخلیق کار کی کامیابی ہے۔ ہر تخلیق کار ترسیل کے لئے لکھتا ہے۔ اگر اس کی تحریر قاری تک آسانی سے نہ پہونچے تو اس کی تخلیقی محنت رائیگاں ہوگی۔لیکن جذبی نے اپنے سادے اور رواں و دلچسپ اسلوب کے ذریعے اپنی شاعری اور نثر کو آسانی سے قاری تک پہونچایا۔ ان کے کلام کی مقبولیت اس بات کی دلیل ہے کہ ان کا اسلوب نگارش پسندیدہ تھا۔

جذبی ایک باکمال شاعر تھے۔ان کا فن پختہ اور کہنہ مشق تھا۔انہیں روایت اور ادب کے کلاسیکی سرمایے کا عرفان تھا۔ وہ رومانیت اور ترقی پسندی کی خوبیوں اور خامیوں کو جانتے تھے۔فکری سطح پر ان کی شاعری میں تنوع' کشادگی اور رنگارنگی ملتی ہے۔انہوں نے اپنے دور

کے بدلتے حالات سے اپنے آپ کو بہت حد تک بچائے رکھا اور اپنی انفرادیت اور پہچان بنائے رکھی۔ان کی شاعری انسان کے پاکیزہ جذبوں' نیک تمناؤں اور جائز خواہشات اور آرزوؤں کی ترجمان ہے۔ان کے کلام میں ضبط اور توازن ہے۔ان کا مختصر کلام اپنے اندر معنویت کا سمندر سموئے ہوئے ہے۔انہوں نے غزل کی آبرو بڑھائی۔اور اسے افتخار و اعزاز عطا کیا۔ ان کے معاصر ناقدین اور آنے والے نقادوں نے انہیں ایک حد تک نظر انداز کیا۔جس کا ایک عام انسان کی طرح جذبی کو بھی احساس تھا۔یہی وجہ ہے کہ وہ اپنے دور کے بہت سے شعراء کو فطری طور پر کم تر سمجھتے تھے۔جذبی کو یہ شکوہ تھا کہ ان کے خلوص کی ان کی زندگی میں قدر نہیں کی گئی۔لیکن انہیں امید تھی کہ آنے والے زمانے میں ان کی شاعرانہ عظمت کا اعتراف کیا جائے گا۔اور ہوا بھی یہی بعد کے آنے والے نقادوں اور اردو شعر و ادب کی تاریخ مرتب کرنے والوں نے جذبی کے مقام و مرتبہ کو بلند رکھا۔اور جذبی کی شخصیت اور شاعری اور ان کے فن کی مختلف خوبیوں کا احاطہ کرتا یہ مقالہ جذبی کی نئی دریافت کی ایک کوشش ہے۔میرے خیال میں جذبی کی شخصیت اور شاعری خود ان کا بہترین تعارف ہے۔ جب تک ادب میں اعلی اقدار کی پاسداری ہوتی رہے گی۔اور انسانی جذبات اور احساسات کا خیال رکھا جائے گا اس وقت تک جذبی کا نام انسانیت کی اعلیٰ قدروں کے پاسدار شاعر کے طور پر ادب کی دنیا میں بلند مقام پر فائز رہے گا۔اور جذبی اپنے جذباتی کلام کے ذریعے لوگوں کے دلوں میں محفوظ رہیں گے۔

جذبی کے کلام کا انتخاب

''معین احسن جذبی فکر وفن'' کتاب کے گذشتہ ابواب میں جذبی کی حیات اوران کی شاعری وعلمی وادبی خدمات کا احاطہ کیا گیا تھا۔ ذیل میں جذبی کے کلام سے منتخب چند غزلیں ،نظمیں اوررباعیات پیش کیئے جارہے ہیں۔

کہا جاتا ہے کہ شاعر کا کلام خوداس کا تعارف ہوتا ہے۔اورکسی شاعر کو سمجھنے کے لئے تنقید کی نہیں بلکہ راست اس کی تخلیق کا مطالعہ کرنا چاہئے۔اسی خیال کے تحت جذبی کے کلام کا یہ انتخاب پیش کیا جارہا ہے۔

غزلیں

غم کی تصویر بن گیا ہوں میں
خاطر درد آشنا ہوں میں

حسن ہوں میں کہ عشق کی تصویر
بے خودی! تجھ سے پوچھتا ہوں میں

آہ پھر دل کی یاد آئی ہے
ذرے ذرے کو دیکھتا ہوں میں

ضبطِ غم بے سبب نہیں جذبی
خلشِ دل بڑھا رہا ہوں میں

(۱۹۲۹ء)

مسکرا کر ڈال لی رُخ پر نقاب
مل گیا جو کچھ کہ ملنا تھا جواب
شام ہجراں لے رہی ہے کروٹیں
بڑھ رہا ہے میرے دل کا اضطراب
دل کی اک ہلکی سی جنبش چاہیے
کس کا پردہ اور پھر کیسی نقاب
الاماں بے تابیِ غم الاماں!
ذرہ ذرہ ہے مرے دل کا جواب
اب تو منزل کی بھی کچھ پرواہ نہیں
میں کہاں ہوں اے دلِ ناکامیاب
جھوم جھوم اُٹھی فضائے دو جہاں
ہاتھ میں جب آ گیا جامِ شراب
(۱۹۳۱ء)

مرنے کی دعائیں کیوں مانگوں، جینے کی تمنا کون کرے
یہ دنیا ہو یا وہ دنیا، اب خواہشِ دنیا کون کرے

جب کشتی ثابت وسالم تھا، ساحل کی تمنا کس کو تھی
اب ایسی شکستہ کشتی پر ساحل کی تمنا کون کرے

جو آگ لگائی تھی تم نے اس کو تو بجھایا اشکوں نے
جو اشکوں نے بھڑکائی ہے اُس آگ کو ٹھنڈا کون کرے

دنیا نے ہمیں چھوڑا جذبی، ہم چھوڑ نہ دیں کیوں دنیا کو
دنیا کو سمجھ کر بیٹھے ہیں، اب دنیا دنیا کون کرے

(۱۹۳۳ء)

تجھ سے نظر ملا کر دیوانہ ہو گیا میں

کچھ راز بن گیا کچھ افسانہ ہو گیا میں

اپنے لئے بہایا خونِ جگر تو کیا غم

تیرے لئے تو رنگیں افسانہ ہو گیا میں

ہاں اب اُٹھا رہے ہو دیوانہ وار نظریں

جب تم سے تنگ آ کر دیوانہ ہو گیا میں

یہ سوچ کر کہ شاید پروانہ وار آؤ

افسردہ سا چراغِ غم خانہ ہو گیا میں

ہٹ کر غموں سے اکثر ٹھکرا دیا غموں کو

اکثر غموں سے گھٹ کر دیوانہ ہو گیا میں

تیری نظر میں رہ کر اک راز بن گیا تھا

گر کر تری نظر سے افسانہ ہو گیا میں

اک بار اور دیکھا حسرت سے ان کی جانب

پھر رفتہ رفتہ اُن سے بیگانہ ہو گیا میں

اب تو مری خموشی سب کہہ چکی ہے تم سے

اب تو سُنا سُنایا افسانہ ہو گیا میں

ہے کال آنسوؤں کا کیوں چشمِ غم میں جذبی

کس رندِ تشنہ لب کا پیمانہ ہو گیا میں (۱۹۳۶ء)

زندگی اب زندگی کی داستانوں میں نہیں
بجلیوں کا سوز شائد آشیانوں میں نہیں
جس کو کہتے ہیں محبت جس کو کہتے ہیں خلوص
جھونپڑوں میں ہو تو ہو پختہ مکانوں میں نہیں
خونچکاں آنکھوں پہ دھوکا ہے خمارِ عشق کا
حیف اے ساقی کہ تو بھی رازدانوں میں نہیں
ٹھہر تو مُطرب! وہ آئی کا صدائے دردناک
آہ مُطرب! کچھ مزہ اب تیری تانوں میں نہیں
زندگی گو لاکھ بن جائے تبسم آفریں
زندگی لیکن تبسم کے فسانوں میں نہیں
یوں بھی سنتا ہوں ترانے غم کے بزمِ اشک میں
جیسے کوئی بات ہی غم کے ترانوں میں نہیں
اب کہاں میں ڈھونڈنے جاؤں سکوں کو اے خدا
ان زمینوں میں نہیں ان آسمانوں میں نہیں
وہ غلامی کا لہو جو تھا رگِ اسلاف میں
شکر ہے جذبی کہ اب ہم نوجوانوں میں نہیں

(۱۹۳۹ء)

دل میں کچھ سوزِ تمنا کے نشاں ملتے ہیں
اس اندھیرے میں اُجالے کے نشاں ملتے ہیں
وہی دیوانگیِ شوق وہی تیشۂ غم
راہ چلیے تو وہی کوہِ گراں ملتے ہیں
آج بھی کلیوں کے رخسار سے اُڑ جاتا ہے رنگ
آج بھی پھول ملول دنگراں ملتے ہیں
آج بھی ریگِ بیاباں کے تپش زاروں میں
لڑکھڑاتے ہوئے قدموں کے نشاں ملتے ہیں
آج بھی جسم اسی طرح فگار و مجروح
آج بھی قلب اسی طرح تپاں ملتے ہیں
آج بھی دل ہیں کہ ہو حشر کا دھوکا جن پر
آج بھی لب ہیں کہ سرگرمِ فغاں ملتے ہیں
آج بھی سر سے گزر جاتی ہیں امواجِ بلا
آج بھی اپنے اُبھرنے کے نشاں ملتے ہیں
ہاں اُسی منزلِ صد کیف و طرب کی جانب
قافلے آج بھی اشکوں کے رواں ملتے ہیں
اے مرے ہمسفرو! اس کو تو منزل نہ کہو
آندھیاں اُٹھتی ہیں طوفان یہاں ملتے ہیں

ان کے ہر وعدہ الطاف کی رنگینی میں
کتنے نا دیدہ ستم ہائے گراں ملتے ہیں
ان کی محفل میں وہ بہکے ہوئے سیمیں نغمے
اب تو کچھ دن سے بہ انداز فغاں ملتے ہیں
یوں گوارہ ہے یہ خونبار اُفق کا منظر
اس کے پرتو میں ہمیں تازہ جہاں ملتے ہیں
(۱۹۴۹ء)

چمن سے لالہ وگل کے سلام آتے ہیں
ہمارے نام جنوں کے پیام آتے ہیں
نہ جانے ساقی جُزرس پہ آج کیا گذری
کہ مے کدے کو لیے تشنہ کام آتے ہیں
وہ جن کی منزلِ مقصود کہکشاں سے پرے
ہمارے ساتھ بس اک چند گام آتے ہیں
وہ خوش خرامی آوارگانِ راہ وفا
جہاں سے دارورسن کے مقام آتے ہیں
یہ رنگ کیا ہے تری بزمِ مے کا پیرِ مغاں!
نہ خُم، نہ شیشے، نہ ساغر، نہ جام آتے ہیں
(۱۹۵۴ء)

دانائے غم نہ محرمِ رازِ حیات ہم
دھڑکا رہے ہیں پھر بھی دلِ کائنات ہم
ہاں اک نگاہِ لطف کے حقدار تھے ضرور
مانا کہ تھے نہ قابلِ صد التفات ہم
بیمِ خزاں سے کس کو مفر تھا مگر نسیم!
کرتے رہے گلوں سے نکھرنے کی بات ہم
اے شمعِ دلبری! تری محفل سے بارہا
لے کے اُٹھے ہیں سوزِ غمِ کائنات ہم
ڈھونڈا کیے ہیں راہِ ہوس رہروانِ شوق
دیکھا کیے ہیں لغزشِ پائے ثبات ہم
اُن کے غموں کا ہائے سہارا نہ پوچھیے
کچھ پا گئے ہیں اپنے غموں سے نجات ہم

(۱۹۵۷ء)

جب کبھی کسی گُل پر اک ذرا نکھا آیا
کم نگاہ یہ سمجھے موسمِ بہار آیا

حُسن و شوق دونوں تھے بیکراں و بے پایاں
دل وہاں بھی کچھ لمحے جانے گزار آیا

اس اُفق کو کیا کہیئے، نور بھی دھندلکا بھی
بارہا کرن پھوٹی بارہا غبار آیا

ہم نے غم کے ماروں کی محفلیں بھی دیکھی ہیں
ایک غم گسار اُٹھتا ایک غم گسار آیا

آرزوئے ساحل سے ہم کنارا کیا کرتے
جس طرف قدم اُٹھے بحرِ بے کنار آیا

یوں تو سینکڑوں غم تھے پر غمِ جہاں اے جذبؔی
بعد ایک مدت کے دل کو سازگار آیا

(۱۹۵۸ء)

زندگی ہے تو بہر حال بسر بھی ہوگی
شام آئی ہے تو آئے کہ سحر بھی ہوگی
پُرسشِ غم کو ہب آئے تو اک عالم ہوگا
دیدنی کیفیتِ قلب و جگر بھی ہوگی
منزلِ عشق پہ یاد آئیں گے کچھ راہ کے غم
مجھ سے لپٹی ہوئی کچھ گردِ سفر بھی ہوگی
ہوگا افسردہ ستاروں میں کوئی نالۂ صبح
غنچہ و گل میں کہیں بادِ سحر بھی ہوگی
دل اگر دل ہے تو جس راہ پہ لے جائے گا
دردمندوں کی وہی راہ گذر بھی ہوگی

(١٩٦٠ء)

معین احسن جذبی فکر و فن 241

یہ میرے شعر یہ فن کے نکات کچھ بھی نہیں
یہ مختصر سی مری کائنات کچھ بھی نہیں

سرِ حیات جو لرزاں ہیں روبرو ان کے
دلِ تباہ ترے حادثات کچھ بھی نہیں

وہ ایک بات میسر جسے نہ حرف نہ صوت
کوئی نہ سمجھے تو شائد وہ بات کچھ بھی نہیں

فریبِ وصل سلامت رہے کہ جس کے طفیل
عذابِ جاں غمِ ہجراں کی رات کچھ بھی نہیں

ترے ستم کی ہم اس انتہا کو دیکھ چکے
کہ جس کے آگے ترا التفات کچھ بھی نہیں

یہ حرفِ لاف بھی اکثر سنا ہے یا جذبی
کہ ہم وہاں ہیں جہاں اپنی ذات کچھ بھی نہیں

(۱۹۸۶ء)

کتنے رہروِ منزل کھو گئے ہیں راہوں میں
کچھ حسین خوابوں میں کچھ حسین باہوں میں
ہم نے ان کو دیکھا ہے جو لئے پھرے برسوں
ایک عمر کا حاصل غمزدہ نگاہوں میں
اہل جور کیا جانیں اہل جور کیا سمجھیں
کتنے عزم پنہاں ہیں بےبسی کی آہوں میں
آنے والے طوفاں کی فکر تک نہیں جن کو
ناخدا سمجھتا ہے ان کو خیر خواہوں میں
ان کے آگے اے جذبی سر جھکا دیا ہم نے
جھک سکے نہ سر جن کے اونچی بارگاہوں میں

(۱۹۹۴ء)

یہ ماہ و سال نے بخشے ہیں داغ اے ہمدم
جلے بجھے سے دلوں کے چراغ اے ہمدم
نہیں جنوں تو یہ صحرا نورد دیوانے
بنے ہیں دامنِ صحرا کے داغ اے ہمدم

(۲۰۰۴ء)

رباعیات

افلاس کا پُر ہول نظارہ دیکھا
بے گانگیِ دہر کا مارا دیکھا
آنکھوں میں نہاں جذبۂ فولاد شکن
پلکوں پہ لرزتا ہوا تارا دیکھا

وہ چاک جگر ہے کہ سیے جاتا ہوں
اے کشمکشِ دہر جیے جاتا ہوں
اک طرفہ تماشہ ہے کہ پیتا ہوں شراب
اور ساتھ ہی آنسو بھی پیے جاتا ہوں

(۱۹۳۷ء)

نظمیں۔ گُل

اے گُلِ رنگیں قبا اے غازۂ روئے بہار
تو ہے خود اپنے جمالِ حسن کا آئینہ دار
ہائے وہ تیرے تبسم کی ادا وقتِ سحر
صبح کے تارے نے اپنی جان تک کر دی نثار
شرم کے مارے گلابی ہے ادھر روئے شفق
شبنم آگیں ہے اُدھر پیشانیٔ صبحِ بہار
یوں نگارِ مہر تیرے سامنے آیا تو کیا
لڑکھڑاتا سر جھکائے زرد رو سیماب وار
خامشی تیری ادا ہے سادگی فطرت میں ہے
پھر بھی جو تیرا حریفِ حسن ہے حیرت میں ہے
اے گل نازک ادا اے خندۂ صبحِ چمن
چومتی ہے تیرے ہونٹوں کو نسیمِ مشکِ تن
گھیر لیں جیسے عروسِ نو کو ہم سن لڑکیاں
یوں تجھے گھیرے ہوئے ہیں نونہالانِ چمن
وادیوں میں تو بیابانوں میں تو بستی میں تو
رونقِ ہر محفل و زینت دہِ انجمن
یہ ادائے سادگی محبوبیت معصومیت

تو رہ ہستی میں کس انداز سے ہے گامزن
جوش سر مستی میں وہ موجِ صبا کی چھیڑ چھاڑ
وہ ترے عارض پہ اک ہلکے تبسم کی شکن
تو ممینِ رنگ و بو تو آسمانِ رنگ و بو
مختصر یہ ہے کہ تو ہے کا جہانِ رنگ و بو

(۱۹۳۳ء)

فطرت ایک مفلس کی نظر میں

فطرت کے پجاری کچھ تو بتا کیا حسن ہے ان گلزاروں میں
ہے کون سی رعنائی آخر ان پھولوں میں ان خاروں میں
وہ خواہ سلگتے ہوں شب بھر وہ خواہ چمکتے ہوں شب بھر
میں نے بھی تو دیکھا ہے اکثر کیا بات نئی ہے تاروں میں
اس چاند کی ٹھنڈی کرنوں سے مجھ کو سکوں ہوتا ہی نہیں
مجھ کو تو جنوں ہوتا ہی نہیں جب پھرتا ہوں ان گلزاروں میں
یہ چُپ چُپ نرگس کی کلیاں کیا جانے کیسی کلیاں ہیں
جو کھلتی ہیں جو ہنستی ہیں اور پھر بھی ہے بیماروں میں
یہ لال شفق یہ لالہ وگُل اک چنگاری بھی جن میں نہیں
شعلے بھی نہیں گرمی بھی نہیں ہیں تیرے آتش زاروں میں
اس وقت کہاں تو ہوتا ہے جب موسمِ گرما کا سورج
دوزخ کی تپش بھر دیتا ہے دریاؤں میں کہساروں میں

جاڑے کی بھیانک راتوں میں وہ سرد ہواؤں کی تیزی
ہاں وہ تیزی وہ بے مہری جو ہوتی ہے تلواروں میں
دریا کے تلاطم کا منظر ہاں تجھ کو مبارک ہو لیکن
اک ٹوٹی پھوٹی کشتی بھی چکراتی ہے منجدھاروں میں

کوئل کے رسیلے گیت سنے لیکن یہ کبھی سوچا تو نے
ہیں الجھے ہوئے نغمے کتنے اک ساز کے ٹوٹے تاروں میں
بادل کی گرج بجلی کی چمک بارش میں وہ تیزی تیروں کی
میں ٹھٹھرا سمٹا سڑکوں پر تو جام بلب مے خواروں میں
سب ہوش وخرد کے دشمن ہیں سب قلب ونظر کے رہزن ہیں
رکھا ہے بھلا کیا اس کے سوا ان راحتِ جاں مہ پاروں میں
وہ لاکھ ہلالوں سے حسیں کیسی زہرہ کیسی پرویں
اک روٹی کا ٹکڑا جو کہیں مل جائے مجھے بازاروں میں
جب جیب میں پیسے بجتے ہیں جب پیٹ میں روٹی ہوتی ہے
اس وقت یہ ذرہ ہیرا ہے اس وقت یہ شبنم موتی ہے

(۱۹۳۷ء)

موت

اپنی سوئی ہوئی دنیا کو جگا لوں تو چلوں
اپنے غم خانے میں اک دھوم مچا لوں تو چلوں
اور اک جامِ مے تلخ چڑھا لوں تو چلوں
ابھی چلتا ہوں ذرا خود کو سنبھالوں تو چلوں

جانے کب پی تھی ابھی تک ہے مے کا خمار
دھندلا دھندلا نظر آتا ہے جہانِ بیدار
آندھیاں چلتی ہیں دنیا ہوئی جاتی ہے غبار
آنکھ تو مل لو ذرا ہوش میں آلوں تو چلوں

وہ مرا سحر وہ اعجاز کہاں ہے لانا
میری کھوئی ہوئی آواز کہاں ہے لانا
میرا ٹوٹا ہوا وہ ساز کہاں ہے لانا
اک ذرا گیت بھی اس ساز پہ گا لوں تو چلوں

میں تھکا ہارا تھا اتنے میں جو آئے بادل
کسی متوالے نے چپکے سے بڑھا دی بوتل
اُف وہ رنگین پُر اسرار خیالوں کے محل
ایسے دو چار محل اور بنا لوں تو چلوں

مجھ سے کچھ کہنے کو آئی ہے مرے دل کی جلن

معین احسن جذبی فکر وفن

کیا کیا میں نے زمانے میں نہیں جس کا چلن
آنسوؤ! تم نے تو بے کار بھگو یا دامن
اپنے بھیگے ہوئے دامن کو سُکھا لوں تو چلوں
میری آنکھوں میں ابھی تک ہے محبت کا غرور
میرے ہونٹوں میں ابھی تک ہے صداقت کا غرور
میرے ماتھے پہ ابھی تک ہے شرافت کا غرور
ایسے وہموں سے بھی اب خود کو نکالوں تو چلوں

(۱۹۴۱ء)

طوائف

اپنی فطرت کی بلندی پہ مجھے ناز ہے کب
ہاں تری پست نگاہی سے گلہ ہے مجھ کو
تو گرا دے گی مجھے اپنی نظر سے ورنہ
تیرے قدموں پہ تو سجدہ بھی روا ہے مجھ کو

تو نے ہر آن بدلتی ہوئی اس دنیا میں
میری پائندگیٔ غم کو تو دیکھا ہوتا
کلیاں بیزار ہیں شبنم کے تلون سے مگر
تو نے اس دیدۂ پُرنم کو تو دیکھا ہوتا

ہائے جلتی ہوئی حسرت یہ تیری آنکھوں میں
کہیں مل جائے محبت کا سہارا تجھ کو
اور یہ زرد سے رخسار یہ اشکوں کی قطار
مجھ سے بیزار مری عرضِ وفا سے بیزار

(۱۹۴۱ء)

نیا سورج (15 اگست 1947)

بڑے ناز سے آج اُبھرا ہے سورج
ہمالہ کے اونچے کلس جگمگائے
پہاڑوں کے چشموں کو سونا بنایا
نئے بل نئے زور ان کو سکھائے
لباسِ زری آبشاروں نے پایا
نشیبی زمینوں پہ چھینٹے اُڑائے
گھنے اونچے اونچے درختوں کا منظر
یہ ہیں آج سب آبِ زر میں نہائے
مگر ان درختوں کے سائے میں اے دل
ہزاروں برس کے یہ ٹھٹھرے سے پودے
ہزاروں برس کے یہ سمٹے سے پودے
یہ ہیں آج بھی سرد، بے حال، بے دم
یہ ہیں آج بھی اپنے سر کو جھکائے

ارے اونیٔ شان کے میرے سورج!
تری آب میں اور بھی تاب آئے
ترے پاس ایسی بھی کوئی کرن ہے
جو ایسے درختوں میں بھی راہ پائے
جو ٹھٹھرے ہوؤں کو جو سمٹے ہوؤں کو
حرارت بھی بخشے، گلے بھی لگائے
بڑے ناز آج اُبھرا ہے سورج
ہمالہ کے اونچے کلس جگمگائے
فضاؤں میں ہونے لگی بارشِ زر
کوئی نازنیں جیسے افشاں چھڑائے
دمکنے لگے یوں خلاؤں کے ذرّے
کہ تاروں کی دنیا کو بھی رشک آئے
ہمارے عقابوں نے انگڑائیاں لیں
سنہری ہواؤں میں پر پھڑ پھڑائے
فزوں تر ہوا نشۂ کامرانی
تجسس کی آنکھوں میں ڈورے سے آئے
قدم چومنے برق و باد آب و آتش
بصد شوق دوڑے بصد عجز آئے
مگر برق و آتش کے سایے میں اے دل
یہ صدیوں کے خود رفتہ ناشاد طائر

یہ صدیوں کے پر بستہ برباد طائر
یہ ہیں آج بھی مضمحل دل گرفتہ
یہ ہیں آج بھی اپنے سر کو چھپائے

ارے او نئی شان کے میرے سورج
تری آب میں اور بھی تاب آئے
ترے پاس ایسی پاس ایسی بھی کوئی کرن ہے
انہیں پنجۂ تیز سے جو بچائے
انہیں جو نئے بال و پر آ کے بخشے
انہیں جو نئے سرے سے اُڑنا سکھائے

نومبر ۱۹۴۷ء

تقسیم

کیا یہی انقلاب ہے، قلب اِدھر جگر اُدھر
نالۂ بے قرار اِدھر، شورشِ چشم اُدھر

اُف ری سیاستِ چمن، رنگ کو بو سے سوءِ ظن
کور ہے نرگسِ وطن نور اِدھر نظر اُدھر
ایک تبسمِ فرنگ، ہر دو اُفق لہو ترنگ
نعش بدوش و نالہ رنگ، شام اِدھر سحر اُدھر
کام و دہن کی تلخیاں، کوئی مٹائے اب کہاں
وائے بہ حالِ تشنگاں شیر اِدھر شکر اُدھر
اے وہ عقاب جس سے تھی کوہ و دمن کی آبرو
آج اسی عقاب کے بال اِدھر پر اُدھر
قلتِ صلح کل یہاں قلتِ صلح کل وہاں
کثرتِ فتنہ گر اِدھر کثرتِ فتنہ گر اُدھر
اہلِ ہنر کے واسطے خاک بسر کے واسطے
جور و جفا کا گھر اِدھر قہر و بلا کا گھر اُدھر
برگ سے بر سے پوچھیے نخل و شجر سے پوچھیے
کون ہے بارور اِدھر کون ہے باثمر اُدھر

ایک مریضِ نیم جاں ایک مریضِ خستہ جاں
کون ہے چارہ جو اِدھر کون ہے چارہ گر اُدھر
اہل فراق کچھ بتاؤ اہل مذاق کچھ بتاؤ
کون سی شے ہے خوب اِدھر کون سی خوب اُدھر

ہجر کی رات ہے طویل وصل کی صبح دور ہے
جذب ابھی ہے ناتمام، خام ابھی شعور ہے
(۱۹۵۲ء)

مجاز

آج ایک جادہء پُر پیچ کا راہی گم ہے
اک حریفِ المِ لامتناہی گم ہے
ایک سودائیِ تعمیرِ گلستاں مفقود
ایک آوارہء طوفانِ تباہی گم ہے
حسن والوں کی جبینوں کا اُجالا او جھل
عشق والوں کی نصیبوں کی سیاہی گم ہے
آہ یاد دشتِ وطن اپنے غزالوں میں تو دیکھ
آسماں! مہر وشوں، ماہ جمالوں میں تو دیکھ
جن کے سینوں میں ہے تابانیِ صد ماہِ تمام

ظلمتِ دہر ذرا ایسے ہلالوں میں تو دیکھ

پوجے جاتے ہیں جہاں حسن ووفا کے اصنام

اے مرے شیخ حرم! ایسے شوالوں میں تو دیکھ

عیش امروز تجھے روحِ طرب کی سوگند

دلِ انساں کے کہن سال ملالوں میں تو دیکھ

دلِ صد پارہء مظلوم کی آہوں میں تو ڈھونڈ

شہر یاروں کے غضب ناک خیالوں میں تو دیکھ

ناخنِ عقل وجنوں آج بھی عاجز جن سے

ایسے عقدوں سے تو پوچھ، ایسے سوالوں میں تو دیکھ

اے شبِ تیرہ وتاریک کے مارے جذبی

صبحِ ناپید کے موہوم اُجالوں میں تو دیکھ

(۱۹۵۸ء)

جذبی کی تحریر کا عکس

حواشی

۱۔معین احسن جذبی۔شخصی انٹرویو۔جذبی سے ایک ملاقات از امتیاز احمد۔کتاب نما۔ص ۱۰۲۔
اکتوبر ۱۹۹۰ء
۲۔معین احسن جذبی شخصی انٹرویو۔جذبیؔ سے ایک ملاقات از امتیاز احمد۔کتاب نما۔ص ۱۰۲۔
اکتوبر ۱۹۹۰ء
۳۔مشتاق صدف۔معین احسن جذبیؔ۔ص ۱۵۔۱۴۔دہلی ۲۰۰۸ء
۴۔مشتاق صدف۔معین احسن جذبیؔ۔ص ۱۲
۵۔معین احسن جذبی۔شخصی انٹرویو۔جذبی سے ایک ملاقات از امتیاز احمد ص ۱۰۴۔۱۰۳۔کتاب نما
اکتوبر ۲۰۰۸ء
۶۔انور عظیم، رسالہ نقوش شخصیات نمبر ۲۔ص ۱۱۴۵۔مرتب محمد طفیل ۱۹۵۴ء
۷۔مشتاق صدف۔معین احسن جذبی۔ص ۱۷
۸۔شمس کنول۔آج کل جذبی نمبر ص ۸۔اگست ۱۹۹۴ء
۹۔شمس کنول۔جذبی کا انٹرویو۔شدت جذبات کا شاعر آج کل۔جذبی نمبر۔اگست ۱۹۹۴ء ص
۱۱۔۱۲
۱۰۔مشتاق صدف۔معین احسن جذبی۔ص ۲۱

معین احسن جذبؔی فکر وفن

۱۱۔ڈاکٹر نسرین رئیس خان۔جذبؔی کی شاعری کا تنقیدی مطالعہ۔دہلی ۔۱۹۹۳ءص ۳۷

۱۲۔امتیاز احمد۔جذبی سے ایک ملاقات ۔کتاب نما، اکتوبر ۱۹۹۰ءص ۱۱۱

۱۳۔پروفیسر محمد حسن ۔مضمون ۔ارتکاز فن کا شاعر معین احسن جذبؔی مشمولہ۔معین حسن جذبی شاعر اور دانشور ص ۲۹

۱۳۔کبیر احمد جائسی ۔مضمون جذبی صاحب ۔کتاب نما۔اکتوبر ۱۹۹۰ءص ۔۴۷

۱۴۔معین احسن جذبؔی ۔انٹرویو مشمولہ۔معین احسن جذبؔی ۔از مشتاق صدف ۔ص ۔۱۳۳

۱۵۔معین احسن جذبؔی ۔انٹرویو مشمولہ۔معین احسن جذبؔی ۔از مشتاق صدف ۔ص ۔۱۳۲

۱۶۔مشتاق صدف ۔معین احسن جذبی ۔ص ۲۸

۱۷۔اعجاز حسین ۔مضمون ۔جذبی آج کل نئی دہلی ۔اگست ۱۹۹۴ءص ۴

۱۸۔ڈاکٹر قمر رئیس ۔مضمون ۔معین احسن جذبؔی شخص اور شاعری ۔آج کل نئی دہلی ۔اگست ۱۹۹۴ء ص ۵

۱۹۔ابن فرید۔معین احسن جذبی ۔شاعر اور دانشور ص ۱۱۵

۲۰۔مشتاق صدف ۔معین احسن جذبی ۔ص ۳۸

(۲۱) پروفیسر سلیمان اطہر جاوید۔مضمون جذبی کی نظم نگاری مشمولہ رسالہ ایوان اردو دہلی جنوری ۲۰۰۷ء ص ۱۱

(۲۲) سید محمد عقیل ۔معین احسن جذبؔی شاعر اور دانشور۔دہلی ۲۰۰۰ءص ۷۰

(۲۳) پروفیسر سلیمان اطہر جاوید۔مضمون جذبی کی نظم نگاری مشمولہ رسالہ ایوان اردو دہلی جنوری ۲۰۰۷ءص ۔۱۳۔۱۴

(۲۴) ڈاکٹر سید عبد الباری ۔مضمون ۔معین احسن جذبؔی اپنی فکر وفن کی دنیا میں مشمولہ رسالہ آج کل نئی دہلی ۔ص ۲۷۔اگست ۱۹۹۴ء

(۲۵) ڈاکٹر محمد حسن عصری ادب ص ۱۷۔۱۹۵۔ دہلی

(۲۶) مشتاق صدف۔ معین احسن جذبی ص ۷۲

(۲۷) پروفیسر سلیمان اطہر جاوید۔ مضمون جذبی کی نظم نگاری۔ مشمولہ رسالہ ایوان اردو ص ۱۴ جنوری ۲۰۰۷ء

(۲۸) خلیل الرحمٰن اعظمی۔ جذبی فکر و فن۔ ص ۲۴۱۔۲۷۰۔ دہلی ۱۹۵۶ء

(۲۹) مشتاق صدق۔ معین احسن جذبی ۷۵

(۳۰) آل احمد سرور۔ مضمون فروزاں۔ مشمولہ نئے اور پرانے چراغ ص ۳۳۰

(۳۱) یثاق صدف۔ معین احسن جذبی ص ۷۸ ط

(۳۲) شمس کنول۔ انٹرویو جذبی۔ آج کل نئ دہلی اگست ۱۹۹۴ء ص ۱۵

(۳۳) شہاب جعفری۔ مضمون جذبی۔ مشمولہ۔ علی گڑھ میگزین ۲۰۰۴ء ص ۲۷

(۳۴) شمس کنول۔ انٹرویو۔ جذبی۔ آج کل نئ دہلی۔ اگست ۱۹۹۴ء ص ۱۳

۳۵۔ جذبی۔ جذبی کا نظریہ شاعری۔ کلیات جذبی۔ ص ۱۸۔ دہلی ۲۰۰۶ء

۳۶۔ شارب ردولوی مضمون، ایک کم سخن، کم گو کم آمیز شاعر۔ مشمولہ آج کل نئ دہلی۔ اگست ۱۹۹۴ء۔ ص ۲۴

۳۷۔ عبد القوی دسنوی۔ مضمون۔ جذبی کا شعری سفر۔ مشمولہ۔ آج کل ئی دہلی۔ اگست ۱۹۹۴ء۔ ص ۳۰

۳۸۔ ڈاکٹر شہپر رسول۔ اردو غزل میں پیکر تراشی۔ دہلی ۱۹۹۹ء ص ۲۲۵۔۲۲۴

۳۹۔ شارب ردولوی۔ مضمون ایک کم سخن کم گو کم آمیز شاعر۔ مشمولہ۔ آج کل نئ دہلی۔ اگست ۱۹۹۴ء ص ۲۶

۴۰۔ مشتاق صدف۔ معین احسن جذبی۔ ص ۵۹

۴۱ ۔ ڈاکٹر سید عبداللہ۔ مضمون ''تحقیق وتنقید''، مشمولہ ادبی اور لسانی تحقیق مرتبہ ڈاکٹر عبدالستار ردلوی۔ ممبئی۔

1984ء۔ص۔۱۱۷

۴۲ ۔ قاضی عبدالودود۔ مضمون ''اُصولِ تحقیق''، مشمولہ۔ اُردو اور لسانی تحقیق۔ص۔۷۷

۴۳۔ پروفیسر گیان چند جین۔ تحقیق کا فن۔ص۔۷

۴۴ ۔ ڈاکٹر شارب ردولوی ۔ جدید اُردو تنقید اُصول ونظریات ۔ص۔۴۲۲۔ 1981۔ اُتر پردیش اُردو اکیڈیمی لکھنؤ

۴۵ ۔ ڈاکٹر شارب ردولوی۔ جدید اُردو تنقید اُصول ونظریات ۔ص۔۴۲۲

۴۶ ۔ ڈاکٹر محمد احسن فاروقی ۔ اُردو میں تنقید۔ص۔۱۲۵

۴۷ ۔ ڈاکٹر شارب ردولوی۔ جدید اُردو تنقید' اُصول ونظریات ۔ص۔۴۲۴۔۴۲۵

۴۸ ۔ ڈاکٹر شارب ردولوی۔ جدید اُردو تنقید' اُصول ونظریات ۔ص۔۴۴۹

۴۹۔ بحوالہ رشید احمد صدیقی شخصیت اور فن ۔از۔ سلیمان اطہر جاوید۔ص۔۲۷۶

۵۰۔ بحوالہ رشید احمد صدیقی شخصیت اور فن ۔از۔ سلیمان اطہر جاوید۔ص۔۲۷۶

۵۱۔ بحوالہ رشید احمد صدیقی شخصیت اور فن ۔از۔ سلیمان اطہر جاوید۔ص۔۲۷۷

۵۲۔ ڈاکٹر شارب ردولوی۔ ''جدید اُردو تنقید۔ اُصول ونظریات ۔ص۔۴۹

۵۳۔ معین احسن جذبی۔ حالی کا سیاسی شعور۔۱۹۵۹ء علی گڑھ۔ص ۱

۵۴۔ سید عابد حسین ۔ پیش لفظ۔ حالی کا سیاسی شعور۔ص ۹۔۱۰

۵۵۔ خلیق احمد نظامی ۔ حالی کا سیاسی شعور۔ تعارف ۔ص ۱۴

۵۶۔ معین احسن جذبی۔ حرف اول۔ حالی کا سیاسی شعور۔ص ۱۷۔۱۸

۵۷۔ معین احسن جذبی۔ حالی کا سیاسی شعور۔ص ۲۶

۵۸۔ لارڈ النبر ا۔ بحوالہ ہمارے ہندوستانی مسلمان از ڈبلیو ڈبلیو ہنٹر۔ مشمولہ "حالی کا سیاسی شعور"، ص ۲۹

۵۹۔ معین احسن جذبی۔ حالی کا سیاسی شعور۔ ص ۳۱۔۳۲

۶۰۔ معین احسن جذبی۔ حالی کا سیاسی شعور۔ ص ۳۶۔۳۷

۶۱۔ معین احسن جذبی۔ حالی کا سیاسی شعور۔ ۴۵۔۴۶

۶۲۔ معین احسن جذبی۔ حالی کا سیاسی شعور ص ۴۹

۶۳۔ معین احسن جذبی۔ حالی کا سیاسی شعور۔ ص ۵۱

۶۴۔ معین احسن جذبی۔ حالی کا سیاسی شعور۔ ص ۵۲

۶۵۔ معین احسن جذبی۔ حالی کا سیاسی شعور۔ ص ۵۴

۶۶۔ معین احسن جذبی۔ حالی کا سیاسی شعور ص ۷۶

۶۷۔ معین احسن جذبی۔ حالی کا سیاسی شعور ص ۸۱

۶۸۔ معین احسن جذبی۔ حالی کا سیاسی شعور ص ۸۶۔۸۷

۶۹۔ الطاف حسین حالی مقالات حالی ص ۲۷۶۔ جامعہ پریس دہلی ۱۹۳۴ء

۷۰۔ معین احسن جذبی۔ حالی کا سیاسی شعور۔ ص ۱۰۳۔۱۰۴

۷۱۔ معین احسن جذبی۔ حالی کا سیاسی شعور ص ۱۰۸

۷۲۔ الطاف حسین حالی، مقالات حالی حصہ دوم ص ۳۸

۷۳۔ الطاف حسین حالی مقالات حالی، حصہ دوم، ص ۴۵

۷۴۔ معین احسن جذبی۔ حالی کا سیاسی شعور۔ ص ۱۳۶

۷۵۔ معین احسن جذبی۔ حالی کا سیاسی شعور۔ ص ۱۵۶

۷۶۔ الطاف حسین حالی۔ مقالات حالی۔ حصہ اول ص ۱۷۶

۷۷۔ معین احسن جذبی۔حالی کا سیاسی شعور ص ۱۸۰

۷۸۔ معین احسن جذبی۔حالی کا سیاسی شعور ص ۲۰۱

۷۹۔ مشتاق صدف۔معین احسن جذبی۔۸۴۔۸۵

۸۰۔ مشتاق صدف۔معین احسن جذبی ص ۱۰۱

۸۱۔ خلیل الرحمٰن اعظمی۔نقوش۔شخصیات نمبر۔۱۲ اکتوبر ۱۹۵۴ء۔ص ۱۳۳۲

۸۲۔ ابن فرید۔آج کل جذبی نمبر۔اگست ۱۹۹۴ء۔ص ۴۷

۸۳۔ معین احسن جذبی۔فروزاں۔دہلی ۱۹۵۱ء۔ص ۳

۸۴۔ معین احسن جذبی۔فروزاں۔دہلی ۱۹۵۱ء۔ص ۳۔۴

۸۵۔ معین احسن جذبی۔فروزاں۔دہلی ۱۹۵۱ء۔ص ۴

۸۶۔ معین احسن جذبی۔فروزاں۔دہلی ۱۹۵۱ء۔ص ۵

۸۷۔ معین احسن جذبی۔فروزاں۔دہلی ۱۹۵۱ء۔ص ۷

۸۸۔ معین احسن جذبی۔فروزاں۔دہلی ۱۹۵۱ء۔ص ۸

۸۹۔ معین احسن جذبی۔ترقی پسند ادب۔آج کل۔یکم اپریل ۱۹۴۷ء۔ص ۲۱

۹۰۔ معین احسن جذبی۔ترقی پسند ادب۔آج کل۔۱۵۔اپریل ۱۹۴۷ء۔ص ۴۳

۹۱۔ آل احمد سرور۔نئے اور پرانے چراغ۔۱۹۵۵ء۔ص ۳۲۶۔۳۲۷

۹۲۔ سجاد ظہیر۔مضمون۔اردو کی جدید انقلابی شاعری۔نیا ادب۔۱۹۳۹ء

۹۳۔ رشید احمد صدیقی۔بحوالہ آجکل جذبی نمبر۔اگست ۱۹۹۴ء۔ص ۴۲

۹۴۔ جذبی۔بحوالہ کتاب نما۔اکتوبر ۱۹۹۰ء۔ص ۱۱۱

۹۵۔ مشتاق صدف۔معین احسن جذبی۔ص ۱۲۱

کتابیات

سلسلہ	مصنف	تصنیف	مقام اشاعت	سنہ اشاعت
۱۔	آدم شیخ (ڈاکٹر)	انشائیہ	ممبئی	۱۹۶۵ء
۲۔	آل احمد سرور	نئے اور پرانے چراغ۔ حالی پبلشنگ ہائش کتاب گھر	دہلی	۱۹۵۵ء
۳۔	آل احمد سرور	تنقیدی اشارے	لکھنوء	۱۹۶۴ء
۴۔	ابواللیث صدیقی	غزل اور متغزلین	لکھنوء	۱۹۸۱ء
۵۔	احتشام حسین سید	تنقیدی نظریات	لکھنوء	۱۹۷۴ء
۶۔	اطہر پرویز	ادب کا مطالعہ	علی گڑھ	۱۹۶۴ء
۷۔	الطاف حسین حالی	مقدمہ شعر وشاعری	لکھنو	۱۹۸۸ء
۸۔	بشیر بدر	بیسویں صدی میں اردو غزل	لکھنوء	۱۹۸۱ء
۹۔	جمیل جالبی (ڈاکٹر)	ارسطو سے ایلیٹ تک	دہلی	۱۹۸۲ء
۱۰۔	خلیل الرحمن اعظمی	فکر و فن آزاد کتاب گھر	دہلی	۱۹۵۶ء
۱۱۔	خلیل الرحمن اعظمی	اردو میں ترقی پسند ادبی تحریک	علی گڈھ	۱۹۸۴ء
۱۲۔	رشید احمد صدیقی	باقیات فانی	علی گڑھ	۱۹۸۶ء
۱۳۔	سردار جعفری	ترقی پسند ادب	دہلی	۱۹۷۵ء
۱۴۔	سلیم اختر	انشائیہ کی بنیاد	دہلی	۱۹۸۸ء
۱۵۔	سیدہ جعفر (پروفیسر)	اردو مضمون کا ارتقاء ۱۹۵۰ء تک	حیدر آباد	۱۹۷۲ء

۱۶۔ سید حامد حسین (ڈاکٹر) نثر اور انداز نثر لکھنوء ۱۹۸۴ء

۱۷۔ شارب ردولوی جدید اردو تنقید اُصول ونظریات لکھنوء ۱۹۸۱ء

۱۸۔ شاہد ماہلی معین احسن جذؔبی (شاعر اور دانشور) مرتبہ نئی دہلی ۲۰۰۰ء

۱۹۔ شہپر رسول اردو غزل میں پیکر تراشی (آزادی کے بعد) دہلی ۱۹۹۹ء

۲۰۔ صالحہ عابد حسین یادگارِ حالؔی دہلی ۱۹۸۶ء

۲۱۔ عبادت بریلوی اردو تنقید کا ارتقاء علی گڑھ ۱۹۹۵ء

۲۲۔ گوپی چند نارنگ ادبی تنقید اور اسلوبیات دہلی ۱۹۸۹ء

۲۳۔ گیان چند جین تحقیق کا فن لکھنوء ۱۹۹۰ء

۲۴۔ محمد احسن فاروقی (ڈاکٹر) اردو میں تنقید

۲۵۔ مشتاق صدف جذؔبی شناسی استعارہ پبلیکیشنز نئی دہلی ۲۰۰۲ء

۲۶۔ مشتاق صدف معین احسن جذؔبی ساہتیہ اکادمی نئی دہلی ۲۰۰۸ء

۲۷۔ مجنوں گورکھپوری ادب اور زندگی (چوتھا ایڈیشن) اردو گھر
علی گڈھ ۱۹۶۵ء

۲۸۔ مجنوں گورکھپوری غزل سرا دہلی ۱۹۸۱ء

۲۹۔ معین احسن جذؔبی فروزاں (پہلا ایڈیشن) لاہور ۱۹۴۳ء

۳۰۔ معین احسن جذؔبی فروزاں (دوسرا ایڈیشن)
آزاد کتاب گھر دہلی ۱۹۵۵ء

۱۳۔ معین احسن جذؔبی حالی کا سیاسی شعور احباب پبلشرز لکھنوء ۱۹۵۹ء

۳۲۔ معین احسن جذؔبی سخن مختصر انجمن ترقی اردو ہند علی گڈھ ۱۹۶۰ء

۳۳۔ معین احسن جذؔبی گداز شب مکتبہ جامعہ لمیٹڈ نئی دہلی ۱۹۸۵ء

۳۴۔	معین احسن جذبی	کلیات جذبی ساہتہ اکادمی	نئی دہلی	۲۰۰۶ء
۳۵۔	نسرین رئیس خان	جذبی کی شاعری کا تنقیدی مطالعہ	دہلی	۱۹۹۳ء
۳۶۔	نورالحسن نقوی	فن تنقید اور اردو تنقید نگاری	علی گڑھ	۱۹۸۱ء

رسائل

۱۔ ماہنامہ نقوش۔ شخصیات نمبر۔ اکتوبر ۱۹۵۴ء۔ مدیر۔ طفیل احمد

۲۔ ماہنامہ کتاب نما۔ اکتوبر ۱۹۹۰ء

۳۔ ماہنامہ آج کل۔ جذبی نمبر۔ اگست ۱۹۹۴ء

۴۔ سہ ماہی اردو ادب۔ اکتوبر۔ دسمبر ۲۰۰۲ء

۵۔ علی گڈھ میگزین۔ معین احسن جذبی نمبر ۲۰۰۴ء

۶۔ ماہنامہ آج کل۔ نئی دہلی۔ اگست ۲۰۰۶ء

۷۔ گداز شب۔